한 번에 붙는
SQLD

전익진 지음

출제 경향 완벽 분석
출제 의도 완전 해석

한 번에 붙는
SQLD

서문

빅데이터와 AI의 시대, 데이터 분석의 인기와 맞물려 다시금 SQL의 관심과 인기가 급상승하는 추세입니다. 데이터 분석가에게 가공되지 않은 데이터는 자동차의 연료와 같습니다. 이러한 데이터를 담고 있는 근거지가 바로 데이터베이스(Database)입니다.

데이터는 지금도 끊임없이 무한히 생산되고 있습니다. 현재 무한한 데이터를 저장하는 공간이자 도구로서 컴퓨터는 최선의 선택입니다. 데이터가 담기는 컴퓨터는 여러분들도 알고 있는 것처럼 그 공간이 매우 제한적입니다. 따라서 데이터를 얼마나 효과적으로 컴퓨터 속에 저장할 것인지 고민하고 해결하는 방안을 찾는 것이 데이터베이스의 가장 기본적인 원리가 됩니다. 여러분들은 혹시 데이터의 유형을 구분하는 '정형'과 '비정형' 혹은 '반정형'이라는 용어를 들어 보셨는지요? 최근 데이터베이스에 담기는 데이터의 유형은 특별히 성질을 구분하지 않습니다. 그 유형이 무엇이든 모두 담아냅니다. 그래서 데이터베이스에 대한 학습도 그 범위가 상당히 넓어졌습니다.

그러나 다행스럽게도 SQL은 정형화된 데이터만을 주로 다룹니다. 정형 데이터란 데이터의 특성에 따라 일정한 값을 부여한 것을 의미합니다. 참고로 비정형 데이터는 말 그대로 형태가 없는 음성, 영상, 이미지 등 하나의 값 속에 다양한 특성이 복합적으로 담긴 데이터를 말합니다. 최근의 트렌드를 볼 때 비정형 데이터의 인기가 높은 건 당연할 텐데 왜 조금은 구시대적으로 느껴지는 정형 데이터에 대한 관심도 다시금 높아지는 것일까요? 이유는 간단합니다. 아무리 비정형 데이터라 할지라도 대부분 데이터를 정형화하여 처리하는 경우가 발생하기 때문입니다.

SQL은 Structured Query Language(구조화된 질의 언어)의 약자로 관계형 데이터베이스의 표준 언어입니다. 앞서 말씀드린 것처럼 데이터 분석가는 물론 일반 사무 환경에서도 SQL이 데이터의 보편적이고 기본적인 언어로 인식되고 있습니다. 최근 빅데이터 전문가 혹은 AI 전문가를 채용하는 대부분의 기업들에서 SQL을 기본적으로 요구하고 있습니다. 이는 그만큼 SQL의 역할이 중요하다는 반증이기도 합니다. 따라서 SQL은 지금보다 훨씬 더 영향력이 커질 것이며 그 중요성도 더 높아질 것입니다.

SQLD는 SQL Developer로 SQL 개발자를 의미하며, 한국데이터산업진흥원에서 데이터베이스의 기본적인 모델링 개념부터 권한 관리, 대상 관리, 데이터의 조작 그리고 이러한 일련의 활동을 제어하는 능력을 검증하는 국가 공인 자격증 시험입니다. SQLD 검정을 통해 데이터베이스와 관련한 일정 수준의 능력을 평가한다는 것입니다. 조금 더 구체적으로 살펴보면 SQLD 시험은 크게 두 가지로 구분되어 평가됩니다.

데이터베이스 모델링 파트에서는 데이터 모델, 엔터티, 속성, 관계, 식별자 등의 이해와 정규화, 반정규화, 대용량 데이터, 데이터베이스의 구조 그리고 분산 데이터베이스와 관련된 성능을 다룹니다. 본격적인 SQL 활용 파트에서는 DDL, DML, DCL, TCL의 기본 개념과 DML에서 가장 기본이 되는 조건 처리 구문인 WHERE 절, 집계 처리를 위한 GROUP BY 절과 집계 후 조건 처리를 위한 HAVING 절에 더해서 다양한 함수와 정렬 순서를 결정하는 ORDER BY 절을 기본으로 평가합니다. 이러한 기본적인 내용과 함께 응용(활용) 부분에서 표준 조인, 집합 연산자, 계층형 질의, 서브쿼리, 그룹 함수, 윈도우 함수, 절차형 SQL 등이 출제됩니다. 그리고 SQL의 성능을 고려한 SQL 최적화 기본 원리를 일정 부분 다루게 됩니다. 검정 시간은 총 90분으로 데이터 모델링의 이해에서 10문항, SQL 기본 및 활용에서 40문항이 출제됩니다. 각 문제당 배점은 2점이고 총점 60점이 넘으면 합격이 됩니다.

여러분은 SQLD 검정을 위해 이 책을 펼치게 될 것입니다. 시험은 평가입니다. 각자의 개인 능력을 정량적으로 확인하는 방법 중 가장 보편적인 형태가 시험입니다. 시험이 꼭 좋은 방법은 아니겠지만 시대의 요구가 그렇다면 일정 부분은 수긍도 필요합니다. 시험 준비를 위해 이 책을 학습하실 분들에게 한 가지만 말씀드리겠습니다. 이 책은 최대한 SQLD에서 좋은 결과를 얻을 수 있도록 노력하여 집필하였습니다. 하지만 여러분이 만약 원하는 결과를 얻지 못한다고 해도 이 책의 내용을 완전히 소화했다면 실무에서는 합격자 못지 않게 당당해질 수 있도록 구성하였습니다. 당연히 여러분은 합격하겠지만 당락을 떠나 여러분은 이 책을 통해 SQL과 확실히 친해질 수 있을 거라 자부합니다. 여러분의 합격을 기원합니다.

2022년 5월
Data Analyst 전익진

저자 소개

전익진

대학에서 산업공학의 한 영역인 기술 경영 분야를 연구해 공학박사 학위를 받은 후 오랫동안 데이터 분석 업무를 하고 있다. 통계에 기반한 전통적인 방식의 데이터 분석에서 출발하여 작금의 AI 시대에 발맞춰 빅데이터 분석이라는 분야까지 두루 경험하고, 데이터와 정보 그리고 가치의 연결고리를 찾아 헤매는 데이터계(資料係, Dataxy)의 이방인이다. 현재 '정보와 가치 연구소'를 운영하면서 데이터 안에 숨겨진 가치를 발견하고, 모든 이들이 데이터의 중요성을 인식하고 데이터와 더 친밀해지는 그날을 위해 오늘도 달리고 있다.

∥ 블로그   https://blog.naver.com/plusstar75
∥ 브런치   https://brunch.co.kr/@plusstar
∥ 유튜브 별더하기TV   https://www.youtube.com/channel/UCnKJ5kYtcfp9w-rs19lkhsA

베타 리더 리뷰

시험에 필요한 정의 및 이론이 잘 정리되어 있고, 설명이 간결하면서 쉽게 되어 있습니다. 연습문제, 모의고사를 통해서 조금 더 이론적인 문제부터 답을 찾아가는 과정이 자연스럽게 진행됩니다. 실무에서 쿼리로 가장 중요한 것이 바로 join 구문인데, 특히 on 구문과 where절 구문에 대한 설명도 전체적인 개념을 잡는 데 도움이 많이 될 것 같습니다. 평상시 통계 작업이 없으면 잘 사용하지 않는 순위함수, 집계함수에 대한 설명도 잘 정리되어 있습니다.

꼭 시험을 준비하는 목적이 아니라 평상시에 무의식적으로 사용했던 부분에 대해 전반적인 SQL 이론 및 개념, 문법을 다시 한번 확인하고 부족한 점을 채워줄 수 있는 내용으로 구성되어 있어서 좋았습니다.

박찬웅

SQLD를 아직 취득하지 못하고 언젠가 도전해야지 하는 입장에서, 이 책은 개인적으로 반가웠습니다. 구구절절 불필요한 이론 없이 간단한 개념 설명과 문제 위주로 구성되어 있어서 빠르게 자격증을 취득하고 싶은 사람에게 적합한 책입니다.

반대로 얘기하면 이 책을 통해 SQL 초보자들이 기초부터 배우는 건 맞지 않을 것이라 생각됩니다. 모든 상황에 적합한 전략이나 책은 존재하지 않고, 설령 있다고 해도 그것이 나에게 반드시 효과가 있다는 법은 없습니다. 만약 자격증 취득을 목표로 빠르게 문제 풀이를 하고 시험에 들어가기 직전에 마무리를 짓고 싶다면 이 책은 좋은 선택이 될 것입니다.

송진영

SQLD는 이론적인 내용뿐만 아니라 데이터를 통해서 SQL문의 쿼리 결과를 계산해내야 하는 부분이 많습니다. 그런 점에서 이 책은 SQL 개발자 시험에 등장하는 다양한 유형의 모의 문제를 많이 풀어볼 수 있다는 점에서 SQLD 시험을 준비하기에 적합한 책입니다.

다양한 문제를 접하면서 숙달된 프로그래밍처럼 작업 기억 공간을 효율적으로 사용하여 정신 모델(Mental Model)을 잘 활용한다면, 실제 시험장에서도 가장 시간이 많이 걸리는

베타 리더 리뷰

SQL 계산 작업을 어렵지 않게 해결해나갈 수 있을 것입니다. 공식 가이드는 분량상 짧은 기간에 학습하기 어렵고 쿼리 수행과 같은 유형에 완전히 대응하기 까다롭기 때문에 이 책을 통하여 효과적이면서도 효율적으로 공부하시기를 권해드립니다.

임혁

SQL 자격증에 관심이 생겨 검색을 하던 중 인터넷에서 돌아다니는 자료를 보고도 충분히 자격증을 딸 수 있다고 해서 '이게 웬 떡이냐!'라고 생각하며 자료를 출력해서 공부했습니다. 하지만 싼 게 비지떡이라고, 이론만 보니 너무 추상적이고 머릿속에 도통 남질 않아 억지로 외우느라 애를 먹고 진도도 제대로 나가지 못했습니다. 그래서 SQL 자격증에 대한 관심이 조금씩 식어가던 도중 이 책을 접하게 되었습니다.

이 책은 짧은 이론 설명 후 바로 실전 문제를 투입하는 형식으로 구성되어 있습니다. 학습자는 문제를 풀기 위해 방금 학습한 내용을 머릿속에서 끄집어내면서 자연스럽게 복습합니다. 또 문제 풀이를 보면서 잘못 이해한 부분을 되짚고 구체적인 문제 예시를 통해 추상적인 이론을 더욱 명확하게 이해할 수 있게 됩니다. 무료로 구할 수 있는 자료와는 달리 공부에 어려움이 없고 정말 한 번에 붙을 것 같은 자신감을 얻게 되었습니다. 지루하지 않게 SQL 자격증 공부를 하고 싶은 저와 같은 사람에게 이 책을 추천합니다.

최수린

목차

Part 1 | 데이터 모델링의 이해   13

01 | 데이터 모델링   14
- 1. 데이터 모델링   14
- 2. 개념적, 논리적 그리고 물리적 모델링   17
- 3. 다이어그램(Diagram)   21
- 4. 단원 점검 문제   24

02 | 개체, 속성, 관계 그리고 식별자   28
- 1. 엔티티(Entity)와 속성(Attribute)   28
- 2. 관계(Relationship)와 식별자(Key)   32
- 3. 식별 관계 표기법   37
- 4. 단원 점검 문제   41

03 | 데이터베이스의 성능   46
- 1. 이상 현상(Anomaly)과 정규화의 필요성   46
- 2. 정규화(Normal Form)   48
- 3. 모델링을 통한 SQL   52
- 4. 관계형 데이터베이스(Relationship Database, RDB)의 이해   55
- 5. 분산 데이터베이스(Distributed Database)의 이해   58
- 6. 단원 점검 문제   62

Part 2 | 기초 SQL   69

01 | SQL의 이해   70
- 1. SQL이란   70
- 2. DDL - Data Definition Language   73
- 3. 자료 유형 - Data Type   77

목차

    4. DCL - Data Control Language   79
    5. TCL - Transaction Control Language   83
    6. 단원 점검 문제   88

02 | 입력, 수정, 삭제 그리고 조회   93
    1. 정보 입력 INSERT   93
    2. UPDATE, DELETE 그리고 조건   96
    3. 진정한 DML, SELECT 기초   99
    4. 별칭 AS 사용하기   103
    5. 단원 점검 문제   105

03 | 연산자   110
    1. 사칙 연산자   110
    2. 비교 연산자 그리고 NULL   114
    3. 논리 연산자   118
    4. 특수 연산자   121
    5. 단원 점검 문제   128

04 | 함수와 집계 처리   134
    1. 문자 함수   135
    2. 숫자 함수   140
    3. 날짜 함수   143
    4. GROUP BY   149
    5. 유용한 집계 함수   153
    6. 단원 점검 문제   156

Part 3 | 확장 SQL   163

01 | 복합 질의문   164
1. IN-LINE-VIEW와 SUBQUERY   164
2. CROSS와 UNION   168
3. OUTER JOIN   173
4. INNER JOIN   177
5. INSERT와 UPDATE 응용   183
6. 단원 점검 문제   189

02 | SQL 응용   196
1. 유용한 기능   196
2. 계층형 질의   201
3. 그룹 함수   205
4. WINDOW 함수   211
5. 단원 점검 문제   214

모의고사 1회   221
모의고사 2회   249
모의고사 3회   277

부록 | SQLD 요약 정리   305
01 | 데이터 모델링의 이해   306
02 | 데이터 모델과 성능   310
03 | SQL 기본   314
04 | SQL 활용   317

찾아보기   320

Part 1

데이터 모델링의 이해

01 | 데이터 모델링
02 | 개체, 속성, 관계 그리고 식별자
03 | 데이터베이스의 성능

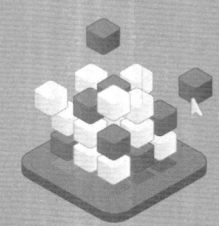

chapter 1
데이터 모델링

1 데이터 모델링

> **TIP** | 데이터 모델링에서는 전체적인 모델링 개념과 종류(개념, 논리, 물리)를 이해하는 것이 중요합니다. 각각의 세부적인 모델링을 완벽히 이해하기 보다는 데이터 모델링을 하나의 큰 그림으로 보는 것이 유리합니다. 데이터 모델링은 설계의 과정이지만 SQLD 검정에서 다루는 이유는 기본적인 DB의 이해 수준을 파악하기 위한 것입니다.

데이터베이스(Database, 이하 DB)는 자료를 의미하는 Data와 근거지를 의미하는 Base가 결합한 합성어입니다. 즉, 자료가 저장되는 근거지를 DB라 부르는 것이죠. 현재 DB는 '컴퓨터'라는 가장 막강한 저장 공간을 활용합니다. 그러나 여러분도 익히 알고 있듯이 컴퓨터 공간은 매우 제한적입니다. 무한대로 모든 자료를 담을 수가 없죠. 이처럼 제한된 공간에 다양한 데이터를 효과적으로 담아내는 방법을 고민하는 과정이 바로 데이터 모델링입니다.

연습 문제 1

다음 중 데이터 모델링에 대한 설명으로 가장 적합한 것을 고르시오.

① 저장될 데이터를 확인하고 그림으로 표현하는 것
② 데이터의 도양을 가시적으로 확인하기 위해 특정한 규칙으로 표현한 것
③ 제한된 공간에 다양한 데이터를 효과적으로 담아내는 방법을 추상화하는 것
④ 데이터가 가지는 특성을 연결하여 구성하는 것

 데이터 모델링의 가장 기본적인 개념은 현실 세계의 모든 데이터를 컴퓨터라는 제한된 공간에 가장 효과적으로 저장하는 방법을 설계해 가는 활동을 의미합니다.

 ③

데이터 모델링을 위한 핵심 재료는 당연히 데이터입니다. 그러면 데이터는 정확히 무엇을 의미하는 것일까요? 데이터의 사전적 의미는 '원하는 결과를 얻기 위해 증명, 판단, 결정하는 과정에 필요한 자료' 입니다. 원하는 결과는 모든 사람마다 다르므로 과정상 필요한 데이터 역시 모두 다르다고 할 수 있겠죠? 따라서 데이터는 내가 결과를 얻기 위해 필요한 모든 것, 다시 말하면 현실 세계에 존재하는 모든 것들을 의미하게 됩니다. 특정한 사물은 물론이고 생각과 감각 등 추상적인 것도 모두 데이터라 할 수 있습니다.

연습 문제 2

데이터 모델링에 활용될 데이터의 정의로 적합한 것을 고르시오.

① 내가 필요로 하는 특정한 것
② 현실 세계에 존재하는 모든 것
③ 데이터 모델링이 가능한 것
④ 의미가 명확히 정의된 것

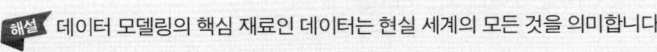 데이터 모델링의 핵심 재료인 데이터는 현실 세계의 모든 것을 의미합니다.

 ②

데이터 모델링의 핵심적인 활동을 확인해 보겠습니다. 데이터는 현실 세계의 모든 것을 의미하죠. 예를 들어 회원을 모집하는 데이터 모델링을 진행한다고 가정해 보겠습니다. 회원이라 함은 사람을 의미합니다. 따라서 현실 세계에 존재하는 사람을 모델링해야 합니다. 사람은 꽤나 복잡하고 구체화된 개체입니다. 사람을 한정된 컴퓨터 공간에 저장하기 위해서는 '사람'이라는 개체가 가지는 특성을 파악하여 데이터 모델링의 특정한 약속에 따라 추상화 해야 합니다. 그리고 최대한 함축적으로 담아내 단순하게 표현해야 합니다. 이때, 실물이 아닌 DB에 저장된 내용만으로도 정확히 사람을 의미하는지 알 수 있도록 명확해야 합니다. 결론적으로 추상적이고 단순하지만 명확해야 하는 것이죠.

연습 문제 3

데이터 모델링의 핵심적인 3가지 특징이 아닌 것을 고르시오.

① 세밀화
② 추상화
③ 단순화
④ 명확화

 데이터 모델링을 위한 3가지 개념(특징) 추상화, 단순화, 명확화. 꼭 잊지 마세요. 추상, 단순, 명확을 제외한 개념은 데이터 모델링과 큰 연관이 없습니다.

 ①

연습 문제 4

데이터 모델링의 핵심적인 3가지 특징에 대해 서술하시오.

 추상화, 단순화, 명확화

마지막으로 데이터 모델링은 3가지 관점에서 접근이 가능합니다.

1. **데이터 관점** - 어떤 목적으로 활용될 데이터인지 그리고 데이터 간에 어떤 관계를 형성하고 있는지 고민하는 관점
2. **프로세스 관점** - 데이터를 통해 어떤 일을 처리할 것인지 고민하는 관점
3. **데이터와 프로세스 연계 관점** - 특정한 프로세스를 처리할 때 데이터가 어떤 영향을 주고 받는지 고민하는 관점

연습 문제 5

다음 중 데이터 모델링 3가지 관점에 해당되지 않는 것을 고르시오.

① 데이터 관점
② 프로세스 관점
③ 데이터-프로세스 관점
④ 관계형 관점

 데이터 모델링의 3가지 관점은 데이터 관점, 프로세스 관점, 데이터-프로세스 관점입니다.

 ④

2. 개념적, 논리적 그리고 물리적 모델링

데이터 모델링은 크게 3가지로 구분할 수 있습니다. 순차적으로 첫 번째 개념적 모델링, 두 번째 논리적 모델링, 마지막으로 물리적 모델링이 진행됩니다.

연습 문제 6

다음 중 기본 3가지 데이터 모델링 방법이 아닌 것을 고르시오.

① 개념적 모델링
② 논리적 모델링
③ 관계적 모델링
④ 물리적 모델링

 데이터 모델링의 3가지 종류 꼭 잊지 마세요. 순차적으로 개념적 → 논리적 → 물리적 모델링의 순으로 진행합니다.

 ③

개념적 모델링은 엔티티(Entity, 개체) 간의 관계를 정의하는 모델입니다. 현실 세계의 데이터를 개념적으로 파악하여 개체 타입, 속성 등을 엔티티를 중심으로 모델링합니다. 개념적 모델링 과정을 통해 엔티티, 어트리뷰트(attribute, 속성), 식별자, 관계(relation)가 정의됩니다.

연습 문제 7

다음의 설명은 데이터 모델링 중 어떤 모델링의 설명인지 기술하시오.

데이터 모델링 과정 중 가장 먼저 진행되는 모델링으로 개체를 정의하고 개체 간 관계를 설정하는 것이 핵심이다. 현실 세계의 데이터를 파악하고 분석하는 단계이므로 추상화 수준이 가장 높은 과정이다.

 개념적 모델링은 모델링 과정 중 가장 먼저 진행됩니다. 개념적 구조를 형성하기 때문에 추상화 수준이 가장 높으며, 개체 간 관계를 설정하는 것이 핵심 작업입니다.

 개념적 모델링

연습 문제 3

다음 중 개념적 모델링 과정상에 정의되지 않는 것을 고르시오.

① 엔티티
② 기본키
③ 관계
④ 속성

 개념적 모델링 과정에서는 엔티티, 관계, 식별자 그리고 속성이 정의됩니다. 기본키는 다음 단계인 논리적 모델링에서 정의됩니다. 헷갈릴 수 있으니 유의하세요.

 ②

논리적 모델링은 개념적 모델링을 통해 정의된 내용을 바탕으로 실제의 스키마로 변환(mapping, 매핑)하는 과정입니다. 개념적 모델링에서 정의한 엔티티는 실제의 테이블이 되고, 어트리뷰트(attribute, 속성)는 컬럼(column)이 됩니다. 또한 식별자는 기본키(primary key), 관계는 외래키(foreign key)로 매핑(mapping)됩니다. 이 단계에서는 매핑 과정상에 나타날 수 있는 이상 현상(anomaly, 중복 등)을 제거해 가는 정규화 과정이 포함됩니다.

> ☑ 참고 | 이상 현상은 정보의 손실이 발생하는 '삭제이상', 원하는 정보를 삽입할 수 없는 '삽입이상', 데이터 불일치를 발생시키는 '갱신이상'이 있습니다. 이러한 이상 현상을 최소화하기 위한 작업을 정규화라고 하며 제 1 정규화부터 제 5 정규화까지 있습니다.

연습 문제 9

다음 설명에서 빈칸 A, B에 들어갈 적절한 용어는?

논리적 모델링은 실제의 【 A 】(으)로 변환하는 과정으로 이때 나타날 수 있는 이상 현상을 제거해 가는 【 B 】 과정이 포함된다.

① 엔티티, 테이블
② 기본키, 외래키
③ 속성, 컬럼
④ 스키마, 정규화

 논리적 모델링 과정에서는 스키마 변환 과정과 이상 현상을 제거하는 정규화 과정이 진행됩니다. 테이블, 컬럼, 기본키 등은 스키마 변환 과정에서 발생하는 일련의 활동입니다.

 ④

연습 문제 10

개념적 모델링을 거쳐 논리적 모델링을 진행 시 변환되는 과정의 연결이 올바르지 않은 것을 고르시오.

① 엔티티 → 테이블
② 구분자 → 외래키
③ 식별자 → 기본키
④ 속설 → 컬럼

 논리적 모델링 과정상의 매핑은 엔티티 → 테이블, 속성 → 컬럼, 식별자 → 기본키 그리고 관계 → 외래키입니다. 모델링 과정상에 '구분자'라는 용어는 사용되지 않습니다.

 ②

데이터 모델링의 마지막 과정은 물리적 모델링입니다. 물리적 모델링은 논리적 모델링 단계에서 정의된 다양한 스키마 정보를 물리적 공간인 DBMS(Database Management System)의 특성 정보로 변환·정의하는 것을 의미합니다. 물리적 모델링 단계에서는 DBMS의 종류를 확인 및 결정하고 테이블 및 컬럼의 제약 조건 등을 설정하며 각 컬럼의 데이터 유형과 크기를 결정하게 됩니다. 물리적 모델링의 핵심은 사용자의 사용량과 프로세스 분석을 통해 DBMS의 성능을 충분히 고려하여 진행하는 것입니다.

연습 문제 11

다음 중 물리적 모델링과 관련이 없는 용어를 고르시오.

① 관계 설정
② DBMS
③ 자료 유형
④ 제약 조건

 물리적 모델링 과정에서는 DBMS의 특성에 따라 자료의 유형을 결정하고 제약 조건 등을 설정합니다. 관계 설정은 개념적 모델링 과정상에 진행되는 단계입니다.

 ①

연습 문제 12

다음 설명 중 물리적 모델링에 대한 설명이 맞는 것을 고르시오.

① 현실 세계의 데이터를 파악하여 개체 간 관계를 설정한다.
② 실제의 스키마로 변화하는 과정을 거쳐 정규화를 진행한다.
③ DBMS의 종류와 무관하게 자유롭게 데이터 유형을 설정한다.
④ 사용자의 사용량 프로세스 운영 방법 등을 충분히 고려한다.

 ①번은 개념적 모델링에 대한 설명, ②번은 논리적 모델링에 대한 설명입니다. 물리적 모델링 과정에서는 DBMS의 종류를 결정해야 합니다. DBMS의 종류에 따라 자료의 유형과 제약 조건 등이 결정됩니다. ③번은 완전히 틀린 설명입니다.

 ④

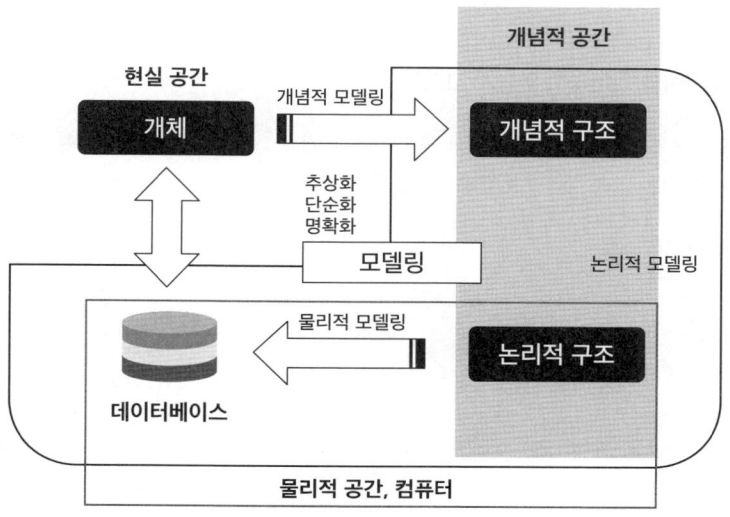

3 다이어그램(Diagram)

> **TIP |** 데이터 모델링을 위한 다이어그램은 그동안 출제 빈도가 높지 않았지만 앞으로 출제될 가능성이 조금씩 높아질 것으로 예상됩니다. 다이어그램은 데이터 모델링, 그중에서도 개념적, 논리적 구조를 표현하는데 매우 중요한 역할을 담당합니다. 데이터 모델링을 이해하기 위한 보너스라 생각하고 전반적인 내용을 쭉 읽어 보는 수준으로 학습합시다.

데이터 모델링을 표현하는 다이어그램 중에서 가장 대표적인 것이 E-R(Entity-Relationship) 다이어그램(이하 E-R 모델)입니다. E-R 모델은 1976년 Peter Chen이 제안한 모델로 개체 간 관계를 정의하고 표현하는데 매우 유용한 도구입니다. 의미를 부여한 약속된 기호에 따라 표현되는 E-R 모델은 지금도 관계형 데이터베이스(Relationship Database, RDB)의 설계(모델링) 과정에서 매우 폭넓게 활용되고 있습니다.

연습 문제 13

다음의 설명이 무엇을 의미하고 있는지 고르시오.

개념적 모델링 과정에서 현실 세계의 개체와 개체 간의 관계를 특정한 기호로 표현하는 가장 대표적인 모델이다. 이 모델을 통해 개념적 모델링을 직관적으로 이해하는데 많은 도움을 받을 수 있다.

① 엔티티 모델
② E-R 모델
③ 관계 설정 모델
④ 개념 모델

해설 개념적 모델링의 핵심은 개체(엔티티) 간 관계를 정의하는 것입니다. 이를 가장 잘 표현해주는 다이어그램이 바로 E-R 모델입니다.

정답 ②

E-R 모델에서 사용되는 몇 가지 중요한 기호는 다음과 같습니다.

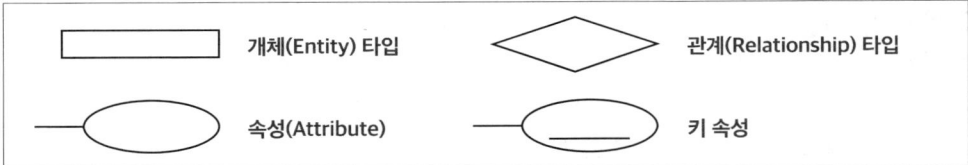

연습 문제 14

다음 E-R 모델의 기호와 의미가 잘못 연결된 것을 고르시오.

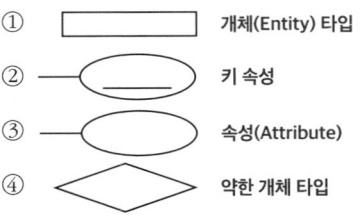

① 개체(Entity) 타입
② 키 속성
③ 속성(Attribute)
④ 약한 개체 타입

해설 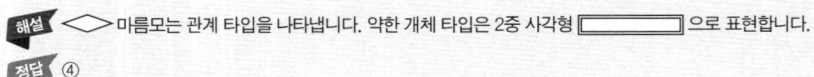 마름모는 관계 타입을 나타냅니다. 약한 개체 타입은 2중 사각형으로 표현합니다.

정답 ④

연습 문제 15

다음 E-R 모델의 설명으로 올바른 것을 고르시오.

① 고객 개체와 계좌 개체는 서로 계좌 개설이라는 관계가 형성된다.
② 고객 개체는 하나의 계좌 개체를 갖는다.
③ 계좌를 개설한 고객에 한해서 계좌 개체에 데이터가 입력된다.
④ 고객 개체와 계좌 개체는 서로 계좌 개설로 연결되어 있다.

해설 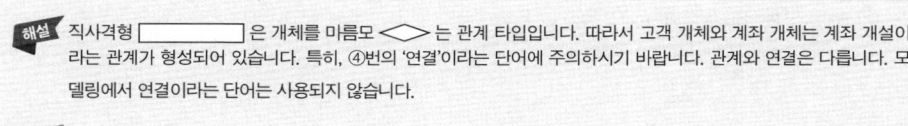 라는 관계가 형성되어 있습니다. 특히, ④번의 '연결'이라는 단어에 주의하시기 바랍니다. 관계와 연결은 다릅니다. 모델링에서 연결이라는 단어는 사용되지 않습니다.

정답 ①

4 단원 점검 문제

01 다음 설명에서 A, B, C에 들어갈 단어가 올바른 순서로 나열된 것을 고르시오.

> 데이터 모델링 과정은 크게 3가지 특성을 갖습니다. 현실 세계의 다양한 개체를 약속된 표기에 따라 처리하는【 A 】, 개체가 가지는 다양한 특성을 함축적으로 표기하는【 B 】, 그리고 누구나 이해할 수 있도록 애매모호함이 제거된【 C 】이(가) 그 특징입니다.

① A: 추상화 B: 구체화 C: 단순화
② A: 정규화 B: 단순화 C: 정확화
③ A: 정형화 B: 간소화 C: 명확화
④ A: 추상화 B: 단순화 C: 명확화

02 데이터 모델링 순서가 올바르게 나열된 것을 고르시오.

① 개념적 모델링 → 물리적 모델링 → 논리적 모델링
② 논리적 모델링 → 물리적 모델링 → 개념적 모델링
③ 개념적 모델링 → 논리적 모델링 → 물리적 모델링
④ 물리적 모델링 → 개념적 모델링 → 논리적 모델링

03 다음 개념적 모델링의 설명 중 틀린 것을 고르시오.

① 개념적 모델링은 현실 세계의 개체 간 관계를 정의하는 과정이다.
② 개념적 모델링은 개체 유형, 속성 등 엔티티를 중심으로 이루어 진다.
③ 개념적 모델링은 실제의 스키마로 변환하는 과정이다.
④ 개념적 모델링 과정에서는 엔티티, 속성, 식별자, 관계가 정의된다.

04 다음은 어떤 모델링에 대한 설명인지 고르시오.

> 데이터 모델링의 마지막 과정이다. 다양한 스키마 정보를 DBMS(Database Management System)의 특성 정보로 변환·정의하는 것을 의미한다. DBMS의 종류를 확인 및 결정하고 테이블 및 컬럼의 제약 조건 등을 설정하며 각 컬럼의 데이터 유형과 크기를 결정한다.

① 개념적 모델링   ② 물리적 모델링
③ 관계적 모델링   ④ 논리적 모델링

05 다음 데이터 모델링에 대한 설명 중 재사용성이 가장 높은 모델링에 대한 설명으로 정확한 것을 고르시오.

① 개체 타입, 속성 등을 엔티티를 중심으로 모델링한다.
② 테이블, 컬럼, 기본키 등을 설정한다.
③ DBMS를 확인하고 제약 조건 등을 설정한다.
④ 이상 현상을 제거하는 정규화 과정은 포함하지 않는다.

06 다음 E-R 모델에 대한 설명을 기술하시오.

07 다음 내용을 확인하고 ERD 작업 순서를 차례로 나열한 것을 고르시오.

> A. 엔티티 간의 관계를 정의한다.
> B. 엔티티 간의 관계를 설명한다.
> C. 엔티티를 생성한다.
> D. 식별 관계와 필수 여부를 정의한다.
> E. 엔티티 관계를 고려하여 배치한다.

① A ▶ B ▶ C ▶ D ▶ E
② C ▶ E ▶ A ▶ B ▶ D
③ C ▶ E ▶ B ▶ A ▶ D
④ C ▶ E ▶ D ▶ A ▶ B

08 다음 중 올바른 데이터 모델의 요소로 볼 수 없는 것은?

① 완전성(Completeness)
② 중복성(Redundancy)
③ 데이터 재사용(Data Reusability)
④ 통합성(Integration)

09 다음 중 데이터 모델링의 이해관계자로 볼 수 없는 사람은?

① 데이터베이스 관리자
② 개발 담당자
③ 현업 실무 담당자
④ 경영 관리자

10 데이터 모델링의 핵심적인 세 가지 개념을 서술하시오.

단원 점검 문제 정답 및 풀이

문제 1) 정답 ④

풀이 - 데이터 모델링의 핵심적인 3가지 특성 추상화, 단순화, 명확화입니다.

문제 2) 정답 ③

풀이 - 데이터 모델링은 순차적으로 개념적, 논리적 그리고 물리적 모델링의 순서로 진행됩니다.

문제 3) 정답 ③

풀이 - 개념적 모델링은 엔티티(Entity, 개체) 간의 관계를 정의합니다. 현실 세계의 데이터를 개념적으로 파악하여 개체 타입, 속성 등을 엔티티 중심으로 모델링합니다. 개념적 모델링 과정에서는 엔티티, 어트리뷰트(attribute, 속성), 식별자, 관계(relation)가 정의됩니다.

문제 4) 정답 ②

풀이 - 물리적 모델링은 물리적 공간인 DBMS(Database Management System)의 특성 정보로 변환·정의하는 것을 의미합니다. DBMS의 종류를 확인 및 결정하고 테이블 및 컬럼의 제약 조건 등을 설정하며 각 컬럼의 데이터 유형과 크기를 결정하게 됩니다.

문제 5) 정답 ②

풀이 - 데이터 모델링 중 재사용성이 가장 높은 모델링은 논리적 모델링입니다. 논리적 모델링은 실제의 스키마로 변환(mapping, 매핑)하는 과정입니다. 테이블, 컬럼, 기본키(primary key), 외래키(foreign key)를 정의합니다. 이상 현상(anomaly, 중복 등)을 제거해 가는 정규화 과정이 포함됩니다.

문제 6) 정답 학생 개체와 과목 개체는 서로 성적이라는 관계가 형성된다.

풀이 - 직사각형 ☐ 은 개체를 마름모 는 ◇ 관계 타입입니다. 따라서 학생 개체와 과목 개체는 성적이라는 관계가 형성되어 있습니다.

문제 7) 정답 ②

풀이 - ERD(Entity Relationship Diagram)의 작성 순서는 엔티티를 생성하고, 생성된 엔티티의 관계를 고려하여 배치 후 관계를 설정합니다. 그리고 각각의 관계에 대한 설명을 기술하고 식별 관계 및 필수 여부를 체크합니다.

문제 8) 정답 ②

풀이 - 좋은 데이터 모델은 완전성(Completeness), 중복 배제(Non-Redundancy), 업무 규칙(Business Rules), 데이터 재사용(Data Reusability), 의사소통(Communication), 통합성(Integration) 등이 반영된 모델입니다.

문제 9) 정답 ④

풀이 - 경영 관리자는 데이터 모델링의 이해관계자에 포함되지 않습니다.

문제 10) 정답 개체, 속성, 관계

풀이 - 데이터 모델링의 핵심은 업무가 관여하는 어떤 것(Things) 개체, 어떤 것이 가지는 성격(Attributes) 속성, 업무가 관여하는 어떤 것 간의 관계(Relationships)입니다.

chapter 2
개체, 속성, 관계 그리고 식별자

> **TIP** | 데이터 모델링에서 활용되는 다양한 용어들에 대해 확인하는 과정입니다. 모델링 단계에 따라 다양한 용어가 혼재되어 사용되곤 합니다. 이번 단락의 핵심은 용어에 대한 정의가 무엇인지 정확히 파악하는 것입니다.

1 엔티티(Entity)와 속성(Attribute)

엔티티(Entity)는 개체를 의미합니다. 정확히 모델링 단계를 구분해서 사용하지는 않지만 대체로 개념적 모델링 단계에서 등장하는 용어입니다. 속성(attribute) 역시 개념적 모델링 단계에서 주로 활용되는 용어로써 개체가 공통적으로 가지는 특성을 말하게 됩니다. 이해를 돕기 위해서 '회원'이라는 현실 세계의 개체를 데이터 모델링 한다고 가정해 보겠습니다.

현실 세계에는 위와 같이 여러 명의 사람이 존재합니다. 일단 A, B, C, D 4명의 사람을 중심으로 생각해 보죠. 이들을 컴퓨터라는 가상 공간으로 저장하고자 합니다. 사람은 누구나 저마다 개성이 있습니다. 모두 동일한 조건일 수 없습니다. 반면에 사람은 공통적인 특성도 분명히 가지고 있습니다. 예를 들자면 누구나 나이가 있습니다. 그리고 서로 다르지만 이름을 가지고 있습니다. 성별도 공통적으로 갖게 됩니다. 이외에도 꽤 많은 공통적인 특성이 존재하겠죠. 위 나열된 4명의 사람을 우리의 회원이라 생각해 봅시다. 그러면 다음과 같은 공통 속성으로 묶이게 됩니다.

```
회원
 - 이름
 - 나이
 - 성별
```

일단 A, B, C, D 4명 모두 이름을 가지며, 나이가 있고 성별이 구별됩니다. 일단 이 4명은 각각의 실체하는 사물이지만 공통적인 특성으로 묶어 '회원'이라는 가상의 또다른 개체로 존재할 수 있게 됩니다. '회원', 이것이 바로 개념적 모델링 과정의 엔티티가 되는 것이죠. 이 방법으로 현실에 실체하는 사람들의 정보를 충분히 저장할 수 있습니다. 그리고 회원이라는 엔티티를 통해 해당 정보가 무엇을 의미하고 대변하는지 명확히 구분할 수 있게 됩니다. 즉, 변별력이 충분히 부여된 것입니다.

이제 회원 엔티티에 저장되는 현실 세계의 실체인 A, B, C, D 4명은 인스턴스(instance)가 됩니다. 따라서 엔티티는 각각의 인스턴스가 포함된 하나의 집합입니다. 회원이라는 엔티티 안에 사람이 가지는 공통적인 특성이 정의되었습니다. 이름, 나이, 성별 등 엔티티 내 실체하는 사물, 즉 각각의 인스턴스가 가지는 특성들이 바로 속성입니다. 속성은 엔티티를 구분해주며 무엇을 의미하는지 설명해 줍니다.

연습 문제 1

다음 중 엔티티에 대한 설명으로 옳은 것을 고르시오.

① 현실 세계의 개체가 가지는 공통된 특성을 의미한다.
② 데이터베이스에 저장되는 현실 세계의 개체를 의미한다.
③ 현실 세계의 개체 정보를 충분히 저장할 수 있다.
④ 변별할 수 있는 사물을 의미한다.

 엔티티는 현실 개체를 저장할 수 있으며 변별이 가능한 사물을 의미합니다. 엔티티 내에 공통적으로 가지는 특성을 속성이라고 합니다.

 ①

연습 문제 2

다음 설명에서 A와 B에 들어갈 용어를 순서대로 서술하시오.

【 A 】는 현실 개체를 저장할 수 있고 변별이 가능한 사물을 의미한다. 【 A 】내에 공통적으로 가지는 특성을 【 B 】이라고 한다.

 엔티티(혹은 엔터티), 속성

연습 문제 3

다음 설명에서 A와 B에 들어갈 용어를 고르시오.

현실 세계의 정보를 저장하는 엔티티는 실제 존재하는 【 A 】의 집합이다. 이때 【 A 】를 설명하고 공통적으로 가지는 특성을 【 B 】이라고 부른다.

① 인스턴스, 식별자
② 인스턴스, 속성
③ 관계, 속성
④ 관계, 식별자

 엔티티는 현실 개체를 저장하는데 각각의 실체를 인스턴스라 합니다. 이러한 인스턴스를 설명하는 공통된 특성을 속성이라고 합니다.

 ②

연습 문제 4

다음 E-R 모델의 설명으로 올바른 것을 고르시오.

```
회사

회사명    주소      전화번호

A소프트   서울      02-123-4567
```

① 회사는 엔티티이다.
② 회사명, 주소, 전화번호는 속성을 나타낸다.
③ A소프트, 서울, 02-123-4567는 인스턴스이다.
④ 회사명과 A소프트는 관계가 설정되어 있다.

 회사는 현실의 회사를 저장하기 위한 엔티티가 됩니다. 해당 엔티티에 정보를 저장하기 위해 속성으로 회사명, 주소, 전화번호를 설정하고 각각 인스턴스를 식별하도록 했습니다. A 소프트라는 현실의 정보가 인스턴스로 저장되었습니다.

 ①

엔티티의 분류	
유·무형의 분류	
유형 엔티티 (Tangible Entity)	물리적으로 확인되며 안정적으로 지속 활용이 가능한 엔티티
개념 엔티티 (Conceptual Entity)	물리적으로 확인할 수 없지만 업무상 관리가 필요한 개념적 정보를 담은 엔티티
사건 엔티티 (Event Entity)	업무 수행 시 발생되는 이벤트 정보를 담은 엔티티
발생 시점의 분류	
기본 엔티티 (Basic Entity)	업무에 필수로 존재하는 정보를 포함한 엔티티. 다른 엔티티의 관계와 무관하게 독립 생성이 가능. 부모 엔티티. 주 식별자는 상속받지 않고 고유하게 생성
중심 엔티티 (Main Entity)	기본 엔티티로부터 파생되며 업무의 중심 정보를 포함. 가장 많은 데이터가 생성되고 다른 엔티티와 관계가 활발하며 많은 행위 엔티티를 생성
행위 엔티티 (Active Entity)	두 개 이상의 부모 엔티티에 영향을 받아 생성. 데이터가 수시 변경되고 데이터의 양이 다른 엔티티 유형에 비해 가장 많이 증가. 실무 업무 중심의 내용을 파악할 때 드러남

엔티티와 속성에 대한 설명에서 한 가지 더 알아야 할 용어가 있습니다. 엔티티에 구성된 속성들은 그들이 가질 수 있는 특정한 값의 범위가 존재합니다. 이를 '속성의 도메인'이라고 부릅니

다. 따라서 각각의 속성은 도메인 내에서만 값을 가질 수 있게 됩니다. 이렇게 도메인을 정의하는 활동은 데이터의 유형과 크기 그리고 제약 사항 등에 대해 지정하는 것입니다.

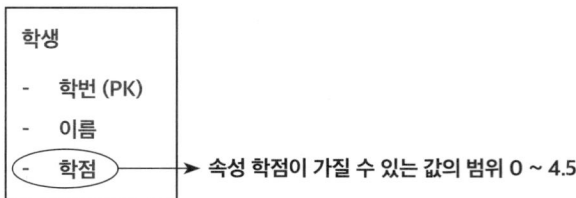

예를 들어 학생 엔티티에 학점이라는 속성이 존재할 때, 학점이 0~4.5 사이의 실숫값만 포함한다면 이를 도메인이라 할 수 있는 것입니다.

2 관계(Relationship)와 식별자(Key)

SQL은 관계형 데이터베이스(Relationship Database, 이하 RDB)에서 사용되는 표준 언어입니다. 따라서 RDB의 핵심은 개체(entity) 간 관계 설정이고, 관계에 핵심적인 역할을 담당하는 것이 key라 불리는 식별자입니다. 먼저 식별자에 대해서 확인해 보겠습니다.

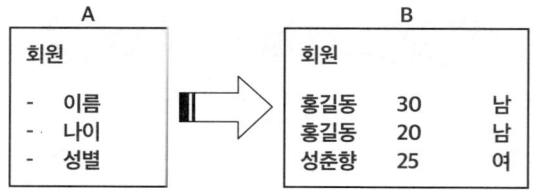

A는 회원 엔티티와 속성을 모델링한 것입니다. B는 실제 인스턴스를 저장했습니다. 그런데 B에서 확인되는 것처럼 '이름' 속성에 '홍길동'이라는 똑같은 값을 가진 회원이 존재합니다. 이런 경우 이름이 동일하여 저장된 정보만으로 인스턴스를 명확하게 구분할 수 없습니다.

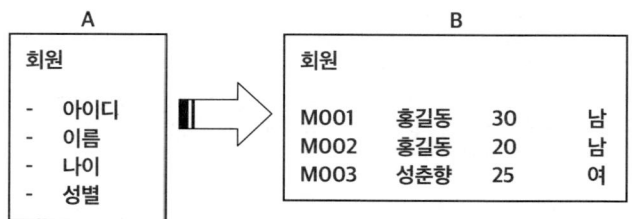

'아이디'라는 인스턴스 별로 고유한 속성을 추가하여 유일하게 구분할 수 있도록 조치를 했

습니다. 이처럼 저장된 인스턴스를 유일하게 식별해주는 속성을 식별자라고 합니다. 주로 PK(primary key, 기본키)라고 부릅니다.

연습 문제 5

다음 데이터 모델의 설명으로 올바른 것을 고르시오.

상품 정보
- 상품 코드 (PK)
- 상품명
- 상품 단가
- 상품 종류

① 상품 정보는 인스턴스 개체이다.
② 상품명으로 상품 정보를 유일하게 구분할 수 있다.
③ 상품 코드 (PK)는 식별자이다.
④ 제시된 데이터 모델에는 식별자가 없다.

 상품 정보 엔티티에서 인스턴스를 유일하게 식별해주는 속성은 상품 코드입니다. 나머지 상품명, 상품 단가, 상품 종류는 일반 속성에 해당됩니다.

 ③

연습 문제 6

다음 중 식별자에 대한 설명으로 틀린 것을 고르시오.

① 모든 엔티티는 반드시 하나 이상의 식별자가 필요하다.
② 일반 속성으로 인스턴스가 설명되면 식별자가 반드시 필요하지 않다.
③ 식별자는 일반적으로 기본키(PK)라 부른다.
④ 식별자는 인스턴스를 유일하게 설명하는 속성을 의미한다.

 식별자는 인스턴스를 유일하게 식별해주는 속성을 의미합니다. 데이터 모델링에서 모든 엔티티에는 하나 이상의 식별자가 반드시 존재해야 합니다. 보통 기본키(PK)라 부릅니다.

 ②

연습 문제 7

다음 중 설명이 의미하는 것이 무엇인지 서술하시오.

모든 엔티티에 반드시 하나 이상 존재하며 인스턴스를 유일하게 설명하는 속성을 말한다.

 엔티티에 저장되는 인스턴스를 유일하게 구분해 주는 속성으로 엔티티 간 관계에 매우 중요한 역할을 담당합니다. 부모 엔티티에서는 기본키라 부르며 상속된 자식 엔티티에서는 외래키라 부르게 됩니다.

 식별자

이번에는 엔티티 간 관계에 대해서도 살펴봅니다. 식별자의 경우 인스턴스를 유일하게 구분해 주는 역할과 함께 엔티티 간 관계에도 매우 중요한 역할을 담당하게 됩니다.

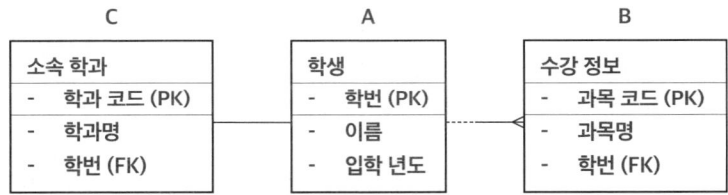

A는 학생 정보를, B는 수강 정보, C는 소속 학과를 데이터 모델링한 엔티티입니다. 학번, 과목 코드 그리고 학과 코드가 각각의 엔티티에 식별자가 되는 속성입니다. 그런데 학생 엔티티의 식별자 학번의 경우 수강 정보와 소속 학과 엔티티에도 포함되어 있으며, PK가 아닌 FK로 표기되어 있습니다. FK(foreign key)를 외래키라 부릅니다. 제시된 엔티티들은 서로 관계를 형성하고 있는 것이죠.

학생 엔티티의 식별자 학번이 나머지 두 테이블에 외래키가 되어 관계를 형성됩니다. 이때 학생 엔티티를 부모 테이블이라 부르며 수강 정보와 소속 학과 엔티티를 '자식 엔티티'라 부르게 됩니다. 부모 엔티티의 식별자가 자식 엔티티의 식별자로 상속되는 경우를 '식별 관계'라 합니다. 만약 부모 엔티티의 식별자가 자식 엔티티의 일반 속성으로 상속되면 '비식별 관계'라 합니다.

학생 엔티티와 수강 정보 엔티티의 관계를 연결하는 선을 보면 부모 엔티티에서는 점선으로 표기되고 자식 엔티티에서는 실선으로 표시됩니다. 이런 관계는 부모 엔티티의 인스턴스(실제 학생)가 등록될 때 수강 정보 엔티티에는 반드시 인스턴스(학생의 수강 정보)가 입력될 필요가 없음을 의미합니다. 쉽게 설명하자면 학생은 반드시 존재해야 하지만 수강 정보는 수강 신청 시에만 등록되면 되는 이치입니다. 반면에 학생 엔티티와 소속 학과 엔티티 간에는 실선으로 관계가 연결되어 있습니다. 이는 학생 정보가 입력되면 반드시 소속 학과 정보도 입력되어야 함을 의미합니다.

연습 문제 8

다음 데이터 모델에 대한 설명으로 틀린 것을 고르시오.

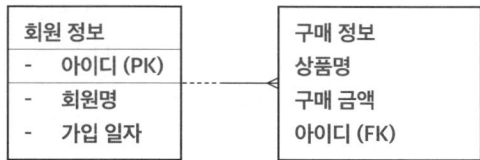

① 회원 정보가 입력되면 반드시 구매 정보도 입력되어야 한다.
② 회원 정보와 구매 정보 엔티티는 비식별 관계다.
③ 구매 정보에 입력된 회원은 반드시 회원 정보에 인스턴스가 존재해야 한다.
④ 아이디는 회원 정보의 식별자이다.

 두 엔티티는 아이디를 기준으로 비식별 관계입니다. 부모 엔티티인 회원 정보의 표기가 점선으로 되어 있기 때문에 회원 정보가 입력되어도 반드시 구매 정보가 입력될 필요는 없습니다. 하지만 반대로 구매 정보가 입력되기 위해서는 반드시 회원 정보가 존재해야 합니다.

 ①

연습 문제 9

다음 데이터 모델에 대한 설명으로 적절한 것을 고르시오.

소속 부서
- 부서 코드 (PK)
- 부서명
- 사번 (FK)

① 소속 부서 엔티티는 사번을 자식 엔티티로 상속할 수 있다.
② 부서 코드 속성으로 식별 관계가 형성된다.
③ 부서 코드, 사번 모두 식별자 속성이다.
④ 소속 부서 엔티티의 식별자는 부서 코드이다.

 소속 부서 엔티티의 식별자는 부서 코드입니다. 사번 속성이 부모 엔티티로부터 상속된 외래키가 됩니다. 제시된 모델링 내용만으로 정확한 식별 관계는 파악할 수 없습니다.

 ④

연습 문제 10

다음 설명에 대한 적절한 용어를 고르시오.

엔티티에 저장되는 인스턴스를 유일하게 구분해 주는 속성이다. 엔티티 간 관계에 매우 중요한 역할을 담당하는 속성이다. 부모 엔티티에서는 기본키라 부르며 상속된 자식 엔티티에서는 외래키라 부른다.

① 관계 키
② 식별자
③ 구분자
④ 연결자

 인스턴스를 유일하게 식별해 주고 엔티티 간 관계를 형성해주는 속성은 식별자입니다.

 ②

<식별자의 특성>

1. **유일성** - 엔티티의 모든 인스턴스는 주 식별자에 의해 유일하게 구분된다.
2. **최소성** - 주 식별자로 구성된 속성은 유일성을 만족할 수 있는 최소의 수가 된다.
3. **불변성** - 엔티티 내에서 주 식별자가 지정되면 주 식별자의 값은 변하지 않는다.
4. **존재성** - 주 식별자로 지정되면 반드시 값을 가져야 한다.

부모 엔티티에서 상속된 식별자가 자식 엔티티에서 주 식별자로 활용되는 경우를 식별 관계(Identifying Relationship)라 합니다. 쉽게 말하면 부모 엔티티의 주 식별자가 자식 엔티티의 주 식별자로 상속된 경우입니다. 반대로 부모 엔티티에서 상속된 속성이 자식 엔티티에서 주 식별자로 활용되지 않고 일반 속성으로만 활용되면 비식별 관계(Non-Identifying Relationship)라 합니다.

식별 관계	비식별 관계
강한 연결 관계	약한 연결 관계
자식 엔티티에서 주 식별자로 활용	자식 엔티티에서 일반 속성으로 활용
실선으로 표시	점선으로 표시
부모 엔티티에 종속적	부모 엔티티와 약한 종속 관계

연습 문제 11

다음 식별 및 비식별 관계에 대한 설명으로 잘못된 것은?

① 부모의 주 식별자를 자식 엔티티에서 주 식별자로 사용하면 식별 관계이다.
② 식별 관계일 때 점선으로 표시한다.
③ 자식 엔티티에서 부모의 주 식별자를 일반 속성으로 활용하면 비식별 관계이다.
④ 비식별 관계는 부모와 자식의 약한 연결 관계가 형성된다.

해설 식별 관계는 실선, 비식별 관계는 점선으로 표시합니다.

정답 ②

3 식별 관계 표기법

> **TIP |** 식별 관계를 표기하는 방법은 주로 크게 두 가지가 사용됩니다. 앞서 설명을 드린 표기 방식은 바커(Barker) 표기법입니다. 그리고 또 다른 방법이 IE 표기법 입니다. 두 표기 방식에는 약간의 차이가 있으니 사용법을 명확히 익혀두세요.

RDB 모델링에서 관계를 표기하는 방식에 대해 좀 더 자세히 확인해보겠습니다. 먼저 식별 관계와 비식별 관계를 표기하는 방법입니다.

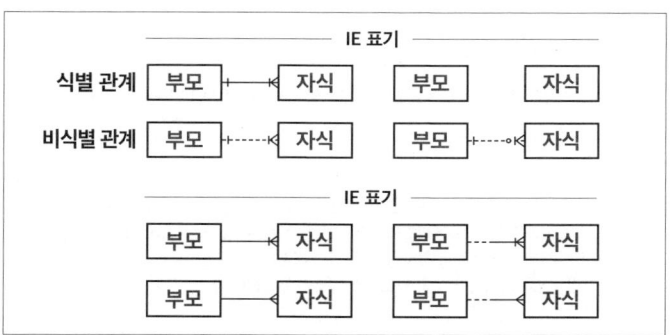

두 가지 표기법이 비슷한 듯 조금씩 다릅니다. 일단 식별 관계와 비식별 관계를 구분하는 방법은 IE 표기의 경우 모두 실선이냐 점선이냐를 먼저 확인하시면 됩니다. 그리고 Barker 표기에서는 자식 엔티티에 UID라는 수직 실선이 표기되는지 확인합니다. UID 수직 실선이 존재하면 식별 관계, 없으면 비식별 관계입니다.

> **TIP** | 식별 관계를 구분하는 핵심은 IE 표기의 경우 실선이냐 점선이냐를 먼저 파악하고 Barker 표기의 경우 자식 엔티티의 UID 수직 실선 유무를 확인합니다.

또 한 가지 주목할 부분은 Barker 표기의 경우 부모 엔티티의 인스턴스(정보)가 등록될 때입니다. 자식 엔티티에 반드시 인스턴스가 추가되는지 구분하는 방법으로 앞서 학습한 것처럼 부모 엔티티가 점선, 자식 엔티티가 실선으로 표기됩니다.

IE 표기에서는 선택 관계라는 동그라미가 추가됩니다. 자식 엔티티 쪽에 작은 동그라미가 위치하면 부모 엔티티의 인스턴스가 등록되어도 자식 엔티티에 반드시 인스턴스가 등록될 필요가 없습니다.

연습 문제 12

다음 모델링 관계에 대한 설명이 틀린 것을 고르시오.

```
┌─────────────────┐           ┌─────────────────┐
│ 상품 정보       │           │ 주문 내역       │
├─────────────────┤           ├─────────────────┤
│ - 상품 코드 (PK)│┄┄┄┄┄┄┄┄┄<│ - 주문 번호 (PK)│
│ - 상품명        │           │ - 주문 금액     │
│ - 상품 단가     │           │ - 상품 코드 (FK)│
└─────────────────┘           └─────────────────┘
```

① 상품 정보 엔티티와 주문 내역 엔티티는 식별 관계이다.
② 상품 정보 엔티티의 모든 인스턴스는 유일하게 식별이 가능하다.
③ 상품 정보 엔티티에 정보가 입력되면 주문 내역 엔티티에도 반드시 정보가 입력된다.
④ 주문 내역의 상품 코드는 Null 값을 입력할 수 없다.

 Barker 표기에 따라 작성된 모델입니다. 자식 엔티티인 주문 내역에 UID 실선이 존재하므로 상품 정보와 주문 내역 엔티티는 식별 관계입니다. 상품 코드의 유일 속성에 따라 상품 정보 엔티티의 모든 인스턴스는 유일하게 식별이 가능합니다. 두 엔티티가 식별 관계이므로 주문 내역 엔티티의 상품 코드는 Null 값이 입력될 수 없습니다. 부모 엔티티인 상품 정보 엔티티의 출발이 점선이므로 주문 내역 엔티티에는 상품 정보 엔티티의 인스턴스 입력과 무관합니다.

 ③

연습 문제 13

다음 모델링에서 비식별 관계를 설명하는 모델을 고르시오.

 식별 관계를 구분하는 방법으로 IE 표기에서는 점선과 실선으로 Barker 표기에서는 자식 엔티티의 UID 유무로 판별합니다. ①과 ②는 IE 표기입니다. 실선은 식별 관계이므로 ①은 식별 관계를 나타내고 ②는 점선이므로 비식별 관계입니다. ③과 ④는 Barker 표기입니다. 둘 모두 자식 엔티티에 UID 수직 실선이 존재하므로 식별 관계를 의미합니다..

 ④

연습 문제 14

다음 데이터 모델링의 설명으로 잘못된 것을 고르시오.

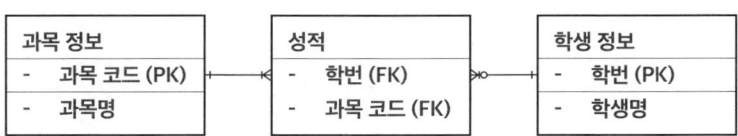

① 과목 정보가 입력되면 성적도 하나 이상의 정보가 입력되어야 한다.
② 학생 정보가 입력되어도 성적에 정보가 반드시 입력될 필요는 없다.
③ 과목 정보와 학생 정보는 M:M의 관계다.
④ 성적에는 과목 정보와 학생 정보가 중복되어 입력될 수 있다.

 과목 정보와 성적은 1:N, 학생 정보와 성적도 1:N의 관계입니다. 따라서 성적을 중심으로 과목 정보와 학생 정보는 M:M의 관계가 됩니다. 그리고 과목 정보와 학생 정보는 성적에 중복되어 저장될 수 있습니다. IE 표기에서 자식 엔티티에 작은 동그라미가 위치하면 부모 엔티티의 정보 입력과 상관없이 필요 시에만 정보를 입력할 수 있습니다.

 ①

연습 문제 15

다음 데이터 모델링의 설명으로 잘못된 것을 고르시오.

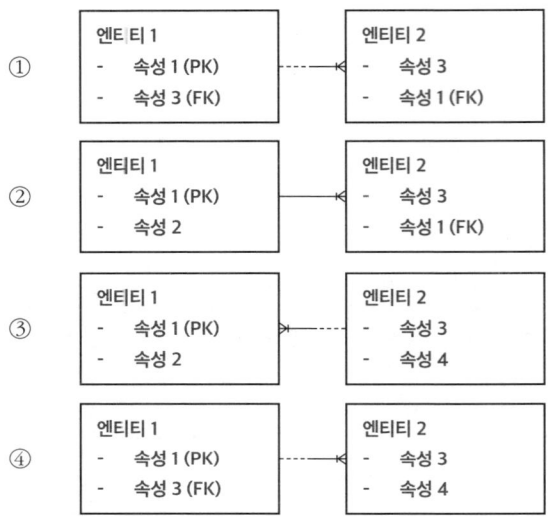

 ①번의 경우 표기법에 따라 엔티티 1에서 엔티티 2로만 상속됩니다. ③번의 경우 상속 관계와 반대로 표기법이 표현되었습니다. ④번의 경우 표기법에 따라 엔티티 1에서 엔티티 2로만 상속이 되어야 합니다.

정답 ②

4 단원 점검 문제

01 다음의 설명이 의미하는 개념이 무엇인지 고르시오.

> 1. 현실 세계의 인스턴스들의 집합이다.
> 2. 인스턴스를 설명하는 속성으로 구성된다.
> 3. 정보를 저장하는 변별 가능한 개체이다.

① 관계
② 식별자
③ 테이블
④ 엔티티

02 다음 데이터 모델링에 사용되는 용어와 그에 대한 설명이 틀린 것을 고르시오.

① 인스턴스 - 엔티티의 저장되는 실제 개체를 의미한다.
② 관계 - 엔티티와 엔티티의 연결로 인스턴스를 기준으로 관계가 형성된다.
③ 식별자 - 인스턴스를 설명하는 유일한 속성을 의미한다.
④ 식별 관계 - 부모 엔티티의 식별자가 자식 엔티티에 식별자로 상속된 것을 의미한다.

03 다음 설명에서 A와 B에 들어갈 용어가 정확히 나열된 것을 고르시오.

> 엔티티에 저장되는 인스턴스를 유일하게 식별해 주는 속성을 식별자라고 한다.【 A 】엔티티의 식별자는【 B 】엔티티에 상속되어 관계가 형성된다.

① 자식, 부모
② 부모, 자식
③ 기본키, 외래키
④ 외래키, 기본키

04 다음 부모 엔티티와 자식 엔티티의 관계에서 식별 관계를 설명하는 데이터 모델을 고르시오.

05 다음 데이터 모델의 설명으로 부적절한 것을 고르시오.

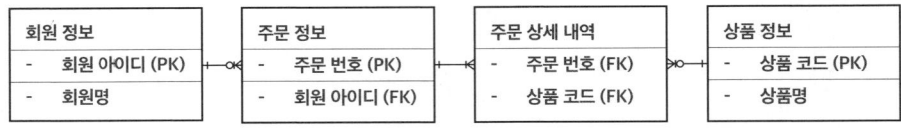

① 회원은 중복 주문이 가능하다.
② 주문 정보가 입력되면 주문 상세 정보도 입력되어야 한다.
③ 상품 정보와 주문 상세 정보는 1:N의 관계이다.
④ 회원은 중복된 상품 구매가 불가능 하다.

06 다음 데이터 모델의 설명으로 적합한 것을 고르시오.

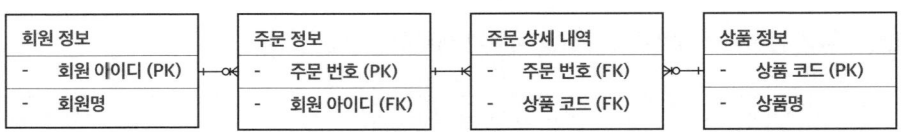

① 회원 정보 엔티티는 주문 정보 엔티티의 자식 엔티티이다.
② 주문 상세 정보 엔티티는 주문 번호로 식별이 가능하다.
③ 회원 정보와 주문 정보는 비식별 관계이다.
④ 주문 정보와 상품 정보는 아무 관계가 형성되지 않는다.

07 다음 데이터 모델의 설명으로 잘못된 것을 고르시오.

상품 정보
- 상품 코드 (PK)
- 상품명
- 상품 단가
- 상품 종류

① 상품 정보 엔티티의 기본키는 상품 코드이다.
② 상품 코드는 주문 정보 엔티티 등 다른 테이블의 식별자로 전달될 수 있다.
③ 상품 코드를 제외한 모든 속성은 상품 코드에 종속된다.
④ 상품 코드는 필요에 따라 중복된 값을 갖는다.

08 다음 중 주 식별자에 대한 설명이 잘못된 것을 고르시오.

① 주 식별자는 후보 키 중에서 엔티티를 대표한다.
② 주 식별자는 최소성과 유일성을 만족해야 한다.
③ 주 식별자는 필요에 따라 변경이 가능하다.
④ 주 식별자는 NULL 값을 가질 수 없고 중복될 수 없다.

09 다음 중 엔티티와 컬럼에 대한 설명이 잘못된 것을 고르시오.

① 엔티티는 다른 엔티티와 관계를 맺을 수 있다.
② 컬럼 중 유일성과 최소성을 만족하면 주 식별자가 될 수 있다.
③ 엔티티에 포함되는 컬럼은 모두 동일한 속성을 가진다.
④ 동일 엔티티 내에서 컬럼명은 동일할 수 없다.

10 다음 중 엔티티에 대한 설명으로 옳지 않은 것은?

① 엔티티는 다른 엔티티와 최소 한 개 이상의 관계를 맺어야 한다.
② 식별자에 의해 식별이 가능해야 한다.
③ 업무에 실질적으로 필요한 정보여야 한다.
④ 업무 프로세스에 영향을 주지 않아야 한다.

단원 점검 문제 정답 및 풀이

문제 1) 정답 ④

풀이 - 현실 세계의 인스턴스들의 집합은 엔티티를 말합니다. 현실의 인스턴스를 설명하는 속성으로 구성되며, 정보를 저장하는 변별 가능한 개체입니다.

문제 2) 정답 ②

풀이 - 관계는 엔티티와 엔티티의 연결로 식별자에 의해 관계가 형성된다.

문제 3) 정답 ②

풀이 - 부모 엔티티의 식별자가 자식 엔티티에 상속되어 관계가 형성됩니다.

문제 4) 정답 ①

풀이 - ①과 ②는 IE 표기입니다. ①은 실선으로 식별 관계를 나타내고 ②는 점선이므로 비식별 관계입니다. ③과 ④는 Barker 표기입니다. 둘 보기 모두 자식 엔티티에 UID 수직 실선이 없으므로 비식별 관계를 의미합니다.

문제 5) 정답 ④

풀이 - 회원은 중복 주문이 가능하며 여러 상품을 중복하여 구매할 수 있습니다. 상품 정보와 주문 상세 정보는 1:N의 관계이며 상품 정보가 입력되어도 반드시 주문 상세 정보가 입력될 필요는 없습니다 (자식 엔티티의 작은 동그라미 유무). 주문 정보와 주문 상세 정보 역시 1:N의 관계이고 주문 정보가 입력되면 반드시 주문 상세 정보가 입력되어야 합니다.

문제 6) 정답 ②

풀이 - 회원 정보 엔티티는 주문 정보 엔티티의 자식 엔티티입니다. 그리고 회원 정보와 주문 정보는 식별 관계입니다. 주문 정보와 상품 정보는 주문 상세 엔티티를 기준으로 M:M의 관계가 됩니다.

문제 7) 정답 ④

풀이 - 기본키는 어떤 이유에서도 절대 중복된 값을 가질 수 없습니다. 기본키는 다른 테이블의 외래 키로 전달 가능하며 주어진 모델링에서 나머지 속성은 상품 코드에 종속됩니다.

문제 8) 정답 ③

풀이 - 주 식별자는 엔티티를 대표하는 속성으로 지정합니다. 엔티티의 대표성을 띠기 때문에 다른 엔티티와 참조하여 관계가 형성될 수 있습니다. 주 식별자는 후보 키의 특성을 가지고 있어 최소성과 유일성이 동시 만족되어야 합니다. 따라서 NULL 값을 가질 수 없으며 중복된 값 역시 가질 수 없습니다. 주 식별자는 관계로 인해 변경이 매우 어렵습니다.

문제 9) 정답 ③

풀이 - 엔티티는 인스턴스가 가지는 다양한 속성으로 구성됩니다. 따라서 엔티티에 포함된 컬럼은 속성이 모두 다릅니다.

문제 10) 정답 ④

풀이 - 엔티티는 업무에 필요한 정보로 다른 엔티티와 최소 한 개 이상의 관계가 형성되어야 합니다. 엔티티는 반드시 식별자가 존재하며 식별자에 의해 식별이 가능해야 합니다. 업무 프로세스에 충분히 활용되어야 합니다. 그리고 가장 중요한 인스턴스와 속성으로 구성됩니다.

chapter 3
데이터베이스의 성능

> **TIP** | 데이터 모델링 과정에서 SQL 트랜잭션 처리에 많은 영향을 주게 되는 정규화에 대한 내용을 정확히 이해해야 합니다. 또한 데이터 모델링 내용을 보고 SQL을 작성할 수 있도록 훈련해 주세요.

1. 이상 현상 (anomaly)과 정규화의 필요성

이상 현상(anomaly)은 정규화 처리되지 않은 특정 엔티티에서 중복 데이터로 인해 발생하는 3가지 문제점을 의미합니다. 이상 현상은 삭제이상(delete anomaly), 입력이상(삽입, insertion anomaly) 그리고 수정이상(갱신, update anomaly) 3가지입니다.

삭제이상은 한 개의 인스턴스를 삭제할 때 연결된 다른 정보도 함께 연쇄적으로 삭제되는 문제를 의미합니다. 중요한 정보의 손실이 발생할 수 있는 현상입니다. 입력이상은 특정한 인스턴스를 추가 삽입할 때 불필요한 정보를 함께 입력해야 하는 문제입니다. 불필요한 정보를 입력하지 않으면 인스턴스를 삽입할 수 없는 현상입니다. 마지막으로 수정이상은 특정한 인스턴스의 정보를 수정할 때 다른 인스턴스의 값도 함께 변경되어 정보의 불일치 현상이 발생하는 것입니다.

연습 문제 1

다음 중 정규화 처리를 위한 이상 현상의 종류가 아닌 것을 고르시오.

① 조회이상
② 입력이상 (삽입이상)
③ 수정이상 (갱신이상)
④ 삭제이상

 이상 현상의 종류는 입력, 수정, 삭제입니다. 조회는 이상 현상에 포함되지 않습니다.

 ①

연습 문제 2

다음 설명이 의미하는 용어를 고르시오.

한 개의 인스턴스를 삭제할 때 연결된 다른 정보도 함께 연쇄적으로 삭제되는 문제, 특정한 인스턴스를 추가 삽입할 때 불필요한 정보를 함께 입력해야 하는 문제, 특정한 인스턴스의 정보를 수정할 때 다른 인스턴스의 값도 함께 변경되는 정보의 불일치 현상.

① 식별이상
② 상속이상
③ 이상 현상
④ 관계이상

 정규화 처리되지 않은 엔티티에서 발생되는 문제를 의미하므로 이상 현상에 대한 설명입니다.

 ③

연습 문제 3

다음 중 정규화 처리가 되지 않은 엔티티에서 발생할 수 있는 이상 현상에 대한 설명으로 잘못된 것을 고르시오.

과목 코드	학번	과목명	학생명	학년	학점	담당 교수
A001	202101	데이터베이스	김우주	3	B	김교수
A002	202102	SQL	김은하	4	A	이교수
A003	202103	Query	이우주	3	B	박교수
A002	202104	SQL	이은하	2	C	이교수
A005	202105	Relation	전군	4	A	전교수
A006	202106	Join Query	김우주	2	B	장교수

① 담당 교수인 이교수의 정보를 삭제하면 SQL과목과 김은하, 이은하 학생의 정보까지 모두 삭제된다.
② 3학년 학생의 정보를 조회하면 불필요한 과목 정보와 담당 교수 정보가 함께 조회된다.
③ 김우주 학생의 학점을 A로 수정하면 3학년, 2학년 두 명의 동명이인의 정보가 수정된다.
④ SQL 과목을 수강하는 새로운 학생 홍길동을 등록하려면 불필요한 과목 정보도 중복 입력해야 한다.

 이교수의 정보가 삭제되면 SQL의 과목 정보와 수강중인 학생들의 정보까지 모두 삭제가 되는 삭제이상이 발생합니다. 김우주 학생은 3학년, 2학년 동명이인이 존재하는데 단순히 김우주 학생의 학점을 수정하게 되면 두 학생의 학점이 동시에 변경되는 수정이상이 발생합니다. 새로운 학생이 동일한 과목을 수강할 경우 학생 정보는 물론 불필요한 과목 정보까지 중복하여 입력해야 하는 입력이상이 발생합니다.

 ②

> **TIP |** 이상 현상은 지금까지 출제 빈도가 높지 않았지만 정규화 과정을 설명할 때 그 의미를 반드시 알아야 하는 개념입니다. 추후 충분히 출제될 수 있으므로 이상 현상에 대한 전반적인 의미를 이해하시기 바랍니다.

2 정규화(Normal Form)

RDB의 모델링 목적은 불필요한 정보의 중복 저장을 최소화하고 입력된 정보의 검색을 효율적으로 처리하기 위한 것입니다. 이를 위해 RDB의 모델링 과정에서 엔티티들의 정규화 처리를 진행함으로써 정보의 중복성을 제거하게 됩니다.

연습 문제 4

다음 중 정규화의 필요성에 대한 설명으로 적절한 것을 고르시오.

① 데이터베이스 모델링 및 설계의 최적화를 위한 작업이다.
② 데이터의 수정과 삭제를 효율적으로 처리하기 위한 작업이다.
③ 사용자의 조회 조건을 만족시키기 위한 작업이다.
④ 데이터의 중복 저장을 최소화하고 정보 검색의 효율성을 높이기 위한 작업이다.

 데이터베이스 모델링 과정에서 정규화 처리는 데이터의 중복 저장을 최소화하고 입력된 정보의 검색을 효율적으로 처리하기 위한 것입니다.

 ④

일반적인 RDB에서는 제 3 정규화까지 진행됩니다. 먼저 제 1 정규화(First Normal Form, 1NF)는 엔티티에 대해 매우 기본적인 조건만을 요구합니다. 엔티티에 저장되는 정보가 더 이상 분할할 수 없는 원자값(atomic value)이 되도록 진행합니다. 쉽게 말하면 단일 속성에 하나의 값이 존재하도록 처리한 것입니다.

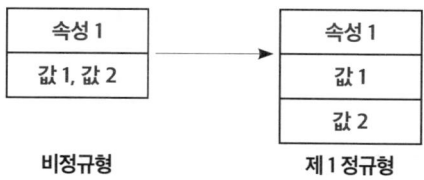

연습 문제 5

다음 중 데이터 모델의 정규화 진행 과정에서 1NF의 설명으로 적절한 것을 고르시오.

① 1NF는 모든 속성이 기본키에 완전히 종속적으로 진행한다.
② 1NF는 엔티티에 저장되는 정보가 모두 기본키가 되도록 진행한다.
③ 1NF는 엔티티에 저장되는 정보가 더 이상 분할할 수 없는 원자값이 되도록 진행한다.
④ 1NF는 기본키에 종속되지 않고 일반 속성에 종속된 속성을 모두 제거한다.

 제 1 정규화(1NF)는 엔티티에 저장되는 정보가 더 이상의 분할이 되지 않도록, 단일 속성에 단일 값이 존재하도록 진행합니다.

 ③

연습 문제 6

다음 데이터 모델의 정규화 진행 과정으로 적절한 것을 고르시오.

수강 과목	
학번	수강 과목
M001	SQL, RDB
M002	DB, Modeling

→

수강 과목	
학번	수강 과목
M001	SQL
M001	RDB
M002	DB
M002	Modeling

① 1FN
② 2NF
③ 3NF
④ 비정규화 모델

 수강 과목의 속성값에 다중값이 들어간 부분을 하나의 단일 원자값으로 진행한 1FN 모델입니다.

 ①

제 2 정규화(Second Normal Form, 2NF)는 엔티티가 기본적으로 제 1 정규화를 만족하고 기본키(식별자)에 속하지 않는 속성이 기본키에 완전히 종속되도록 진행하는 것입니다. 이것을 부분 종속(partial dependency)이라고 합니다.

연습 문제 7

다음 설명에서 A와 B에 들어갈 용어를 정확히 나열하여 기술하시오.

단일 속성에 단일값이 존재하도록 처리한 것을【 A 】라 하고,【 B 】는 엔티티가 기본적으로【 A 】를 만족하고 일반 속성이 기본키에 종속되도록 한다.

 단일 속성에 단일값이 존재하도록 진행된 정규화 과정은 1NF, 엔티티가 1NF를 만족할 때 일반 속성이 기본키에 종속되도록 구성하는 정규화 과정은 2NF입니다.

 1NF, 2NF

제 3 정규화(Third Normal Form, 3NF)는 엔티티가 기본적으로 제 2 정규화를 만족하고 기본키(식별자)에 완전히 종속되지 않는 일반 속성을 분리하거나 제거하는 것입니다. 이것을 이행 종속(transitive dependency)이라고 합니다.

연습 문제 8

다음 데이터 모델의 정규화 진행 과정으로 적절한 것을 고르시오.

주문

상품 코드	상품명	색상	고객 ID	고객명	전화번호	주문 금액	수량
P001	셔츠	화이트	M001	김우주	010 1111 2222	20,000	4
P002	셔츠	블루	M002	김은하	010 3333 4444	25,000	5
P003	셔츠	그레이	M001	김우주	010 1111 2222	30,000	6
P002	셔츠	블루	M003	이은하	010 5555 6666	20,000	4
P003	셔츠	그레이	M001	김우주	010 1111 2222	30,000	6
P001	셔츠	화이트	M002	김은하	010 3333 4444	20,000	4
P001	셔츠	화이트	M003	이은하	010 5555 6666	20,000	4
P002	셔츠	블루	M002	김은하	010 3333 4444	25,000	5

⬇

주문

주문 번호	상품 코드	고객 ID	주문 금액	수량
O-001	P001	M001	22,000	4
O-002	P002	M002	25,000	5
O-003	P003	M001	30,000	6
O-004	P002	M003	17,000	4
O-005	P003	M001	30,000	6
O-006	P001	M002	31,000	4
O-007	P001	M003	20,000	4
O-008	P002	M002	25,000	5

상품

상품 코드	상품명	색상
P001	셔츠	화이트
P002	셔츠	블루
P003	셔츠	그레이

고객

고객 ID	상품명	전화번호
M001	김우주	010 1111 2222
M002	김은하	010 3333 4444
M003	이은하	010 5555 6666

① 1FN ② 2NF ③ 3NF ④ 비정규화 모델

 주문 엔티티의 중복된 내용을 제 3정규화 처리하여 기본키에 종속되지 않는 일반 속성을 제거했습니다. 상품과 고객은 별도의 엔티티로 분리하고 주문 번호 식별자에 주문 내역이 종속되도록 하였습니다.

정답 ③

정규화 처리는 선택이 아닌 필수일 수 있지만 성능적으로 접근할 때 100% 충족되지는 않습니다. 수정, 삭제, 삽입의 성능은 향상되지만 조회 기능은 조건에 따라 성능이 향상될 수도 혹은 저하될 수도 있습니다.

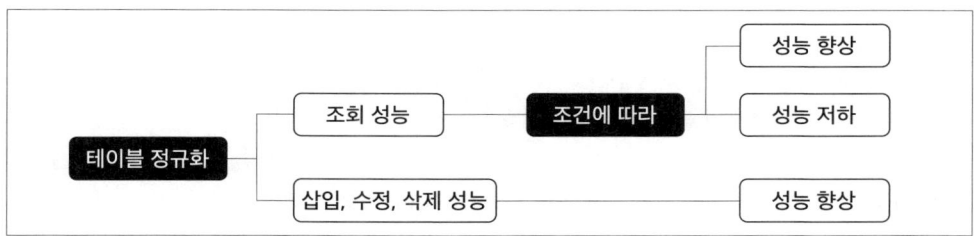

정규화 처리와는 조금 다른 반정규화 과정이 있습니다. 반정규화는 기본적으로 데이터를 조회할 때 물리적인 입출력량이 많아서 성능이 저하되거나 테이블 간의 거리가 멀어 조인으로 인한 성능 저하가 예상될 때 수행하게 됩니다. 또한 컬럼(속성)의 값은 연산하여 조회할 때 역시 성능 저하가 예상되면 반정규화를 진행합니다. 반정규화를 위한 통계, 중복, 이력 등의 테이블을 추가함으로써 진행합니다.

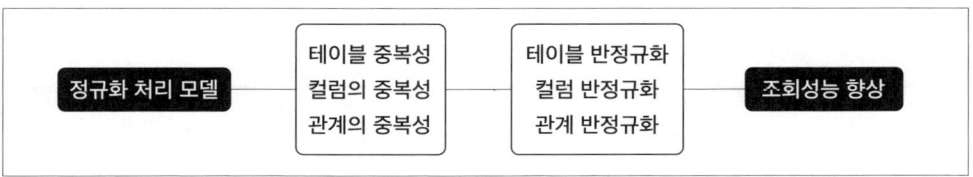

반정규화 기법		
테이블 반정규화	병합	1:1, 1:N 관계 테이블 통합 등
	분할	수직 분할, 수평 분할
	추가	중복, 통계, 이력 테이블 등 추가
컬럼 반정규화	중복 컬럼 추가	조인을 최소화하기 위한 컬럼 추가
	파생 컬럼 추가	트랜잭션 성능을 고려한 컬럼 추가
	이력 테이블 컬럼 추가	대량의 이력을 관리하기 위한 컬럼 추가
관계 반정규화	중복 관계 추가	다양한 경로의 조인을 줄이기 위한 관계 추가

하지만 성능을 향상시키기 위해 반정규화를 많이 진행하면 데이터의 무결성이 깨지는 결과를 초래할 수도 있습니다. 따라서 반정규화를 진행할 때는 데이터 무결성에 대해 최대한 고려하고 진행해야 합니다.

연습 문제 9

다음 중 반정규화 기법에 대한 설명으로 맞지 않는 것은?

① 테이블 분할 - 수직 및 수평 분할
② 테이블 추가 - 중복, 통계 등의 테이블을 추가
③ 파생 컬럼 추가 - 트랜잭션의 성능을 고려한 컬럼 추가
④ 중복 관계 추가 - 조인 구문을 활성화하기 위한 관계 추가

 중복 관계 추가는 다양하게 여러 방면으로 발생하는 조인을 줄이기 위해 관계를 추가하는 반정규화 기법입니다.

 ④

3. 모델링을 통한 SQL

> **TIP |** SQL 언어를 처음 접하시고 학습하시는 분들은 Part2를 충분히 복습하고 다시 돌아와 해당 부분을 학습하는 것이 더욱 효과적입니다. 해당 단원은 모델링을 보고 SQL을 작성하는 내용으로 SQL이 익숙하신 분들에게 유리합니다.

이번 장에서 특별히 설명할 이론적인 배경은 없습니다. 다양한 문제를 풀어보며 모델링을 확인하고 SQL을 작성하는 훈련을 부탁드립니다.

연습 문제 10

다음 데이터 모델에서 모든 주문 내역을 주문 금액이 높은 순으로 조회하는 SQL로 가장 적절한 것을 고르시오.

주문 내역
- 주문 번호 (PK)
- 주문 금액
- 상품 코드 (FK)

① SELECT 주문 번호, 주문 금액, 상품 코드 FROM 주문 내역
　ORDER BY 주문 금액
② SELECT 주문 번호, 주문 금액, 상품 코드 FROM 주문 내역
　WHERE 주문 금액 DESC
③ SELECT 주문 번호, 주문 금액, 상품 코드 FROM 주문 내역
　ORDER BY 주문 금액 DESC
④ SELECT 주문 번호, 주문 금액, 상품 코드 FROM 주문 내역
　GROUP BY 주문 금액 ASC

SQL의 정렬 구문은 ORDER BY입니다. 주문 금액이 높은 순으로 정렬되어야 하므로 내림차순 정렬이며 DESC 명령을 사용하게 됩니다. ASC은 오름차순을 의미하고, 만약 명시하지 않을 경우 기본은 오름차순(ASC)으로 설정됩니다.

 ③

연습 문제 11

다음 구매 정보 데이터 모델에서 구매 금액이 30,000원보다 크고 50,000원보다 적은 회원의 아이디를 조회하는 SQL로 가장 적절한 것을 고르시오.

구매정보
- 상품명
- 구매 금액
- 아이디 (FK)

① SELECT 아이디 FROM 상품 정보
　WHERE 구매 금액 > 30,000원 AND 구매 금액 < 50,000원
② SELECT 아이디 FROM 상품 정보
　WHERE 구매 금액 > 30,000원 OR 구매 금액 < 50,000원
③ SELECT 아이디 FROM 상품 정보
　WHERE 구매 금액 > 30,000원 NOR 구매 금액 < 50,000원
④ SELECT 아이디 FROM 상품 정보
　WHERE 구매 금액 > 30,000원 XOR 구매 금액 < 50,000원

 비교 연산자와 논리연산자의 활용을 묻는 문제입니다. 30,000원보다 크고 50,000원보다 작은, 즉 양측이 모두 참이어야 합니다. 양측 모두 참을 판단하는 논리 연산자는 AND입니다.

 ①

연습 문제 12

다음 데이터 모델에서 주문 금액이 30,000원 이상인 상품의 평균 단가를 조회하는 SQL로 가장 적절한 것을 고르시오.

상품 정보
- 상품 코드 (PK)
- 상품명
- 상품 단가
- 상품 종류

① SELECT 상품명, AVG(상품 단가) AS 평균 단가 FROM 상품 정보
　WHERE 상품 단가 >= 30,000원 ORDER BY 상품명
② SELECT 상품명, SUM(상품 단가) AS 평균 단가 FROM 상품 정보
　WHERE 상품 단가 >= 30,000원 GROUP BY 상품명
③ SELECT 상품명, AVG (상품 단가) AS 평균 단가 FROM 상품 정보
　WHERE 상품 단가 >= 30,000원 GROUP BY 상품 코드
④ SELECT 상품명, AVG (상품 단가) AS 평균 단가 FROM 상품 정보
　WHERE 상품 단가 >= 30,000원 GROUP BY 상품명

해설 SQL의 집계를 위한 구문은 GROUP BY입니다. 조회 내역에 상품명을 기준으로 처리되므로 GROUP BY 상품명이 되어야합니다. 이때 상품 단가가 30,000원 이상이어야 하므로 WHERE 절을 사용하여 조건을 추가합니다. 평균을 구하는 함수는 AVG입니다.

 ④

연습 문제 13

다음 데이터 모델에서 학과명이 'Data Science'인 학생의 정보를 조회하는 SQL로 가장 적절한 것을 고르시오.

```
소속 학과                    학생
- 학과 코드 (PK)      - 학번 (PK)
- 학과명          ─┼─◯< - 이름
- 담당 교수           - 학과 코드 (FK)
```

① SELECT A.학번, A.이름 FROM 학생 A, 소속 학과 B
   WHERE A.학과 코드 = B.학과 코드 AND B.학과명 = 'Data Science'
② SELECT A.학번, A.이름 FROM 학생 A, 소속 학과 B
   ON A.학과 코드 = B.학과 코드 AND B.학과명 = 'Data Science'
③ SELECT A.학번, A.이름 FROM 학생 A, 소속 학과 B
   WHERE A.학과 코드 = B.학과 코드 OR B.학과명 = 'Data Science'
④ SELECT 학번, 이름 FROM 학생 A, 소속 학과 B
   WHERE A.학과 코드 = B.학과 코드 AND B.학과명 = 'Data Science'

 해설 관계형 데이터베이스의 핵심 SQL인 조인(JOIN)문에 대한 문제입니다. INNER나 OUTER 같은 정확한 조인 방법을 명시하지 않고 쉼표(,)로 조인문을 작성하면 기본은 INNER 조인이 됩니다. 이때는 조건문 작성 시 ON이 아닌 WHERE 절을 활용하여 작성합니다. 학과명이 Data science이고 A, B 각 엔티티의 학과 코드가 같은 조건 즉, 양측이 모두 참이어야 하므로 논리 연산자는 AND입니다.

 ①

연습 문제 14

다음 데이터 모델에서 학생의 모든 정보와 수강 과목명을 조회하는 SQL로 가장 적절한 것을 고르시오.

```
┌─────────────┐      ┌─────────────┐
│    학생     │      │  수강 정보  │
├─────────────┤      ├─────────────┤
│ - 학번 (PK) │──────O<│ - 과목 코드 (PK) │
│ - 이름      │      │ - 과목명    │
│ - 입학 년도 │      │ - 학번 (FK) │
└─────────────┘      └─────────────┘
```

① SELECT 학번, 이름, 입학 연도, 과목명 FROM 학생 A, 수강 정보 B
　WHERE A.학번 = B.학번
② SELECT A.학번, A.이름, A.입학 연도, B.과목명 FROM 학생 A, 수강 정보 B
　WHERE A.학번 = B.학번
③ SELECT A.학번, A.이름, A.입학 연도, B.과목명 FROM 학생, 수강 정보
　WHERE A.학번 = B.학번
④ SELECT A.학번, A.이름, A.입학 연도, B.과목명 FROM 학생 A, 수강 정보 B
　ON A.학번 = B.학번

 학생 엔티티가 A, 수강 정보 엔티티가 B입니다. JOIN을 명시하지 않았기 때문에 WHERE 절을 활용하여 조건이 처리됩니다. ①번은 속성의 해당 엔티티 별칭이 생략되었고 반대로 ③번은 엔티티 별칭이 생략되었습니다.

 ②

4 관계형 데이터베이스(Relationship Database, RDB)의 이해

> **TIP |** SQL은 관계형 데이터베이스(이하 RDB)에 채택된 표준 언어입니다. 그래서 RDB에 대한 이해가 필수적입니다. 문제의 출제 빈도가 높지는 않지만, 꼭 검정을 위한 것이 아닐지라도 기본적인 소양으로 알아 두시면 좋습니다.

이번 장에서는 SQL이 활용되는 RDB에 대해서 간단히 살펴보도록 하겠습니다. RDB는 실 세계의 정보를 테이블 형식으로 표현합니다. 수학적으로 접근해 보면 관계 대수(relational algebra)와 관계 해석(relational calculus)에 따른 개념에 기초합니다. RDB는 테이블로 구현되기에 2차원으로 구성되며 행과 열로 이루어집니다.

연습 문제 15

다음 설명에서 A와 B에 들어갈 용어가 순서대로 정확히 나열된 것을 고르시오.

SQL이 표준 언어로 활용되는 관계형 데이터베이스 RDB는 실 세계의 정보를【 A 】형식으로 표현하고 2차원으로 구성되며【 B 】로 이루어 진다.

 SQL이 표준 언어로 활용되는 관계형 데이터베이스 RDB는 실 세계의 정보를 테이블 형식으로 표현됩니다. 테이블로 구현되기에 2차원으로 구성되며 행과 열로 이루어 집니다.

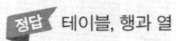 테이블, 행과 열

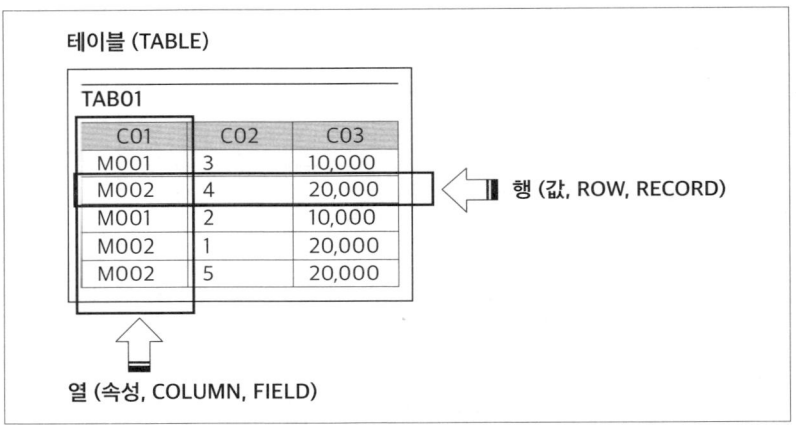

테이블(TABLE)	행과 열로 구성된 데이터베이스의 가장 기본이 되는 저장소
열(COLUMN)	세로 방향을 의미하며 인스턴스의 속성을 의미
행(ROW)	가로 방향을 의미하며 인스턴스의 속성이 가지는 실제의 값

테이블이 갖는 특징을 조금 더 살펴보면 다음과 같이 4개의 특성으로 설명할 수 있습니다.

1. 레코드(행, row)의 유일성 - 모든 테이블에는 중복되는 속성(컬럼, column)이 존재할 수 없다.
2. 레코드의 무순서성 - 모든 테이블에 포함된 레코드는 순서가 정해져 있지 않다.
3. 속성(컬럼, column)의 무순서성 - 특정 테이블을 구성하는 모든 속성은 순서가 없다.
4. 속성의 원자성 - 속성은 분할 수 없으며 널(null) 값도 원 값으로 가질 수 있다.

연습 문제 16

다음 중 테이블의 특징을 잘못 표기한 것을 고르시오.

① 속성의 순서성
② 레코드의 무순서성
③ 속성의 원자성
④ 레코드의 유일성

 특정 테이블을 구성하는 모든 속성은 특별히 순서가 없습니다.

 ①

일반적으로 테이블에서 특정 속성은 해당 테이블의 레코드(튜플 혹은 행, row)를 유일하게 식별합니다. 식별자라 부르며 대체로 기본키가 담당하게 되면 다음과 같은 특성을 갖습니다.

1. **유일성** - 기본키로 모든 속성의 나머지 정보를 유일하게 식별한다.
2. **최소성** - 기본키가 2개 이상의 속성들로 결합하여 구성되면 이중 하나를 삭제했을 때, 더 이상 나머지 속성을 식별할 수 없게 된다. 따라서 기본키는 모든 정보를 유일하게 식별할 수 있도록 최소의 속성으로 구성되어야 한다.

특정 테이블의 모든 속성을 조합하면 다른 레코드와 중복되지 않고 유일하게 식별이 가능해지기 때문에 모든 테이블은 적어도 하나 이상의 키를 가지게 됩니다.

연습 문제 17

다음 기본키에 대한 설명에서 가와 나가 의미하는 용어가 순서대로 정확히 나열된 것을 고르시오.

가. 모든 속성의 나머지 정보를 유일하게 식별한다.
나. 모든 정보를 유일하게 식별할 수 있도록 최소의 속성으로 구성되어야 한다.

① 식별성, 최소성
② 유일성, 식별성
③ 유일성, 최소성
④ 식별성, 유일성

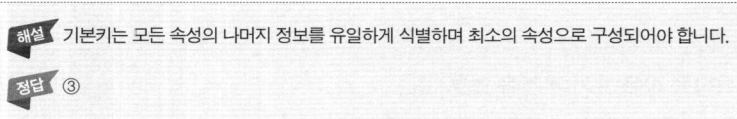 기본키는 모든 속성의 나머지 정보를 유일하게 식별하며 최소의 속성으로 구성되어야 합니다.

정답 ③

RDB에서 기본키의 개념은 매우 중요합니다. 유일성과 최소성의 특성을 만족한다는 것은 결국 특정 테이블의 속성들 중에서만 정의될 수 있다는 것입니다. RDB에서 키는 기본키만 존재하지 않습니다. 기본키를 제외하면, 즉 모든 레코드를 유일하게 식별해주는 속성, 그 외의 키(외래키 등)는 반드시 속성들 중에서 정의될 필요는 없습니다.

연습 문제 18

다음 중 키에 대한 설명으로 옳은 것을 고르시오.

① 특정 테이블의 모든 키는 반드시 해당 테이블의 속성 중에서 정의되어야 한다.
② 기본키는 필요하다면 다른 테이블의 속성을 이용하여 정의될 수 있다.
③ 기본키는 반드시 하나의 속성만으로 구성해야 한다.
④ 기본키를 제외한 모든 키는 반드시 해당 테이블의 속성 중에서 정의될 필요는 없다.

 특정 테이블의 모든 키가 반드시 해당 테이블의 속성으로 구성될 필요는 없습니다. 하지만 기본키는 반드시 해당 테이블의 속성들 중에서 정의되어야 합니다. 이때 꼭 하나의 속성만으로 정의할 필요는 없으며 필요하다면 여러 속성을 결합하여 구성할 수 있습니다.

정답 ④

5 분산 데이터베이스(Distributed Database)의 이해

분산 데이터베이스란 여러 물리적 공간에 배치된 데이터베이스를 하나의 가상 시스템을 통하여 통제하고 활용할 수 있도록 구성된 데이터베이스를 의미합니다. 이는 논리적으로는 하나의 데이터베이스로 인식되지만 물리적인 공간은 분리되어 네트워크로 연결된 데이터베이스들의 집합체입니다. 따라서 2개 이상의 물리적인 데이터베이스로 구성되지만 하나의 논리적 구성으로 사용자를 통합하고 정보를 공유합니다.

연습 문제 19

다음 분산 데이터베이스에 대한 설명으로 적절한 것을 모두 고르시오.

가. 분산 데이터베이스는 하나의 논리적 집합체이다.
나. 분산 데이터베이스는 여러 개의 물리적 데이터베이스들의 결합이다.
다. 분산 데이터베이스는 여러 데이터베이스를 네트워크로 연결한 데이터베이스이다.
라. 분산 데이터베이스는 사용자를 데이터베이스 별로 분할 관리하고 정보를 공유한다.

① 가, 나, 라
② 가, 다, 라
③ 가, 나, 다
④ 나, 다, 라

 분산 데이터베이스는 여러 물리적 데이터베이스를 기본적으로 논리적 결합을 통해 사용자를 통합 관리하고 정보를 공유합니다.

 ③

분산 데이터베이스는 대량의 정보를 저장할 때 기능별로 정보의 저장과 공간 확보를 위해 우선적으로 데이터베이스를 물리적으로 분할하고 정보의 처리 성능을 고려하여 설계해야 합니다. 또한 네트워크의 부하 및 속도를 충분히 고려하고 사용자의 정보 활용에 따른 성능 저하 문제를 최소화하도록 구성합니다.

연습 문제 20

다음 분산 데이터베이스를 구축할 때 고려해야 할 사항으로 적절하지 않은 것을 고르시오.

① 분산 데이터베이스를 구축할 때 최우선적으로 고려할 사항은 정보의 처리 성능을 최대화 하는 것이다.
② 분산 데이터베이스를 구축할 때 네트워크의 부하와 속도를 고려한다.
③ 분산 데이터베이스를 구축할 때에는 사용자의 정보 활용에 대한 성능 저하 문제를 최소화 한다.
④ 분산 데이터베이스를 구축할 때에는 물리적 공간을 우선적으로 확보해야 한다.

분산 데이터베이스는 구축 시 데이터베이스를 구성할 물리적인 공간을 고려해야 하는 것은 맞지만 최우선적으로 고려할 사항은 아닙니다.

 ④

분산 데이터베이스를 구축하면 물리적으로 여러 데이터베이스를 구성할 수 있으므로 추후 시스템의 용량 확장에 매우 유리합니다. 하지만 공간 확보와 여러 데이터베이스의 구성에 따라 비용적인 측면에서 불리하고 관리의 어려움이 있습니다.

분산 데이터베이스의 구성은 처리 속도에 따른 빠른 응답 성능으로 정보의 신뢰성이 높아지고 가용성이 확보되지만, 자칫 네트워크의 불안정으로 인한 불규칙한 응답 속도와 반응 등으로 신뢰성을 떨어뜨릴 수 있습니다. 사용자의 요구에 따라 시스템을 구성할 수 있는 장점을 가지고 있으나 이는 자칫 데이터베이스의 핵심적인 특성이라 할 수 있는 데이터 무결성이 확보되지 않을 수 있다는 단점으로 작용하기도 합니다.

장점	단점
물리적으로 여러 데이터베이스를 구성	공간 확보와 비용적 측면에서 불리
추후 시스템의 용량 확장에 매우 유리	관리의 어려움
처리 속도에 따른 빠른 응답 성능	불규칙한 응답 속도와 반응
정보의 신뢰성이 높아지고 가용성이 확보됨	신뢰성의 하락
사용자의 요구에 따른 시스템 구성	데이터 무결성이 확보의 어려움

연습 문제 21

다음 분산 데이터베이스의 장점과 단점에 대한 설명으로 적절하지 않은 것을 고르시오.

① 분산 데이터베이스의 구축은 추후 시스템 용량 확장에 용이하다.
② 분산 데이터베이스의 구축은 데이터 무결성에 완벽히 대처 가능하다.
③ 분산 데이터베이스의 구축은 네트워크가 불안할 경우 신뢰성이 떨어진다.
④ 분산 데이터베이스의 구축은 사용자의 요구를 충분히 반영할 수 있다.

 분산 데이터베이스의 단점 중에는 사용자의 요구와 요청에 따른 시스템 구축으로 자칫 데이터 무결성을 확보하지 못한다는 것입니다.

 ②

분산 데이터베이스 적용 기법은 크게 4가지로 구분할 수 있습니다.

1. **테이블 위치 분산** - 각각의 테이블을 용도와 활용 범위 등을 고려하여 서로 다른 물리적 공간에 분산 배치한다.
2. **테이블 분할 분산** - 단순히 테이블의 물리적 위치를 달리하는 것이 아닌 테이블에 담기는 정보를 서로 다른 공간에 배치한다.
3. **테이블 복제 분산** - 동일한 테이블을 여러 물리적 공간에 동일하게 생성하고 관리한다.
4. **테이블 요약 분산** - 서로 다른 물리적 공간의 테이블 정보를 또 다른 물리적 공간에서 요약하여 통합 관리한다.

연습 문제 22

다음 분산 데이터베이스 적용 기법으로 적절하지 않은 것을 고르시오.

① 테이블 위치 분산
② 테이블 분할 분산
③ 테이블 복제 분산
④ 테이블 집중 분산

 분산 데이터베이스의 적용 기법은 테이블 위치, 분할, 복제 그리고 요약 분산입니다.

 ④

6 단원 점검 문제

01 다음 설명이 의미하는 것이 무엇인지 적절한 것을 고르시오.

> 정규화 처리되지 않은 특정 엔티티에서 중복 데이터로 인해 발생하는 3가지 문제점을 의미한다. 엔티티에 존재하는 이러한 문제점을 제거해 나가는 정규화 과정을 거쳐 관계 스키마를 형성하는 것이다.

① 관계현상　　　　② 식별이상
③ 이상 현상　　　　④ 설계이상

02 아래의 데이터 모델에 대한 설명으로 가장 알맞은 것을 고르시오.

상품 정보
- 상품 코드 (PK)
- 상품명
- 색상

상품 코드	상품명	색상
P001	드레스 셔츠	화이트, 블루, 그레이
P002	니트	그레이, 베이지
P003	남방	블루

① 상품 정보 엔티티의 색상 속성은 제 1 정규화를 진행해야 한다.
② 상품 정보 엔티티의 색상 속성은 제 2 정규화을 진행해야 한다.
③ 상품 정보 엔티티의 색상 속성은 제 3 정규화을 진행해야 한다.
④ 상품 정보 엔티티의 색상 속성은 제 4 정규화을 진행해야 한다.

03 데이터 모델링에서 다음 설명이 의미하는 정규화 과정으로 적절한 것을 고르시오.

> 엔티티의 일반 속성이 부분 종속되도록 한다. 이는 기본키(식별자)에 속하지 않는 속성이 기본키에 완전이 종속되도록 진행하는 것이다.

① 1NF　　　　② 2NF
③ 3NF　　　　④ 4NF

04 데이터 모델링에서 정규화 과정에 대한 설명으로 맞는 것을 모두 고르시오.

> 가. 1NF - 하나의 속성에 하나의 원자값을 갖도록 진행한다.
> 나. 2NF - 모든 속성이 기본키에 완전히 종속되도록 진행하는 부분 종속과 관련이 있다.
> 다. 3NF - 기본키에 종속되지 않는 속성을 분리하거나 제거하는 이행 종속과 관련이 있다.

① 가, 나
② 나, 다
③ 가, 다
④ 가, 나, 다

05 다음 데이터 모델에서 주문 금액이 30,000원 이상인 주문만 조회하는 SQL로 가장 적절한 것을 고르시오.

주문 내역
- 주문 번호 (PK)
- 주문 금액
- 상품 코드 (FK)

① SELECT 주문 번호, 주문 금액, 상품 코드 FROM 주문 내역
  ORDER BY 주문 금액 >= 30,000원
② SELECT 주문 번호, 주문 금액, 상품 코드 FROM 주문 내역
  WHERE 주문 금액 >= 30,000원
③ SELECT 주문 번호, 주문 금액, 상품 코드 FROM 주문 내역
  HAVING 주문 금액 >= 30,000원
④ SELECT 주문 번호, 주문 금액, 상품 코드 FROM 주문 내역
  GROUP BY 주문 금액 >= 30,000원

06 다음 데이터 모델에서 학번, 이름, 학과명을 조회하는 SQL로 가장 적절한 것을 고르시오.

소속 학과
- 학과 코드 (PK)
- 학과명
- 담당 교수

학생
- 학번 (PK)
- 이름
- 학과 코드 (FK)

① SELECT A.학번, A.이름, B.학과명 FROM 학생 A, 소속 학과 B
  ON A.학과 코드 = B.학과 코드
② SELECT 학번, 이름, 학과명 FROM 학생 A, 소속 학과 B
  WHERE A.학과 코드 = B.학과 코드
③ SELECT A.학번, A.이름, B.학과명 FROM 학생 A, 소속 학과 B
  WHERE A.학과 코드 = B.학과 코드
④ SELECT A.학번, A.이름, B.학과명 FROM 학생, 소속 학과
  WHERE A.학과 코드 = B.학과 코드

07 다음 분산 데이터베이스의 설명으로 빈칸에 들어갈 용어를 기술하시오.

> 분산 데이터베이스를 구축함으로써 추후 시스템의 용량 확장에 유리하며 사용자의 요구에 따라 시스템을 구성할 수 있는 장점을 가지고 있으나 이는 자칫 데이터베이스의 핵심적인 특성이라 할 수 있는 【　】이 확보되지 않을 수 있다는 단점을 가지고 있다.

08 다음 중 반정규화 진행과 관련이 없는 것을 고르시오.

① 평균 연봉을 빠르게 집계하기 위해 평균 집계 컬럼을 기존 테이블에 추가
② 주문 내역 테이블에서 월별, 연도별 주문 금액을 집계하기 위해 두 컬럼을 기본키로 하는 테이블을 생성하고 집계 진행
③ A사원에게 신규 업무가 할당되어 업무 정보 테이블에 새로운 컬럼을 추가하고 A사원 정보를 입력
④ 통계 정보를 빠르게 확인하기 위해 테이블을 생성하고 별도의 배치 프로그램을 통해 통계 정보를 저장

09 다음 데이터 모델에 대한 설명으로 적절한 것은?

```
회원 정보              주문 정보
- 아이디 (PK)          - 주문 번호 (PK)
- 회원명       |----o<  - 상품 코드
- 가입 일자            - 상품명
                      - 아이디 (FK)
```

① 두 엔티티 모두 정규화가 처리되지 않았다.
② 주문 정보 엔티티는 제 3 정규화가 진행되지 않았다.
③ 회원 정보 엔티티는 제 1 정규화 위반이다.
④ 두 엔티티 모두 특별하게 정규화 처리할 필요가 없다.

10 다음 중 분산 데이터베이스에 대한 설명으로 틀린 것을 고르시오.

① 분산 데이터베이스는 시스템 가용성 면에서 불리하다.
② 분산 데이터베이스는 병렬 실행을 통해 성능을 향상시킨다.
③ 분산 데이터베이스는 네트워크 기반으로 여러 개의 데이터베이스로 분리 구성된다.
④ 분산 데이터베이스는 분리되어 관리하므로 통제가 어렵고 무결성 관리가 힘들다.

단원 점검 문제 정답 및 풀이

문제 1) 정답 ③

풀이 - 정규화 처리되지 않은 엔티티에서 발생하는 3가지 문제점을 이상 현상이라고 합니다. 특히 논리적 모델링 단계에서 이상 현상을 제거해 나가는 정규화 과정을 거쳐 관계 스키마를 형성합니다.

문제 2) 정답 ②

풀이 - 관계는 엔티티와 엔티티의 연결로 식별자에 의해 관계가 형성된다.

문제 3) 정답 ②

풀이 - 일반 속성이 기본키에 완전 종속되도록 구성하는 정규화 과정은 제 2정규화(2NF)입니다.

문제 4) 정답 ④

풀이 - 1NF는 하나의 속성에 하나의 원자값을 갖도록 진행하는 것이고 2NF는 모든 속성이 기본키에 완전히 종속되도록 진행하는 부분 종속과 관련이 있습니다. 그리고 3NF는 기본키에 종속되지 않는 속성을 분리하거나 제거하는 이행 종속과 관련이 있는 것으로 가, 나, 다 모두 적절한 설명입니다.

문제 5) 정답 ②

풀이 - SQL에서 조건을 처리하는 구문은 WHERE 절입니다. ORDER BY는 정렬, GROUP BY는 집계 처리, HAVING은 집계 후 조건 처리를 위한 구문입니다.

문제 6) 정답 ③

풀이 - INNER와 OUTER 등의 JOIN 구문을 정확히 명시하지 않은 경우 일반적으로 INNER JOIN을 의미합니다. 이때는 조건 처리 시 ON대신 WHERE 절을 사용합니다. ②번의 경우 필드명에 엔티티 별칭이 빠져 있습니다. ④번의 경우 반대로 엔티티에 별칭이 생략되었습니다.

문제 7) 정답 데이터 무결성

풀이 - 분산 데이터베이스의 단점 중 하나는 데이터 무결성 확보가 어려울 수 있다는 점입니다.

문제 8) 정답 ③

풀이 - 반정규형을 진행하는 가장 기본적인 이유는 성능을 고려하는 것입니다. 테이블이나 컬럼을 추가, 분할하는 등의 작업입니다. 새로운 정보에 대한 처리는 반정규화와 큰 관련이 없습니다.

문제 9) 정답 ②

풀이 - 제 3정규화(Third Normal Form, 3NF)는 엔티티가 기본적으로 제 2정규화를 만족하고 기본키(식별자)에 완전히 종속되지 않는 일반 속성을 분리하거나 제거하는 것입니다. 주문 정보 엔티티에서 상품에 대한 정보는 상품명이 상품 코드에 종속되도록 분리되어야 합니다.

문제 10) 정답 ①

풀이 - 분산 데이터베이스는 병렬 처리되기 때문에 응답이 빠르고 추후 용량 확장에 매우 유리합니다.

Part 2

기초 SQL

01 | SQL의 이해
02 | 입력, 수정, 삭제 그리고 조회
03 | 연산자
04 | 함수와 집계 처리

chapter 1
SQL의 이해

1. SQL이란

> **TIP** | SQL의 의미와 역사, 종류에 대해 가볍게 이해하고 넘어가시면 됩니다.

SQL은 Structured Query Language의 약자입니다. 구조화된 질의어로 해석됩니다. 일반적으로 SQL은 1974년 IBM에서 발표한 구조적 질의어인 SEQUEL(Structured English Query Language) 이 그 시초라고 설명합니다. 계속된 진화를 거듭하여 관계형 데이터베이스의 표준 언어로 SQL 을 선택하며 지금에 이르렀습니다.

연습 문제 1

SQL의 용어 전체 이름에 대한 풀이가 정확한 것을 고르시오.

① SQL - Straight Query Language
② SQL - Structured Query Language
③ SQL - Stored Query Language
④ SQL - Storage Query Language

해설 SQL은 구조화된 질의어로 Structured Query Language의 약자입니다.

정답 ②

SQL은 사용자가 정확히 원하는 작업만을 명시하고 작업의 방법이나 절차를 따로 명시하지 않는 비 절차적 언어입니다. 자연어에 매우 가깝게 구문으로 작성합니다.

연습 문제 2

다음 중 SQL에 대한 설명으로 부적절한 것을 고르시오.

① SQL은 현재 대부분의 상용 RDBMS에서 채택하여 활용되고 있다.
② SQL은 코드 내 작업 방법과 절차를 명시하지 않는 구조를 갖는다.
③ SQL은 자연어와 완전히 다른 구조로 이루어진 비 절차적 언어이다.
④ SQL은 데이터베이스 관련 작업을 지원하는 언어이다.

 SQL은 현재 대부분의 상용화된 RDBMS(ORACLE, MS-SQL 등)에서 표준 언어로 채택하여 활용하고 있습니다. SQL의 경우 사용자가 원하는 것만 코드에 작성하는 방법으로 절차를 명시하지 않는 비 절차적 언어로서 자연어와 매우 유사한 구조를 가집니다.

 ③

SQL은 실제 데이터가 저장된 물리적 공간(DB Server)과는 별개의 단말기를 통해서도 작업이 가능합니다. 이는 DB에 접속 가능한 도구를 활용하여 어떤 공간과 상황에서도 조작이 가능하다는 이점을 가지고 있는 것입니다. 또한 SQL은 다른 언어와 결합되어 함께 사용이 가능한 최강의 이식성을 보입니다. 특정한 언어에 국한되지 않고 어떤 응용 프로그램에도 자유롭게 이식되어 사용이 가능합니다.

연습 문제 3

다음 중 SQL이 갖는 특성으로 적절한 것을 고르시오.

① SQL은 DB가 설치된 공간 내에서만 작성되어야 한다.
② SQL은 다른 응용 프로그램에 삽입되어 사용 가능하다.
③ SQL은 정해진 도구를 활용하면 DB에 접속하지 않아도 작업이 가능하다.
④ SQL이 다른 언어와 결합하여 사용될 때는 별도의 연결 작업이 필요하다.

 SQL은 DB와 별개의 공간에서 접속만 가능하다면 작업을 할 수 있습니다. 또한 타 언어와 별도의 연결 작업 없이 결합해서 사용할 수 있는데, 해당 언어에 흡수되어 사용되는 방식입니다.

 ②

대부분의 RDBMS에서 SQL을 사용합니다. 대표적으로 ORACLE, MS-SQL은 ANSI(American National Standard Institute) SQL을 공통적으로 지원하고 활용합니다. 참고적으로 각자의 DBMS 환경에 맞춰 독자적인 형태로 SQL을 변형하여 발전시켜 왔는데, ORACLE의 P/L(procedural features of programming languages) SQL과 MS-SQL의 T(Transact)-SQL이 있습니다.

> **TIP |** SQLD 자격 검정 시험에서 다루는 대부분의 SQL 코드는 특정 RDBMS에 초점을 맞추지 않는 ANSI SQL을 활용한 문제입니다. 일부 ORACLE의 P/L SQL과 MSSQL의 T-SQL 관련 문제도 출제가 되지만 우선적으로 ANSI SQL에 무게를 두고 공부하시면 됩니다.

SQL은 크게 4가지로 구분되어 사용됩니다. 개체 관리를 위한 DDL(Data Definition Language), 접근 권한 및 사용자 관리를 위한 DCL(Data Control Language), 데이터를 조작하는 DML(Data Manipulation Language) 그리고 데이터 변경 관리를 위한 TCL(Transaction Control Language)가 있습니다.

연습 문제 4

다음 설명의 A, B에 들어갈 용어를 순서대로 정확히 나열하시오.

SQL은 크게 4가지로 구성된다. 그중에서 데이터 조작을 위한 것을【 A 】라 하고, 조작되어 변경된 사항을 관리하는 것을【 B 】라고 부른다.

 DML은 데이터를 조작하는 역할을 담당하고, TCL은 트랜잭션 관련 구문으로 DML에 의해 변경된 내용을 관리하는 목적입니다.

 DML, TCL

장점	단점
데이터 조작어 (DML, DATA MANIPULATION LANGUAGE)	데이터의 조회 및 검색, 데이터 수정 및 삭제, 신규 데이터의 입력 등
데이터 정의어 (DDL, DATA DEFINITION LANGUAGE)	데이터 구조를 정의. 구조의 생성 및 변경, 삭제 등
데이터 제어어 (DCL, DATA CONTROL LANGUAGE)	데이터베이스 접근 관리. 사용자의 권한 생성 및 회수 등
트랙잭션 제어어 (TCL, TRANSACTION CONTROL LANGUAGE)	DML의 수행 결과를 작업 단위별로 논리적 관리

2. DDL - Data Definition Language

DDL은 데이터베이스(DB), 테이블(Table), 인덱스(Index) 등의 각종 객체의 생성, 수정, 삭제 등의 관리를 위한 명령어입니다. CREATE(생성), ALTER(수정), DROP(삭제) 구문이 대표적인 DDL 명령어입니다.

연습 문제 5

다음에서 설명하는 SQL의 종류를 고르시오.

여러 가지 객체, 데이터베이스, 테이블, 뷰, 인덱스 등을 생성하고 구조를 변경 관리하는 작업을 위한 명령어이다. 주로 데이터베이스 관리자가 많이 사용하는 언어이다. CREATE, ALTER, DROP 등의 명령어가 이에 포함된다.

① DDL - Data Definition Language
② DCL - Data Control Language
③ DML - Data Manipulation Language
④ TCL - Transaction Control Language

 DDL은 주로 데이터베이스 관리자에 의해 사용되는 SQL의 한 종류로, DB의 다양한 객체를 생성, 수정, 삭제하는 기능을 가진다.

 ①

연습 문제 6

다음 중 SQL의 한 종류인 DDL에 대한 설명으로 부적절한 것을 고르시오.

① 데이터 정의어로 데이터베이스의 다양한 객체를 관리하는 작업을 수행하는 명령이다.
② 관련된 객체로는 데이터베이스, 테이블, 뷰는 물론 인덱스, 도메인, 제약 조건 등이 포함된다.
③ 객체 관리 권한을 위임하는 명령을 포함한다.
④ 주로 데이터베이스 관리자에 의해 작업되는 명령이다.

 관리 권한 등의 사용자 보안과 관련된 SQL 구문은 DCL입니다.

 ③

대표적인 DDL 명령인 CREATE, ALTER, DROP의 적용 가능 객체와 기능을 간단하게 정리하면 다음과 같습니다.

DDL	적용 객체	역할
CREATE	DATABASE	데이터베이스 생성
	DOMAIN	도메인 생성
	TABLE	테이블 생성
	INDEX	인덱스 생성
	VIEW	뷰 생성
ALTER	TABLE	테이블 수정
	DOMAIN	도메인 수정
	COLUMN	컬럼 수정
DROP	DATABASE	데이터베이스 제거
	DOMAIN	도메인 제거
	TABLE	테이블 제거
	INDEX	인덱스 제거
	CONSTRAINT	제약 조건 제거
	VIEW	뷰 제거

이외에도 대표적으로 객체의 이름을 다시 정의하는 RENAME, 테이블 내의 모든 행을 삭제하는 TRUCATE가 있습니다.

> **TIP |** DOMAIN이란 컬럼(COLUMN, 열)을 정의할 때 사용되는 반복적이거나 특별히 적용될 데이터 유형을 사용자가 생성하여 사용하는 것을 의미합니다.

연습 문제 7

다음 중 SQL의 한 종류인 DDL의 구문으로 적절하지 않은 것을 고르시오.

① DROP ② RENAME
③ UPDATE ④ TRUCATE

 DROP은 객체의 삭제를 위한 명령이고, RENAME은 객체의 이름을 재 정의하는 명령 그리고 TRUCATE는 테이블의 행을 모두 삭제하는 명령으로 DDL입니다. UPDATE는 DML 명령으로 정보(데이터)를 수정하는 명령입니다.

 ③

연습 문제 8

아래 SQL 구문의 (A)와 (B)에 들어갈 명령을 순서대로 작성하시오.

(A) TAB01 (B) C01 NUMBER NOT NULL

 DDL(Data Definition Language) 구문에서 테이블과 컬럼을 수정하는 명령은 ALTER입니다. 순서에 따라 테이블이 나오고 그 다음 컬럼을 지정하게 됩니다. 따라서 ALTER TABLE 명령이 먼저 나오고 그 뒤에 ALTER COLUMN이 나열됩니다.

 A: ALTER TABLE   B: ALTER COLUMN 또는 MODIFY

TIP | DDL 구문 작성 시 ORACLE에서는 ALTER COLUM 명령의 경우 MODIFY로 사용 가능합니다.

연습 문제 9

다음 중 DDL 구문 가와 나에 대한 설명으로 적절한 것을 고르시오.

가. CREATE DATABASE MEMBER_DB
나. DROP TABLE TEMP_TABLE

① 가 - 데이터베이스 MEMBER_DB 생성, 나 - 테이블 TEMP_TABLE의 생성
② 가 - 데이터베이스 MEMBER_DB 생성, 나 - 테이블 TEMP_TABLE의 수정
③ 가 - 데이터베이스 MEMBER_DB 변경, 나 - 테이블 TEMP_TABLE의 삭제
④ 가 - 데이터베이스 MEMBER_DB 생성, 나 - 테이블 TEMP_TABLE의 삭제

 DDL에서 CREATE문은 생성을 의미하고 DROP은 삭제를 의미합니다. 따라서 '가'는 MEMBER_DB라는 이름의 데이터베이스를 생성하는 것이고 '나'는 TEMP_TABLE이라는 이름의 테이블을 삭제하는 것입니다.

 ④

INDEX(인덱스)는 테이블 내의 정보를 빠르게 찾을 수 있도록 처리된 임의의 접근 객체를 의미합니다. INDEX를 활용하여 SQL을 작성하고 데이터를 검색하면 빠른 응답을 기대할 수 있습니다. 일반적으로 기본키를 지정하게 되면 자동으로 기본 INDEX 파일 객체가 생성되고 자동으로 오름차순 정렬이 이루어집니다. INDEX가 지정되지 않은 컬럼(COLUMN, 열, 항목)으로 탐색할

경우 전체 영역을 모두 찾아야 하므로 시간이 많이 소요됩니다.

INDEX를 사용할 경우 탐색의 효율성은 높아지지만 새로운 데이터의 저장, 기존 데이터의 수정, 삭제 시에는 INDEX 객체에도 동일한 작업이 수행되어야 하므로 다소 성능이 저하됩니다. 즉, 탐색은 효율적이지만 수정, 삭제, 삽입은 비효율적이라는 점입니다. 다만 수정, 삭제, 삽입이 되는 데이터에 대한 INDEX 객체의 변경 소요 시간보다 INDEX 객체를 활용하지 않은 탐색에 걸리는 시간이 훨씬 더 많이 소요되므로 INDXE 객체를 생성하여 활용하는 것이 전반적으로 유리합니다.

연습 문제 10

다음 중 INDEX 객체에 대한 설명으로 부적절한 것을 고르시오.

① INDEX를 활용하면 데이터를 수정할 때 성능이 향상된다.
② INDEX는 파일 형태의 객체이므로 INDEX 생성은 DDL 구문을 활용한다.
③ INDEX는 데이터 탐색에 매우 효율적이다.
④ 기본키가 지정되면 자동으로 기본 INDEX 객체가 생성된다.

 INDEX 객체를 활용하면 탐색은 빨라지지만 데이터 수정, 삭제, 삽입의 경우 다소 성능이 저하될 수 있습니다.

 ①

연습 문제 11

다음 DDL 구문에 대한 설명으로 적절하지 않은 것을 고르시오.

CREATE UNIQUE INDEX SERIAL_NO_INDEX ON MEMBER_LIST(SERIAL_NO)

① UNIQUE 옵션이 적용되었으므로 SERIAL_NO 컬럼에는 중복 값이 허용되지 않는다.
② UNIQUE 옵션이 적용되어 필요에 따라 SERIAL_NO 컬럼에는 중복 값이 허용될 수 있다.
③ MEMBER_LIST 테이블의 SERIAL_NO 컬럼에 대해 INDEX를 생성한다.
④ 생성할 INDEX의 이름은 SERIAL_NO_INDEX이다.

 INDEX 생성 시 UNIQUE 옵션이 적용되면 해당 컬럼, 여기서는 SERIAL_NO에는 중복 값이 허용되지 않습니다.

 ②

3. 자료 유형 – Data Type

데이터베이스의 가장 기본적인 목적은 정보(data)를 저장하는 것입니다. 정보는 데이터베이스 내 각각의 테이블에 정의된 속성에 따라 저장이 됩니다. 테이블을 설계하고 속성을 정의할 때 저장될 정보의 자료 유형을 지정하게 됩니다. 즉, 저장되는 정보가 문자 유형인지 숫자 유형인지를 구분하게 됩니다. 데이터베이스에서 데이터 형식은 크게 두 가지입니다. 문자 형식이거나 숫자 형식이 전부입니다.

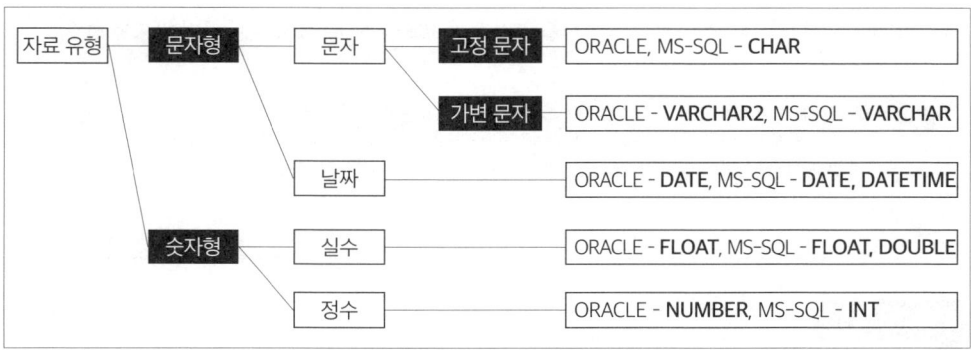

문자 유형은 대표적으로 고정 및 가변 문자 그리고 날짜 형식으로 구분됩니다. 숫자 유형은 크게 실수와 정수입니다.

DDL 중 객체 정보를 변경하는 명령은 ALTER입니다. ALTER 명령은 크게 수정, 삭제, 추가를 진행할 수 있습니다. 각각의 사용 방법은 다음과 같습니다.

수정 ▶ ALTER TABLE 테이블 이름 ALTER COLUMN 컬럼명 DATA TYPE

삭제 ▶ ALTER TABLE 테이블 이름 DROP COLUMN 컬럼명 DATA TYPE

추가 ▶ ALTER TABLE 테이블 이름 ADD 컬럼명 DATA TYPE

ALTER 명령이 나오면 바로 뒤에 수정하고자 하는 객체(일반적으로 TABLE)를 명시하고 해당 객체의 실제 이름을 표기합니다. 뒤이어 수정할 때는 ALTER, 삭제 시에는 DROP, 추가 시에는 ADD 명령이 나옵니다. 주의할 점은 ALTER와 DROP의 경우 수정, 삭제할 객체(일반적으로 COLUMN)를 지정하고 실제 컬럼명을 작성하지만 ADD의 경우 객체(COLUMN) 구문이 생략되고 바로 실제 컬럼명이 표기됩니다.

연습 문제 12

다음 DDL 구문에 대한 설명으로 올바른 것을 고르시오.

ALTER TABLE STUDUNT_LIST ALTER COLUMN NAME CHAR (10) NOT NULL

① STUDUNT_LIST 테이블과 NAME 속성을 고정 문자 10으로 NULL 값을 허용하지 않도록 변경
② NAME 속성을 변경 후 STUDUNT_LIST 테이블을 고정 문자 10으로 NULL 값을 허용하지 않도록 변경
③ NAME 속성이 포함된 STUDUNT_LIST 테이블을 고정 문자 10으로 NULL 값을 허용하지 않도록 변경
④ STUDUNT_LIST 테이블에 NAME 속성을 고정 문자 10으로 NULL 값을 허용하지 않도록 변경

 ALTER 명령은 객체를 수정하는 구문입니다. 문제에서 ALTER가 두 번 등장했는데 첫 번째 ALTER 뒤에는 테이블명이 나오고 두 번째 ALTER 뒤에는 변경하고자 하는 컬럼(속성)명이 나옵니다. CHAT는 고정 문자형이 되고 10은 길이를 의미합니다. NOT NULL은 반드시 정보가 입력되도록 NULL 값을 허용하지 않는다는 뜻입니다.

 ④

연습 문제 13

다음의 주문을 SQL로 구현한 구문으로 가장 올바른 것을 고르시오.

MEMBER 테이블에 AGE 속성을 실수형으로 추가하고, NULL 값을 허용

① ALTER TABLE MEMBER ADD COLUMN AGE FLOAT, NULL
② ALTER MEMBER ADD AGE FLOAT, NULL
③ ALTER TABLE MEMBER ADD AGE FLOAT, NULL
④ ALTER AGE ADD MEMBER FLOAT, NULL

 ALTER 명령을 활용하여 컬럼을 추가하는 명령은 ADD입니다. 주의할 점은 ADD 뒤에 COLUMN을 쓰지 않고 바로 추가될 실제 컬럼명을 작성한다는 점입니다.

 ③

연습 문제 14

다음 DDL 구문에 대한 설명으로 올바르지 않은 것을 고르시오.

CREATE TABLE MEMBER(
　　　ID CHAR(8) NOT NULL,
　　　PASSWORD VARCHAR(10) NOT NULL,
　　　NAME CHAR(10) NOT NULL,
　　　HP INT NULL,
　　　EMAIL VARCHAR(50) NULL,
　CONSTRAINT [PK_MEMBER] PRIMARY KEY CLUSTERED (ID ASC))

① 테이블 MEMBER를 생성하고 총 5개의 속성을 갖는다.
② HP와 EMAIL 속성은 NULL 값이 허용된다.
③ 생성될 MEMBER 테이블의 기본키는 ID이다.
④ PASSWORD 속성은 고정 문자열 10이다.

 자료 유형에서 VARCHAR은 가변 문자 유형입니다. 고정 문자 유형은 CHAR입니다.

 ④

> **TIP |** SQL을 활용할 때 문자와 숫자를 명확히 구분해야 합니다. 구분하는 방법은 매우 간단합니다. 입력되는 값의 시작과 끝에 작은 따옴표(' ')를 붙이면 문자로 인식되고 작은 따옴표가 없으면 숫자로 인식됩니다. 매우 중요합니다!!
>
> 예) 'AA' ▶ 문자, 123 ▶ 숫자, '123' ▶ 문자, '2021-12-25' ▶ 문자

DCL - Data Control Language

데이터베이스의 정확성과 안정성을 관리하기 위한 SQL이 DCL입니다. 데이터베이스에서 관리되는 객체, 정보를 이용하는 사용자 그리고 정보 사용 내역 등의 작업 수행을 관리하기 위한 언어입니다. 해당 언어는 주로 데이터베이스 관리자에 의해 작성되는 경우가 많습니다.

연습 문제 15

다음에서 설명하는 SQL의 종류를 고르시오.

데이터베이스의 보안 관리를 위한 SQL의 한 종류이다. 데이터베이스 내에 존재하는 객체들, 테이블, 뷰 등에 관한 접근 및 작업 권한을 사용자의 업무 수행 내역에 맞게 적당한 범위로 제어하는 명령이다.

① DDL - Data Definition Language
② DCL - Data Control Language
③ DML - Data Manipulation Language
④ TCL - Transaction Control Language

해설 사용자 권한 관리를 위한 SQL의 종류는 DCL입니다. 사용자의 생성, 권한 관리, 사용자 삭제, 권한 회수 등의 명령이 포함됩니다.

정답 ②

대표적인 DCL 구문으로는 권한을 부여하는 GRANT와 권한을 회수하는 REVOKE가 있습니다.

연습 문제 16

다음 SQL의 종류 중 DCL에 대한 설명에서 A, B에 들어갈 명령어가 순서대로 정확히 나열된 것을 고르시오.

DCL은 사용자 권한 관리를 위한 SQL의 한 종류이다. 대표적인 DCL 구문으로는 권한을 부여하는 【 A 】와 권한을 회수하는 【 B 】가 있다.

① A - SELECT, B - DELETE
② A - COMMIT, B - ROLLBACK
③ A - GRANT, B - REVOKE
④ A - CREATE, B - DROP

해설 SELECT와 DELETE는 DML이고 COMMIT과 ROLLBACK은 TCL, CREATE와 DROP은 DDL 구문입니다.

정답 ③

권한을 부여하는 GRANT 명령 중 몇 가지만 소개하면 다음과 같습니다.

객체 권한	내용
CREATE SESSION	세션 생성 권한
CREATE TABLE	테이블 생성 권한
CREATE VIEW	뷰 생성 권한
ALTER	테이블 속성 수정 권한
INDEX	인덱스 추가 및 삭제 권한
DELETE	테이블 정보의 삭제 권한
INSERT	테이블 정보의 입력 권한
SELECT	테이블 정보의 검색 권한
UPDATE	테이블 정보의 수정 권한
ALL	모든 권한 부여

TIP | GRANT의 기본적인 구문 구성은 'GRANT [객체 권한] ON 객체명 TO 사용자'입니다.

연습 문제 17

다음 DCL 구문에 대한 설명으로 적절한 것을 고르시오.

GRANT SELECT ON ORDER_TABLE TO USER_1

① USER_1에게 ORDER_TABLE을 생성할 수 있는 권한을 부여한 것이다.
② USER_1에게 ORDER_TABLE에 접근할 수 있는 권한을 부여한 것이다.
③ USER_1에게 ORDER_TABLE에 대한 변경할 수 있는 권한을 부여한 것이다.
④ USER_1에게 ORDER_TABLE에 대한 조회 권한을 부여한 것이다.

아주 기본적인 GRANT 구문입니다. GRANT 뒤에 바로 객체 권한이 나오고 ON 뒤에는 해당 객체명이 나옵니다. 그리고 권한을 받는 사용자가 TO 뒤에 작성됩니다. 주어진 예문에서 객체 권한은 SELECT로 조회 권한이 됩니다.

 ④

연습 문제 18

다음 내용을 표현한 SQL 구문으로 적절한 것을 고르시오.

USER_1과 USER_2에게 DB_1에 대한 모든 권한을 부여한다.

① GRANT KEY ON DB_1 TO USER_1, USER_2

② GRANT OWNER ON DB_1 TO USER_1, USER_2
③ GRANT MASTER ON DB_1 TO USER_1, USER_2
④ GRANT ALL ON DB_1 TO USER_1, USER_2

> **해설** GRANT의 객체 권한 중 모든 권한을 부여하는 명령은 ALL입니다. KEY, OWNER, MASTER와 같은 GRANT 객체 권한은 없습니다.
>
> **정답** ④

DCL 구문 중 REVOKE는 GRANT와 반대로 권한을 회수하는 명령입니다. REVOKE의 작성 방법도 GRANT와 크게 다르지 않습니다.

연습 문제 19

다음 SQL의 DCL 구문에 대한 설명으로 적절하지 못한 것을 고르시오.

REVOKE CREATE TABLE, CREATE VIEW ON PRODUCT_DB TO USER_1

① USER_1의 일부 권한을 회수하기 위한 구문이다.
② 회수 대상 객체 권한은 테이블 생성과 뷰 생성이다.
③ 권한 회수할 때 명령은 REVOKE, GRANT 모두 가능하다.
④ 회수 대상 객체 DB는 PRODUCT_DB이다.

> **해설** REVOKE는 DCL중 권한을 회수하는 명령입니다. 반대로 권한을 부여하는 명령은 GRANT입니다.
>
> **정답** ③

연습 문제 20

다음 설명에 대한 SQL의 DCL 구문을 서술하시오.

USER_1에게 부여된 MEMBER_TABLE의 모든 권한을 회수하시오.

> **해설** 권한 회수 명령은 REVOKE, 모든 권한은 ALL입니다. ON 뒤에는 권한 부여 및 회수 객체 대상이 나오며 TO 뒤에 사용자가 표기됩니다.
>
> **정답** REVOKE ALL ON MEMBER_TABLE TO USER_1

연습 문제 21

다음 SQL의 DCL 구문이 나타내는 의미로 정확한 것을 고르시오.

GRANT ALL ON MEMBER_DB TO USER_1
REVOKE UPDATE, DELETE, INSERT ON PASSWORD_TABLE TO USER_1

① USER_1에게 MEMBER_DB의 모든 권한을 부여하고 PASSWORD_TABLE에 대해서는 수정, 삭제, 입력은 할 수 없도록 한다.
② USER_1에게 MEMBER_DB의 모든 권한을 부여하고 PASSWORD_TABLE에 대해서는 수정, 삭제, 입력이 USER_1만 가능하게 한다.
③ USER_1에게 MEMBER_DB의 모든 권한을 부여하고 PASSWORD_TABLE에 대해서는 수정, 삭제, 입력만 가능하게 한다.
④ USER_1에게 MEMBER_DB의 모든 권한을 부여하고 PASSWORD_TABLE에 대해서는 수정, 삭제, 입력은 추후 권한을 부여한다.

 USER_1에게 MEMBER_DB의 모든 권한(ALL)을 부여(GRANT를 통한 권한 생성)하지만 특정 테이블(PASSWORD_TABLE)에 대해서는 수정, 삭제, 입력이 불가하도록 조치(REVOKE를 통한 권한 회수)한 내용입니다.

 ①

5 TCL – Transaction Control Language

데이터베이스에서 Transaction은 쉽게 설명 드리면 가장 최소의 작업 단위를 의미합니다. 따라서 SQL의 한 종류인 TCL(Transaction Control Language)은 사용자의 작업 내역을 관리하기 위한 구문입니다.

연습 문제 22

다음 중 SQL의 종류와 설명으로 잘못된 것을 고르시오.

① DDL(Data Definition Language) - 데이터베이스의 객체를 관리하는 구문
② DCL(Data Control Language) - 데이터베이스의 객체 권한을 관리하는 구문
③ DML(Data Manipulation Language) - 데이터베이스의 정보를 조작하는 구문
④ TCL(Transaction Control Language) - 데이터베이스의 사용자 정보를 관리하는 구문

TCL(Transaction Control Language)은 사용자의 정보를 관리하는 것이 아니고 사용자의 작업 내역을 관리하는 구문입니다. 사용자가 실수한 내역을 이전 상태로 돌리는 기능이 포함됩니다.

정답 ④

대표적인 TCL 구문으로는 정상적인 작업만 허용하여 반영시키는 COMMIT, 작업 이전 상태로 복원시키는 ROLLBACK 등이 있습니다. 이러한 TCL의 작업 관리 대상은 주로 DML 중에서도 UPDATE, DELETE 그리고 INSERT 등과 같이 데이터베이스의 정보 변화와 관련된 SQL 구문이 됩니다.

COMMIT 명령은 데이터베이스의 정보 변화, 새로운 정보의 입력, 정보의 수정 및 삭제 시 문제가 없을 경우 정상적으로 트랜잭션이 수행되도록 합니다. 따라서 COMMIT 명령은 INSERT, UPDATE, DELETE의 변경 작업이 정상적으로 처리되었음을 데이터베이스에 알려주는 역할로 활용됩니다.

연습 문제 23

다음 중 TCL의 COMMIT 명령이 일반적으로 사용되지 않는 구문을 고르시오.

① SELECT 주문 번호, 주문자, 주문 금액 FORM 주문 내역; COMMIT;
② INSERT INTO 상품 (상품 코드, 상품명) VALUES ('P001', '자전거'); COMMIT;
③ UPDATE 성적 SET 학점 = 'A' WHERE 점수 > = 90; COMMIT;
④ DELETE FROM 회원 WHERE 상태 = '미접속'; COMMIT;

 TCL(Transaction Control Language)의 COMMIT 명령은 주로 DML의 UPDATE, DELETE 그리고 INSERT 문에 활용됩니다. SELECT의 경우 배타적 활용의 경우처럼 ROCK이 필요한 경우도 대상이 되지만 일반적으로 UPDATE, DELETE, INSERT가 주된 대상이 됩니다.

정답 ①

ROLLBACK 역시 COMMIT과 유사하게 정보의 수정, 삭제, 입력을 대상으로 처리합니다. ROLLBACK은 COMMIT 이전의 정보 변경 사항을 다시 원상 복귀할 수 있는 명령이 됩니다. ROLLBACK의 활용 방법은 COMMIT과 동일합니다. 결론적으로 데이터베이스의 정보가 변경되면 데이터의 무결성을 최대한 확보하기 위해 사용되는 SQL 구문이 TCL의 COMMIT과 ROLLBACK입니다.

연습 문제 24

다음 중 TCL의 COMMIT과 ROLLBACK의 사용 목적으로 적절한 것을 고르시오.

① COMMIT과 ROLLBACK은 정보 변경을 원천적으로 봉쇄한다.
② COMMIT과 ROLLBACK을 활용하면 누구나 정보의 변경이 가능하다.
③ COMMIT과 ROLLBACK은 정보 변경에 다른 데이터의 무결성을 확보하기 위함이다.
④ COMMIT과 ROLLBACK의 트랜잭션의 변화를 감시한다.

 COMMIT과 ROLLBACK은 정보 변경에 다른 데이터의 무결성을 확보하기 위하여 활용됩니다. 작업 내역을 관리하기 위하여 정보의 변경을 허가하거나 원상 복귀시키는 역할을 담당합니다.

 ③

TIP | MS-SQL의 경우 트랜잭션의 관리를 1차적으로 DBMS(Database Management System)에서 담당하게 됩니다. 즉, 트랜잭션 명령이 정상적이면 COMMIT이 수행되고 오류가 있으면 자동으로 ROLLBACK이 실행됩니다. 하지만 ORACLE의 경우에는 트랜잭션은 DBMS에서 처리를 수행하지만 사용자가 COMMIT과 ROLLBACK을 명시적으로 수행하고 처리하도록 되어있습니다.

트랜잭션이 실행될 때는 4가지 속성을 갖습니다.

1. **원자성** : 트랜잭션에서 정의한 과정은 모든 실행이 정상적으로 완료된 상태이거나 하나라도 오류가 있을 시 모두 실행되지 않은 상태로 남아야 합니다.

2. **일관성** : 트랜잭션 실행 이전의 데이터베이스 상태가 정상적이라면 트랜잭션이 수행되고 난 이후의 데이터베이스 상태도 정상적이어야 합니다.

3. **고립성** : 트랜잭션은 명령의 순서에 따라 순차적으로 진행되므로 특정 트랜잭션이 수행 중 다른 트랜잭션이 영향을 주거나 이미 실행된 트랜잭션이 이후 진행될 트랜잭션에 영향을 주거나 비정상적인 결과를 만들면 안됩니다.

4. **지속성** : 성공적인 트랜잭션이 수행되면 해당 트랜잭션에 의해 변경된 내용은 데이터베이스 내에 영구적으로 남아야 합니다.

연습 문제 25

다음과 같이 트랜잭션이 수행되었을 때 그 결과는 트랜잭션의 속성 중 무엇을 설명하는지 고르시오.

TIME - SESSION 1
START VALUE - 1,000
T01 - UPDATE01 900
T02 - ERROR
T03 - UPDATE02 1,100
T04 - COMMIT
END VALUE - 1,000

① 원자성 ② 일관성
③ 고립성 ④ 지속성

 주어진 트랜잭션에서 UPDATE 구문이 두 번 실행되었습니다. 900을 UPDATE한 구문은 ERROR가 발생했고 1,100으로 UPDATE한 구문은 COMMIT으로 실행되었습니다. 그러면 결과적으로 최종 END 값은 1,100이 되어야 하지만 모든 트랜잭션이 정상적으로 처리되거나 하나라도 오류가 있을 시 모두 처리되지 않은 상태로 남아야 하는 원자성 때문에 그대로 값의 변화 없이 1,000이 됩니다.

 ①

추가로 TCL 명령 중에 SAVEPOINT 명령이 있습니다. 흔히 저장 지점이라 하며, 이는 트랜잭션을 원상 복구할 때, 즉 ROLLBACK 시 전체가 아닌 특정 지점으로 복구하는 역할을 담당하게 됩니다. 사용 방법은 ORACLE과 MS-SQL이 조금 다릅니다.

<ORACLE>
SAVEPOINT 세이브포인트명
ROLLBACK TO 세이브포인트명

<MS-SQL>
SAVEPOINT TRANSACTION 세이브포인트명
ROLLBACK TRANSACTION 세이브포인트명

SAVEPOINT 명령 뒤 사용자가 지정한 세이브포인트 이름을 부여합니다. 이름은 각 트랜잭션마다 모두 다르게 지정할 수 있고 모두 동일하게 지정할 수도 있습니다. 만약 이름이 모두 동일 할 경우에는 ROLLBACK 시 가장 마지막 SAVEPOINT 지점으로 복구됩니다.

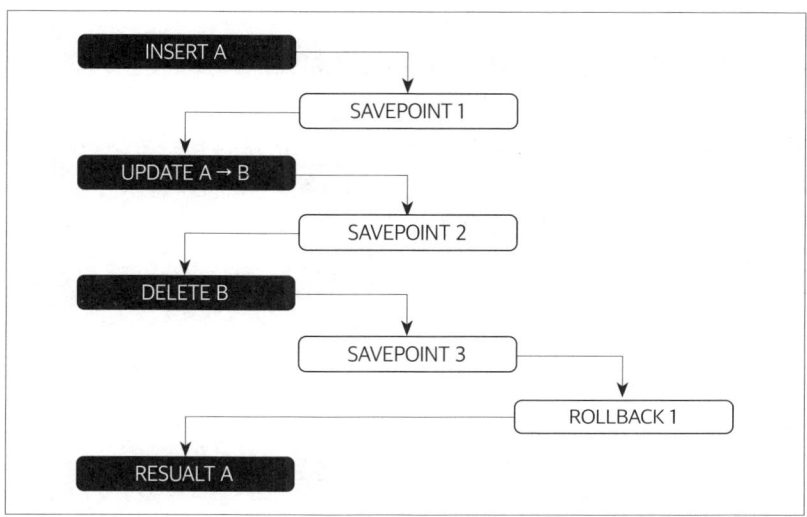

연습 문제 26

다음과 같이 SQL 구문을 차례로 수행했을 때 최종 결과로 정확한 것은?

SQL 1) INSERT INTO TAB01 (C1, C2) VALUES (1, 2); SAVEPOINT SP01
SQL 2) UPDATE TAB01 SET C1=3 WHERE C1=1; SAVEPOINT SP01
SQL 3) DELETE FROM TAB01 WHERE C1=3; ROLLBACK TO SP01
SQL 4) SELECT C1, C2 FROM TAB01

① 1, 2
② NULL, NULL
③ NULL, 2
④ 3, 2

 총 3개의 트랜잭션이 수행되었습니다. SQL1에서는 TAB01 테이블의 C1, C2 컬럼에 각각 1과 2의 값을 입력했습니다. SQL2에서 C1의 값이 1일 경우 3으로 변경했습니다. C1에서는 이미 1의 값이 들어가 있기 때문에 UPDATE 구문은 정상 수행되고 현재 TAB01 C1과 C2에는 3과 2가 입력된 상태입니다. 그리고 SQL1과 SQL2의 수행 결과를 저장 지점으로 SAVEPOINT 선언했으며 동일한 이름(SP01)을 부여했습니다. 마지막 SQL3 구문에서 C1=3인 행을 삭제했습니다. 해당 구문이 정상 수행되었다면 TAB01 테이블에는 데이터가 없어야 합니다. 하지만 SQL3 실행 전 ROLLBACK이 진행되었고 그 시점이 SP01입니다. SAVEPOINT 이름이 동일할 경우 가장 마지막 선언된 지점으로 복구되므로 TAB01에는 여전히 3과 2가 저장되어 있습니다.

 ④

5 단원 점검 문제

01 다음의 SQL에 대한 설명 중 적절한 것을 모두 고르시오.

> 가. SQL은 Structured Query Language의 약자이다.
> 나. SQL은 현재 대부분의 상용 RDBMS에서 채택하여 활용되고 있다.
> 다. SQL은 비 절차적 언어로서 자연어와 매우 유사한 구조를 가진다.
> 라. SQL은 크게 DDL, DCL, DML, TCL로 나누어 진다.

① 가, 나 ② 가, 나, 다
③ 가, 나, 다, 라 ④ 모두 틀림

02 다음 SQL의 DDL 명령과 설명으로 부적절하게 연결된 것을 고르시오.

① CREATE - 데이터베이스를 포함한 객체의 생성
② DROP - 데이터베이스를 포함한 객체 내 데이터의 삭제
③ TRUNCATE - 테이블 내의 모든 행의 삭제
④ ALTER - 데이터베이스를 포함한 객체의 수정

03 다음 내용에 대한 SQL의 DDL 구문을 정확히 표기하시오.

> 상품 정보가 포함된 테이블 PRODUCT_LIST를 삭제하시오.

04 다음의 설명을 표현한 SQL 구문으로 가장 적절한 고르시오.

> 사용자 1과 사용자 2에게 상품 관리 데이터베이스에 대한 테이블 및 뷰 생성 권한을 부여한다.

① COMMIT CREATE TABLE, CREATE VIEW ON 상품 관리 TO 사용자 1, 사용자 2
② GRANT CREATE TABLE, CREATE VIEW ON 상품 관리 TO 사용자 1, 사용자 2
③ REVOKE CREATE TABLE, CREATE VIEW ON 상품 관리 TO 사용자 1, 사용자 2
④ CREATE TABLE, CREATE VIEW ON 상품 관리 TO 사용자 1, 사용자 2

05 다음 설명에서 빈칸에 들어갈 용어로 적절한 것을 고르시오.

> 사용자의 작업 내역을 관리하기 위한 구문으로【 】은 DML에 의해 변경된 내용을 관리하는 SQL의 한 종류이다.【 】은 사용자의 실수로 잘못 입력된 명령을 다시 이전 상태로 되돌리는 기능이 포함된 구문이다.

① DDL - Data Definition Language
② DCL - Data Control Language
③ DML - Data Manipulation Language
④ TCL - Transaction Control Language

06 다음 중 SQL의 종류와 대표적인 구문의 연결이 적절치 않은 것을 고르시오.

① DDL - CREATE, ALTER
② DCL - GRANT, DROP
③ DML - SELECT, UPDATE
④ TCL - COMMIT, ROLLBACK

07 다음 중 SQL 구문에 대한 설명으로 적절하지 않은 것을 고르시오.

> ALTER TABLE STAFF DROP COLUMN SERIAL_NO

① 변경될 테이블은 STAFF이다.
② STAFF와 SERIAL_NO 속성을 모두 삭제한다.
③ SERIAL_NO 속성을 삭제하는 구문이다.
④ ALTER는 DDL 중 객체를 수정하는 명령이다.

08 다음의 설명에 따라 테이블을 생성하는 SQL 구문으로 가장 적절한 것을 고르시오.

> 상품 테이블을 생성한다. 총 3개의 속성을 가지며 각각 상품 코드는 고정 문자 8, 상품명은 가변 문자 20 그리고 단가는 실수형이다. 모두 NULL 값을 허용하지 않는다.

① CREATE TABLE 상품(
  상품 코드 CHAR(8) NOT NULL,
  상품명 VARCHAR(20) NOT NULL,

② CREATE TABLE 상품(
  상품 코드 CHAR(8) NOT NULL,
  상품명 VARCHAR(20) NOT NULL,

단가 FLOAT NOT NULL) 　　　　단가 INT NOT NULL)

③ CREATE TABLE 상품(　　　　④ CREATE TABLE 상품(
　　상품 코드 CHAR(8) NULL, 　　　　　상품 코드 VARCHAR(8) NOT NULL,
　　상품명 VARCHAR(20) NULL, 　　　　　상품명 CHAR(20) NOT NULL,
　　단가 FLOAT NULL) 　　　　　　　　단가 INT NOT NULL)

09 다음 중 트랜잭션에 대한 설명이 잘못된 것을 고르시오.

① 트랜잭션은 하나씩 순차적으로 수행된다.
② 트랜잭션은 데이터베이스에서 처리되는 최소 단위이다.
③ 트랜잭션 수행 중에도 또 다른 트랜잭션을 수행할 수 있다.
④ 트랜잭션은 다른 트랜잭션과 별개로 독립적으로 수행된다.

10 다음 도식과 같이 순차적으로 SQL이 수행되었을 때 현재 위치에 들어갈 값을 서술하시오.

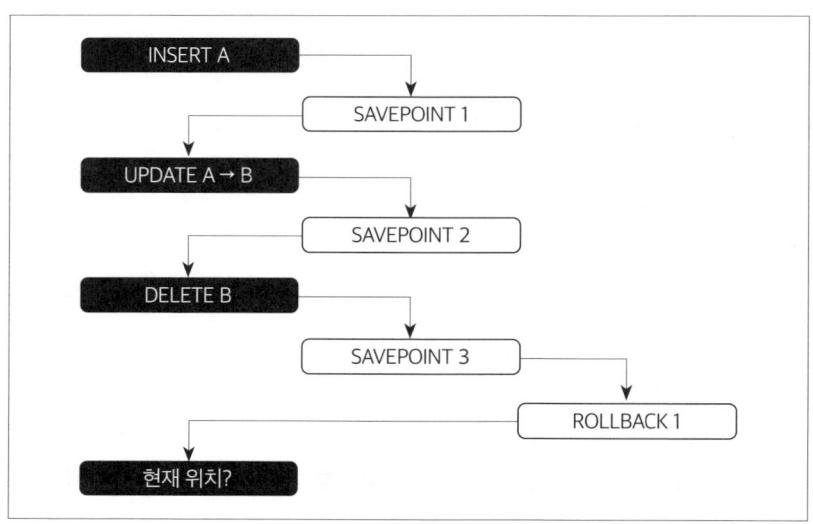

단원 점검 문제 정답 및 풀이

문제 1) 정답 ③

풀이 - SQL은 Structured Query Language의 약자로서 현재 대부분의 상용 RDBMS에서 채택하여 활용되고 있습니다. 비 절차적 언어로 자연어와 매우 유사한 구조를 가지며 크게 DDL, DCL, DML, TCL로 나누어 집니다.

문제 2) 정답 ②

풀이 - DDL에서 DROP 명령은 데이터베이스를 포함한 객체를 삭제할 때 사용되는 명령입니다.

문제 3) 정답 DROP TABLE PRODUCT_LIST

풀이 - 테이블을 삭제하는 DDL 구문은 'DROP TABLE 테이블명'입니다.

문제 4) 정답 ②

풀이 - DCL의 GRANT 구문에 대한 문제입니다. GRANT의 기본적인 구문 구성은 'GRANT [객체 권한] ON 객체명 TO 사용자'입니다. COMMIT은 TCL, CREATE는 DDL 구문입니다. REVOKE는 DCL 중 권한 회수 명령입니다.

문제 5) 정답 ④

풀이 - 사용자에 의해 변경된 내용, 수정, 삭제 및 입력 등의 오류를 관리하는 SQL의 종류는 TCL 구문입니다.

문제 6) 정답 ②

풀이 - DROP은 대표적인 DDL 구문입니다. DCL 구문은 GRANT와 함께 REVOKE입니다.

문제 7) 정답 ②

풀이 - ALTER는 객체 변경을 위한 DDL 구문입니다. STAFF 테이블의 SERIAL_NO 속성을 삭제하는 구문입니다.

문제 8) 정답 ①

풀이 - 테이블 이름이 '상품'입니다. 중요한 부분은 속성들의 문자 유형을 정확히 표기했는지 확인하는 것입니다. 고정 문자 유형은 CHAR, 가변 문자 유형은 VARCHAR입니다. 단가의 경우 실수형의 숫자 유형이므로 FLOAT이 됩니다. NULL을 허용하지 않기 때문에 NOT NULL이 되어야 합니다.

문제 9) 정답 ③

풀이 - 트랜잭션이 갖는 4가지 특성, 원자성, 고립성, 일관성 그리고 지속성에 대한 이해가 충분하면 답을 쉽게 찾을 수 있습니다. 트랜잭션은 어떤 경우에도 독립적으로 수행됩니다. 트랜잭션 수행 시 다른 트랜잭션이 수행될 수 없습니다.

문제10) 정답 A

풀이 - SAVEPOINT가 총 3개 선언되었지만 ROLLBACK을 통해 SAVEPOINT 1로 돌아갔습니다. 따라서 UPDATE와 DELETE 수행 후 선언된 SAVEPOINT 2와 3은 존재하지 않게 됩니다.

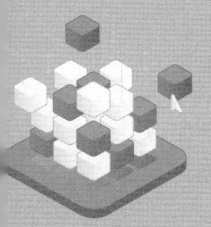

chapter 2
입력, 수정, 삭제 그리고 조회

1 정보 입력 INSERT

이제 SQL의 4가지 중 마지막인 DML(Data Manipulation Language)에 대해 본격적으로 학습하겠습니다. 사실 우리가 SQL이라고 부르는 언어는 대부분 DML을 말합니다. 이후에 학습할 SQL도 역시 대부분 DML과 관련이 있습니다. 그만큼 중요하고 활용도가 매우 높은 SQL입니다. 이번 장에서는 DML의 가장 기본이 되는 INSERT, UPDATE, DELETE 그리고 SELECT의 기본적인 활용 방법에 대해 학습합니다.

먼저 INSERT 구문에 대해 살펴보겠습니다. INSERT는 말 그대로 정보를 데이터베이스에 입력하는 구문입니다. 가장 기본적인 INSERT 구문은 다음과 같이 작성됩니다.

INSERT INTO 테이블명 (속성1, 속성2, ...) VALUES (값1, 값2, ...)

모든 DML 구문은 짝(pairing)을 이루는 코드가 존재합니다. INSERT의 경우 언제나 INTO와 함께 작성됩니다. INSERT가 나오면 반드시 INTO가 존재해야 합니다. INTO 뒤에 저장될 객체(테이블)명이 위치하고 해당 객체 내 입력될 컬럼(필드, 속성)명이 괄호 안에 나열됩니다. 그리고 VALUES를 쓰고 다시 괄호 안에 입력될 실제 값을 나열하게 됩니다. 또 한 가지 INSERT 문에서 유의해야 할 사항은 반드시 입력될 컬럼의 개수와 실제 입력할 값의 개수가 동일해야 한다는 점입니다. 정확히 컬럼과 값이 1대 1로 매칭이 되어야 합니다.

연습 문제 1

다음 INSERT 구문 중 오류가 발생하지 않고 정상적으로 처리되는 구문을 고르시오.

① INSERT INTO 테이블1 (컬럼1, 컬럼2) VALUES (값1, 값2)
② INSERT INTO 테이블1 (컬럼1, 컬럼2) VALUE (값1, 값2)
③ INSERT INTO 테이블1 (컬럼1, 컬럼2, 컬럼 3) VALUES (값1, 값2)
④ INSERT INTO 테이블1 (컬럼1, 컬럼2) VALUES (값1, 값2, 값 3)

INSERT 구문은 입력되는 값이 정확히 입력받을 컬럼의 개수와 일치해야 합니다. ③과 ④의 경우 서로 정확히 매칭되지 않았고 ②의 경우 VALUE가 아닌 VALUES가 되어야 맞습니다.

 ①

연습 문제 2

다음 SQL에 대한 설명으로 적절한 것을 고르시오.

INSERT INTC ORDER (주문 번호, 고객ID, 주문 금액) VALUES ('O_001', 'M001', 100000)

① 주문 번호, 고객ID, 주문 금액은 각각 'O_001', 'M001', 100000의 값으로 변경한다.
② 'O_001', 'M001', 100000, 세 개의 값이 입력될 테이블은 주문 번호, 고객ID, 주문 금액이다.
③ ORDER 데이터베이스의 주문 번호, 고객ID, 주문 금액 테이블에 대한 값을 입력한다.
④ ORDER 테이블의 컬럼인 주문 번호, 고객ID, 주문 금액에 대한 값을 입력한다.

 주어진 INSERT 구문은 ORDER 테이블 세 개의 컬럼 주문 번호, 고객ID, 주문 금액의 값을 입력하는 것입니다. 각 컬럼 별로 주문 번호는 O_001, 고객ID는 M001 그리고 주문 금액은 100000이 입력됩니다.

 ④

연습 문제 3

다음 주문에 대한 SQL의 INSERT 구문으로 가장 정확한 것을 고르시오.

'학생 정보' 테이블의 속성인 학생명, 학번, 이메일에 값을 입력 하시오.

① INSERT 학생 정보 (학생명, 학번, 이메일) VALUES (학생명 값, 학번 값, 이메일 값)
② INSERT INTO 학생 정보 (학생명, 학번, 이메일) VALUES (학생명 값, 학번 값, 이메일 값)
③ INSERT INTO 학생 정보 (학생명, 학번, 이메일) VALUE (학생명 값, 학번 값, 이메일 값)
④ INSERT INTO 학생 정보 (학생명=학생명 값, 학번=학번 값, 이메일=이메일 값)

 주문에서 테이블과 속성은 정의가 되었으나 실제 입력될 값은 지정되지 않았습니다. 따라서 컬럼의 개수와 값의 개수를 매칭하는 부분에 신경을 쓰고 중간에 VALUES가 정확히 표현되었는지를 확인합니다. INSERT 구문은 언제나 INTO 문과 함께 작성되는 것도 잊지 마세요.

 ②

INSERT 구문에서 또 한 가지 주의할 점은 입력되는 실제 값의 자료 유형이 정확히 컬럼의 자료 유형과 일치해야 합니다. 즉, 문자의 경우는 양 끝에 작은따옴표('')를 반드시 입력해야 하고 숫자의 경우는 생략합니다.

연습 문제 4

다음과 같이 DDL 구문이 실행되고 INSERT 구문을 통해 정보를 입력하는 구문으로 가장 적절한 것을 고르시오.

CREATE TABLE 상품(
    상품 코드 VARCHAR(8) NOT NULL,
    상품명 CHAR(20) NOT NULL,
    단가 INT NOT NULL)

① INSERT INTO 상품 (상품 코드, 상품명, 단가) VALUES (상품 코드, 상품명, 단가)
② INSERT INTO 상품 (상품 코드, 상품명, 단가) VALUES (상품 코드, 상품명, '단가')
③ INSERT INTO 상품 (상품 코드, 상품명, 단가) VALUES ('상품 코드', '상품명', 단가)
④ INSERT INTO 상품 (상품 코드, 단가) VALUE ('상품 코드', 단가)

 INSERT 구문을 작성 시 입력될 값의 자료 유형을 작은따옴표로 구분합니다. 문자의 경우 양 끝에 작은따옴표가 붙고 숫자에는 붙지 않습니다. 그리고 DDL 구문에서 모두 NULL 값을 허용하지 않기 때문에 정보 입력 시 모든 컬럼에 값이 입력되어야 합니다.

 ③

INSERT 구문은 다른 DML들과 다르게 한 가지 특징이 있습니다. SELECT, UPADTE, DELETE의 경우는 필요에 따라 복수의 레코드(행) 또는 값을 조회, 수정, 삭제할 수 있지만 INSERT 구문은 한번에 하나의 레코드 또는 값을 입력할 수 있습니다. 이는 복수의 레코드나 값을 입력해야 할 경우 INSERT 문을 입력 개수만큼 작성해야 한다는 점입니다.

연습 문제 1

다음 INSERT 구문의 활용 방법에 대한 설명으로 적절하지 못한 것을 고르시오.

① INSERT 구문을 작성 시에는 INTO와 VALUES 코드가 함께 작성된다.
② INSERT 구문은 입력되는 컬럼과 입력할 값이 정확히 1대 1로 매칭된다.
③ INSERT 구문을 통한 입력 시 기본 값이 지정된 컬럼은 꼭 입력하지 않아도 된다.

④ INSERT 구문을 한번 작성하면 필요 시 다중 입력이 가능하다.

 INSERT 구문 하나로 다중 입력은 불가능합니다. 다중 입력이 필요한 경우는 입력 개수만큼 INSERT 구문을 작성해야 합니다.

 ④

2 UPDATE, DELETE 그리고 조건

다음으로 확인할 구문은 UPDATE입니다. 정보를 수정할 때 활용되는 DML 구문입니다. UPDATE 구문도 그렇고 뒤이어 학습하게 될 DELETE 문도 그렇고 SQL을 사용하는 사용자에게 가장 조심스럽게 접근해야 하는 DML 입니다. INSERT, SELECT는 실수해도 입력된 내용을 삭제하고 다시 조회하면 되지만, UPDATE와 DELETE는 돌이킬 수 없는 큰 실수가 됩니다. 그래서 TCL의 COMMIT 구문이 존재하지만 꼭 시험이 아니더라도 실무에서 사용할 때 늘 경계하고 조심성 있게 접근하기 바랍니다. 이번에는 UPDATE 구문의 기본 구조부터 확인해 보겠습니다.

UPDATE 테이블명 SET 컬럼명1 = 값1, 컬럼명2 = 값2 ...

INSERT 구문과 항상 짝을 이뤄 나오는 코드가 INTO이듯이 UPDATE 문의 경우 SET 코드가 항상 함께 합니다. UPDATE 명령 뒤에 수정 대상 객체인 테이블명이 나오고 SET 뒤에 변경될 컬럼명과 값을 차례로 나열하면 됩니다.

연습 문제 6

다음 UPDATE 구문의 활용 방법으로 올바른 것을 고르시오.

① UPDATE PRODUCT SET NAME='PANTS' AND COLOR='BLUE'
② UPDATE PRODUCT SET NAME='PANTS', COLOR='BLUE'
③ UPDATE PRODUCT FROM NAME='PANTS' AND COLOR='BLUE'
④ UPDATE PRODUCT FROM NAME='PANTS', COLOR='BLUE'

 UPDATE 구문의 페어링(pairing) 코드는 SET입니다. 복수의 컬럼 값을 변경할 때는 쉼표(,)로 구분해 줍니다. AND는 사용하지 않습니다.

 ②

연습 문제 7

다음 UPDATE 구문에 대한 설명으로 적절하지 않은 것을 고르시오.

UPDATE MEMBER SET HP='01012345678', GRADE='GOLD', POINT=1000

① MEMBER 테이블에는 HP, GRADE, POINT 컬럼만 존재한다.
② UPDATE 구문을 통해 변경될 해당 객체는 MEMBER 테이블이다.
③ HP, GRADE, POINT 컬럼의 값이 변경된다.
④ 특별한 변경 조건이 없기 때문에 MEMBER 테이블의 해당 컬럼의 모든 레코드가 변경된다.

 UPDATE문 작성 시 특별한 조건이 없으면 해당 테이블 속 변경될 컬럼의 모든 레코드가 지정된 값으로 바뀌게 됩니다. 해당 구문을 통해 MEMBER 테이블의 컬럼을 모두 알 수는 없습니다.

 ①

다음 UPDATE 구문을 살펴보겠습니다. 만약 신규 직원이 입사하여 인사 정보를 기록했는데 해당 직원의 이름이 '홍길동'이 아닌 '홍길둥'으로 입력되어 수정하고자 합니다.

UPDATE STAFF SET NAME='홍길동'

제시된 UPDATE 구문은 매우 정상적인 것 같지만 아주 심각한 문제를 가지고 있습니다. 만약 위와 같이 UPDATE 구문을 실행한다면 직원 테이블인 STAFF의 모든 레코드의 NAME 컬럼이 '홍길동'으로 바뀌게 됩니다. 즉, 전 직원의 이름이 홍길동이 되는 대참사가 발생하는 것이죠. 그래서 UPDATE 구문을 작성할 때는 반드시 조건을 명시해야 합니다.

UPDATE 테이블명 SET 컬럼명1 = 값1, 컬럼명2 = 값 2 ... WHERE 조건=조건식

연습 문제 8

다음 설명에 따라 작성된 UPDATE 구문으로 가장 정확한 것을 고르시오.

성적 테이블에서 이름이 장학생인 학생의 학점을 B에서 A로 변경하시오.

① UPDATE 성적 SET 학점='A' AND 이름='장학생'
② UPDATE 성적 FROM 학점='A' WHERE 이름='장학생'
③ UPDATE 성적 SET 학점='A' ON 이름='장학생'
④ UPDATE 성적 SET 학점='A' WHERE 이름='장학생'

SELECT, UPDATE, DELETE 구문의 가장 기본적인 조건절은 WHERE입니다. UPDATE가 나오면 SET이 늘 함께 합니다.

 ④

UPDATE는 물론 SELECT, DELETE 구문에서도 동일하게 조건은 WHERE 절을 활용합니다. 정보를 입력하는 INSERT만 조건이 필요 없습니다. WHERE 절 뒤에 명시된 조건에 해당하는 레코드만 찾아 UPDATE 구문이 실행됩니다.

연습 문제 9

다음 테이블을 보고 설명된 내용을 표현한 SQL 구문으로 적절한 것을 고르시오.

상품 코드	상품명	색상	고객 ID	고객명	전화번호	주문 금액	수량
P001	셔츠	화이트	M001	김우주	010 1111 2222	20,000	4
P002	셔츠	블루	M003	이은하	010 5555 6666	20,000	4

주문 테이블에서 이은하 고객에 대한 주문 수량을 5개로 수정하시오. 단 중복 고객을 고려하여 고객 ID를 활용해 처리하시오.

① UPDATE 주문 SET 수량=5 WHERE 고객 ID='이은하'
② UPDATE 주문 SET 수량=5 WHERE 고객 ID='M003'
③ UPDATE 주문 SET 수량=5 WHERE 고객명='M003'
④ UPDATE 주문 SET 수량=5 WHERE 고객명='M003'

'고객 ID를 활용해 처리한다'의 의미는 컬럼명이 고객 ID인 속성의 값을 활용하는 것입니다. 따라서 고객명 이은하의 고객 ID인 M003의 수량 정보가 변경되어야 합니다. 조건절에는 고객명이 아닌 고객 ID 컬럼이 작성되어야 합니다. 또한 조건의 값은 이름이 아닌, 당연히 고객 ID의 실제 값인 M003이 대상이 됩니다.

 ②

DELETE 구문의 경우도 UPDATE 구문과 동일한 방법으로 사용됩니다. 수정과 삭제는 언제나 조건이 중요하다는 점 잊지 마세요. DELETE의 짝을 이루는 코드는 FROM 입니다. 즉, 어떤 테이블로부터 정보를 삭제할 것인지를 명시하는 것이죠.

DELETE FROM 테이블명 WHERE 조건=조건식

DELETE 구문은 보시는 것처럼 매우 간단합니다. 중요한 부분은 DELETE를 통해서 삭제되는 정보는 조건에 일치한 해당 레코드 전체입니다. 특정 컬럼의 값을 삭제하는 구문이 아닙니다. 만약 특정 컬럼의 값을 삭제하고 싶다면 UPDATE 구문을 통해 해당 컬럼의 값을 NULL로 변경하거나 공백으로 수정하는 방법이 있습니다.

연습 문제 10

다음 DML의 DELETE 구문에 대한 설명으로 부적절한 것을 고르시오.

DELETE FROM T1 WHERE C1=V1

① C1의 값이 V1과 일치하는 모든 컬럼의 정보가 삭제된다.
② 정보를 삭제할 대상 테이블은 T1이다.
③ C1의 값이 V1과 일치하는 모든 레코드 정보가 삭제된다.
④ WHERE 절이 없으면 T1의 모든 정보가 사라진다.

 DELETE 구문은 조건인 WHERE 절이 매우 중요합니다. 해당 DELETE 구문은 T1 테이블에서 C1의 값이 V1인 모든 정보를 찾아 해당 레코드의 정보를 모두 삭제합니다. 특정 컬럼의 정보가 삭제되는 구문은 아닙니다.

 ①

3 진정한 DML, SELECT 기초

SQL은 매우 직관적인 컴퓨터 언어입니다. SELECT는 정보를 조회하는 구문입니다. 실무에서 활용하는 DML의 80% 이상이 아마도 SELECT 구문일 것입니다. 정보를 조회하는 구문이기에 UPDATE나 DELETE처럼 정보의 변화를 주지 않아 큰 부담 없이 실무 활용이 가능합니다.

SELECT COLUMN1, COLUMN2, … FROM 테이블명 WHERE 조건=조건식

SELECT 구문 역시 DELETE와 마찬가지로 FROM 코드와 늘 함께 작성됩니다. SELECT 뒤에는 조회 대상이 되는 컬럼명이 나열되고 쉼표로 구분합니다. FROM 뒤에 해당 정보를 조회할 개체 테이블이 나옵니다. 역시 조건에 따라 조회를 할 경우에는 WHERE 절을 추가 작성합니다.

연습 문제 11

다음 중 올바르지 못한 SQL을 고르시오.

① SELECT FROM C1, C2 ON T1 WHERE C3=V1
② SELECT C1, C2 FROM T1 WHERE C3=V1
③ SELECT * FROM T1 WHERE C3=V1
④ SELECT C1, C2 FROM T1

해설 항상 SELECT 뒤에 조회할 컬럼을 나열한 다음 FORM을 쓰고, 정보가 들어 있는 테이블을 명시해 줍니다. 별표(*)는 '해당 테이블의 도든 컬럼 정보를 조회한다'는 의미입니다. 컬럼명을 모두 명시하거나 *를 써서 간단하게 처리할 수도 있습니다.

정답 ①

연습 문제 12

다음 SQL 구문에 대한 설명으로 적절하지 않은 것을 고르시오.

SELECT ORDER_ID, CUSTOMER_ID, ORDER_DATE FROM SALES
WHERE AMOUNT > 30000

① 정보가 조회될 테이블은 SALES이다.
② ORDER_ID, CUSTOMER_ID, ORDER_DATE 컬럼이 조회된다.
③ AMOUNT가 30000보다 큰 결과만 조회된다.
④ ALL 명령을 활용하면 전체 컬럼을 조회할 수 있다.

해설 SELECT 구문에서 전체 컬럼 정보를 모두 조회하는 코드는 별표(*)입니다.

정답 ④

연습 문제 13

다음 테이블 정보를 확인하고 SQL 구문의 실행 결과를 기술하시오.

상품 정보 테이블

상품 코드	상품명	색상
P001	드레스 셔츠	화이트, 블루, 그레이
P002	니트	그레이, 베이지
P003	남방	블루

SELECT 상품 코드 FROM 상품 정보
WHERE 색상='블루'

 조건에서 색상이 정확히 블루인 결과를 조회합니다. 색상에 블루가 포함된 P001은 해당되지 않습니다.

 P003

연습 문제 14

다음 테이블에 대해 가에서 라까지 순차적으로 SQL 구문을 실행하였다. 그 결과로 설명이 적절하지 않은 것을 고르시오.

과목 테이블

과목 코드	과목명	담당 교수
A001	데이터베이스	김교수
A002	SQL	이교수
A003	Query	박교수

가. INSERT INTO 과목 (과목 코드, 과목명, 담당 교수) VALUES ('A004', '실무 쿼리', '전교수')
나. DELETE FROM 과목 WHERE 과목 코드='A003'
다. UPDATE 과목 SET 과목명='Database' WHERE 과목 코드='A001'
라. SELECT * FROM 과목

① 최종 SELECT 구문의 실행 결과는 총 4개의 레코드가 조회된다.
② 과목명이 데이터베이스인 정보는 존재하지 않는다.
③ 과목 코드가 A003인 정보는 존재하지 않는다.
④ 과목 코드 A004의 과목명은 실무 쿼리이다.

 INSERT 구문을 통해 A004 코드의 새로운 정보가 입력되었습니다. A001~A004까지 총 4개의 레코드가 됩니다. 바로 다음 DELETE 구문에서 A003 정보를 삭제했기 때문에 총 레코드 개수는 3개가 됩니다. UPDATE 구문에서는 과목명을 바꿔 더 이상 데이터베이스라는 이름의 과목은 존재하지 않게 됩니다.

 ①

SELECT 구문의 기본적인 코드 마지막은 데이터 조회 시 정렬하는 명령입니다. 조건을 처리할 때는 WHERE 절을 사용하고 조회 결과를 정렬할 때는 ORDER BY 절을 이용합니다.

SELECT COLUMN1, COLUMN2, ⋯ FROM 테이블명 WHERE 조건=조건식 ORDER BY 컬럼명 (ASC / DESC)

ORDER BY 절 뒤에는 정렬 기준이 되는 컬럼명이 나옵니다. 해당 컬럼명을 기준으로 오름차순 혹은 내림차순 정렬이 결정됩니다. ASC는 ascending의 약자로 오름차순을 의미하고, DESC는 descending의 약자로 내림차순을 의미합니다. ORDER BY 절은 언제나 SELECT 구문의 맨 마지막에 위치하게 됩니다. 만약 ORDER BY 절에서 ASC 또는 DESC를 명시하지 않았다면 기본적으로 ASC가 지정되어 출력됩니다.

연습 문제 15

다음 테이블에 대한 SQL 구문의 실행 결과로 정확한 것을 고르시오.

주문

고객 ID	고객명	전화번호	주문 금액	수량
M001	김우주	010 1111 2222	20,000	4
M002	김은하	010 3333 4444	25,000	5
M001	김우주	010 1111 2222	30,000	6
M003	이은하	010 5555 6666	15,000	4

SELECT * FROM 주문
ORDER BY 주문 금액 DESC

①
고객 ID	고객명	전화번호	주문 금액	수량
M003	이은하	010 5555 6666	15,000	4
M001	김우주	010 1111 2222	20,000	4
M002	김은하	010 3333 4444	25,000	5
M001	김우주	010 1111 2222	30,000	6

②
고객 ID	고객명	전화번호	주문 금액	수량
M001	김우주	010 1111 2222	30,000	6
M002	김은하	010 3333 4444	25,000	5
M001	김우주	010 1111 2222	20,000	4
M003	이은하	010 5555 6666	15,000	4

③
고객 ID	고객명	전화번호	주문 금액	수량
M001	김우주	010 1111 2222	30,000	6

④
고객 ID	고객명	전화번호	주문 금액	수량
M003	이은하	010 5555 6666	15,000	4

 ORDER BY 절은 조건절이 아니므로 모든 레코드가 조회되어야 합니다. 따라서 ③, ④는 틀립니다. DESC는 내림차순으로 정렬하라는 명령이므로 주문 금액이 가장 높은 레코드부터 차례로 정렬되어 조회됩니다.

 ②

4 별칭 AS 사용하기

이번에는 테이블이나 컬럼(필드)명을 변경하거나 새롭게 부여하여 사용할 수 있도록 도움을 주는 별칭(Alias)에 대해 확인해 보겠습니다.

SELECT COLUMN1 (AS) C1, COLUMN2 (AS) C2, … FROM 테이블명 (AS) T1

별칭을 사용하는 방법은 매우 간단합니다. 별칭을 부여할 테이블이나 컬럼명 뒤에 AS(생략 가능)를 쓰고 사용자가 임의로 부여할 별칭의 이름을 입력하면 됩니다. 별칭은 꽤 많은 부분에서 활용됩니다. 특히 테이블이나 컬럼명이 확정되지 않은 상황 또는 동일한 이름으로 중복 활용되는 경우 변경해서 사용하는 상황 등 매우 다양한 경우에 활용됩니다.

연습 문제 16

다음 SQL 구문 중 별칭 AS의 활용이 적절하지 않은 것을 고르시오.

① SELECT C1 AS C FROM T1
② SELECT C1 FROM T1 AS T
③ SELECT C1 FROM AS T1
④ SELECT C1 AS C FROM T1 T

 ③의 경우 별칭을 사용하여 변경할 대상 테이블이 명시되지 않았습니다. ④의 경우 테이블 T1의 별칭을 T로 지정하면서 AS 키워드를 생략한 경우로 정상적인 사용법이 맞습니다.

 ③

별칭을 활용하여 테이블 이름을 새롭게 지정하면 조회 시 컬럼명 앞에 별칭을 지정하여 정확히 어떤 테이블의 필드를 명시한 것인지 정의할 수 있게 됩니다.

SELECT T1.COLUMN1, T1.COLUMN2, … FROM 테이블명 (AS) T1

COLUMN1과 COLUMN2는 정확히 별칭 T1 테이블에 속한 컬럼이 됩니다.

연습 문제 17

테이블01은 C1, C2, C3 속성으로 이루어진다. 다음 SQL의 실행 결과가 나머지 SQL 구문과 다른 한 가지 구문을 고르시오.

① SELECT T1.C1, T1.C2, T1.C3 FROM 테이블01

② SELECT * FROM 테이블01

③ SELECT T1.* FROM 테이블01 AS T1

④ SELECT C1, C2, C3 FROM 테이블01 AS T1

해설 ②, ③, ④은 모두 정상적인 SQL 구문입니다. 하지만 ①번의 경우 테이블 별칭을 지정하지 않아 T1이 어떤 테이블을 명시하는지 구분할 수 없어 오류가 발생하게 됩니다.

정답 ①

연습 문제 18

다음 테이블에 대한 SQL 구문의 실행 결과로 정확한 것을 고르시오.

성적 테이블

과목명	점수
데이터베이스	100
SQL	90
Query	80

SELECT 점수 AS SCORE FROM 성적 AS TEST
WHERE TEST.과목명='SQL'

①
점수
90

②
과목명	점수
M001	김우주

③
점수 AS SCORE
90

④
SCORE
90

해설 성적 테이블에서 과목명이 SQL에 해당하는 점수를 조회하는 SQL입니다. 컬럼 '점수'의 별칭은 SCORE, 테이블 '성적'의 별칭은 TEST입니다. 별칭을 활용해 조회를 하면 그 결과 역시 별칭으로 출력됩니다. 점수만 확인하는 것이므로 과목명은 출력되지 않습니다.

정답 ④

이번 장에서 소개한 INSET, UPDATE, DELETE 그리고 SELECT 구문은 SQL, 그중에서도 DML의 가장 기본이 되는 구문들입니다. 이렇게 쉽고 간단한 문제가 있을까 생각이 들겠지만 기초가 탄탄해야 이후의 과정도 무난하게 풀어갈 수 있습니다. 어쩌면 기초가 가장 어렵고 힘든 과정일 수 있으니, 간과하지 않기를 바랍니다.

5 단원 점검 문제

01 다음 INSERT 구문에 대한 설명으로 적절하지 않은 것을 고르시오.

> INSERT INTO 사원 정보 (사번, 사원명, 입사일자, 부서 코드)
> VALUES ('S001', '홍길동', '2022-01-01', 'DEPT01')

① 정보가 입력되는 사원 정보 테이블에는 총 4개의 컬럼이 존재한다.
② 정보가 입력되는 실제 값은 각각 S001, '홍길동', '2022-01-01', 'DEPT01'이다.
③ 정보가 입력되는 컬럼은 사번, 사원명, 입사일자, 부서 코드이다.
④ 정보가 입력되는 테이블은 사원 정보이다.

02 다음 SQL의 UPDATE 구문 중 에러가 발생하는 구문을 고르시오.

① UPDATE TABLE1 SET COLUMN1=VALUE1, COLUM2=VALUE2
② UPDATE TABLE1 SET COLUMN1=VALUE1 WHERE COLUM2=VALUE2
③ UPDATE TABLE1 SET COLUMN1=VALUE1 IN COLUM2=VALUE2
④ UPDATE TABLE1 SET COLUMN1=VALUE1

03 다음 테이블에서 과목명 'Query'의 모든 정보를 삭제하는 SQL 구문으로 가장 적절한 것을 고르시오.

과목

과목 코드	과목명	담당 교수
A001	데이터베이스	김교수
A002	SQL	이교수
A003	Query	박교수

① DELETE FROM Query WHERE 과목 코드='A003'
② DELETE FROM 과목 WHERE 과목명='A003'
③ DELETE FROM Query WHERE 과목명='A003'
④ DELETE FROM 과목 WHERE 과목 코드='A003'

04 다음 중 SQL이 잘못 작성된 구문을 고르시오.

① SELECT * FROM T1 WHERE C1=V1
② UPDATE T1 SET C1=V1 WHERE C2=V2

③ INSERT (C1, C2) VALUE (V1, V2) INTO T1
④ DELETE FROM T1 WHERE C1=V1

05 다음 SELECT 구문의 실행 결과로 정확한 것을 고르시오.

주문 정보

주문 번호	상품 코드	고객 ID	주문 금액	수량
O-001	P001	M001	22,000	4
O-002	P002	M002	25,000	5
O-003	P003	M001	30,000	6
O-004	P002	M003	17,000	4
O-005	P003	M001	30,000	6
O-006	P001	M002	31,000	4
O-007	P001	M003	20,000	4
O-008	P002	M002	25,000	5

```
SELECT * FROM 주문
WHERE 수량=4
ORDER BY 주문 금액
```

①
주문 번호	상품 코드	고객 ID	주문 금액	수량
O-001	P001	M001	22,000	4
O-004	P002	M003	17,000	4
O-005	P001	M002	31,000	4
O-007	P001	M003	20,000	4

②
주문 번호	상품 코드	고객 ID	주문 금액	수량
O-005	P001	M002	31,000	4
O-001	P001	M001	22,000	4
O-007	P001	M003	20,000	4
O-004	P002	M003	17,000	4

③
주문 번호	상품 코드	고객 ID	주문 금액	수량
O-004	P002	M003	17,000	4
O-007	P001	M003	20,000	4
O-001	P001	M001	22,000	4
O-006	P001	M002	31,000	4

④
주문 번호	상품 코드	고객 ID	주문 금액	수량
O-006	P001	M002	31,000	4
O-007	P001	M003	20,000	4
O-001	P001	M001	22,000	4
O-004	P002	M003	17,000	4

06 다음 SQL 구문을 수행했을 때 일어날 수 있는 문제점은?

```
UPDATE TAB01 SET C1=V1
```

① 테이블 TAB01에 포함된 모든 컬럼을 확인할 수 없다.
② 조건이 명시되지 않아 TAB01 컬럼 C1의 모든 정보가 V1으로 수정된다.
③ TAB01의 C1컬럼 외 다른 컬럼에 대한 수정이 불가능하다.
④ TAB01의 C1 컬럼이 식별자 컬럼이면 변경이 불가능 하다.

07 제시된 INSERT 구문은 오류가 발생한다. 그 이유에 대해 설명하시오.

```
INSERT INTO TAB01 (C1, C2) VALUES (V1, V2, V3)
```

08 다음 SQL 구문이 차례로 수행되고 난 후의 결과로 정확한 것은?

```
CREATE TABLE TAB01 (C1 NUMBER, C2 CHAR(1))
INSERT INTO TAB01 (C1, C2) VALUES (100, A)
INSERT INTO TAB01 (C1, C2) VALUES (200, B)
INSERT INTO TAB01 (C1) VALUES (300)
UPDATE TAB01 SET C2=B WHERE C1=300
DELETE FROM TAB01 WHERE C2=B
SELECT * FROM TAB01
```

① 100, A   ② 200, A   ③ 300, A   ④ NULL, NULL

09 다음 SQL 구문 중 에러가 발생하는 구문은?

① SELECT T1.* FROM TAB01 AS T1
② SELECT TAB01.* FROM TAB01
③ SELECT TAB01.* FROM TAB01 AS T1
④ SELECT * FROM TAB01 AS T1

10 다음 테이블 TAB01에 대한 SQL 구문의 실행 결과, 컬럼의 개수가 다른 하나는?

TAB01		
C1	C2	C3
1	1	1
1	0	1
1	1	1
1	0	1

① SELECT T1.* FROM TAB01 AS T1
② SELECT * FROM TAB01
③ SELECT C1, C2, C3 FROM TAB01 AS T1
④ SELECT C1, *, C2 FROM TAB01

단원 점검 문제 정답 및 풀이

문제 1) 정답 ①

풀이 - 주어진 INSERT 구문에서 테이블 내 컬럼의 개수를 확인할 수 있는 방법은 없습니다. 입력되는 컬럼의 개수가 4개이지만 해당 테이블의 컬럼 개수가 4개인지를 INSERT 구문만으로는 확인이 불가합니다.

문제 2) 정답 ③

풀이 - ③번의 경우 IN코드가 잘못 표기되었습니다. UPDATE의 조건은 WHERE 입니다. ③번을 제외한 모든 구문은 정상적인 UPDATE 구문입니다.

문제 3) 정답 ④

풀이 - 주어진 테이블의 이름이 과목이므로 DELETE FROM 뒤에 테이블명 '과목'이 명시됩니다. 조건에서 주어진 값이 모두 'A003'입니다. A003은 과목 코드 컬럼의 실제 값이 되므로 과목명이 아닌 과목 코드 컬럼이 조건에 작성됩니다.

문제 4) 정답 ③

풀이 - INSERT 구문은 INTO 뒤에 바로 변경 대상 테이블이 명시되고 괄호로 묶어 변경 컬럼 작성 후

VALUES 뒤에 다시 괄호로 묶어 실제 값을 기입합니다. INSERT INTO T1 (C1, C2) VALUES (V1, V2)

문제 5) 정답 ③

풀이 - ORDER BY 절에 ASC 혹은 DESC를 명시하지 않으면 기본적으로 ASC(오름차순)으로 지정됩니다. 따라서 주문 금액 컬럼이 가장 작은 금액부터 가장 큰 금액 순으로 정렬이 이루어 져야 합니다.

문제 6) 정답 ②

풀이 - 주어진 UPDATE 구문은 아주 기본적이고 정상적인 UPDATE 구문입니다. 하지만 UPDATE와 DELETE 구문 수행 시 조건이 없다면 대상 테이블의 모든 정보가 수정되거나 삭제되는 큰 문제를 야기할 수 있습니다. UPDATE와 DELETE 구문을 수행할 때는 반드시 조건을 명시해서 처리한다는 점 잊지 마시기 바랍니다.

문제 7) 정답 입력 대상 컬럼은 두 개인데 입력되는 값은 3개이다.

풀이 - INSET 구문을 작성할 때는 입력 대상과 입력 값을 정확히 1대 1로 대응하게 작성되어야 합니다. 어느 한쪽이 부족하거나 많으면 오류가 발생하게 됩니다.

문제 8) 정답 ①

풀이 - TAB01에 총 3개의 행이 입력됩니다. 그리고 UPDATE 구문까지 실행이 완료되면 C1은 100, 200, 300의 값을 갖고, C2의 경우 A, B, B의 값을 각각 갖습니다. 마지막 DELETE 구문에서 C2의 값이 B인 행을 삭제하므로 최종적으로 C1의 값은 100, C2의 값은 A만 남게 됩니다.

문제 9) 정답 ③

풀이 - 테이블 별칭을 지정할 경우 SELECT 절의 출력과 WHERE 절 등의 조건에 별칭을 사용할 수 있습니다. 단, 지정된 별칭으로 구분해야 하며 별칭을 지정하고 원본 테이블 이름으로 컬럼을 한정해 사용하는 것은 불가능합니다.

문제 10) 정답 ④

풀이 - 별표(*)는 모든 컬럼을 결과로 갖습니다. ④의 경우는 총 5개의 컬럼 개수를 갖습니다.

chapter 3
연산자

종류	연산자	설명
사칙연산자	+, -, /, *	일반 사칙연산
	MOD	나누어 남는 나머지를 구하기
비교연산자	=	같다
	>	크다
	<	작다
	>=	크거나 같다
	<=	작거나 같다
	<>	같지 않다
	!=	
	^=	
논리연산자	AND	AND를 기준으로 양측의 조건이 모두 참인 경우
	OR	OR를 기준으로 양측 중 하나라도 참인 경우
특수연산자	BETWEEN A AND B	A와 B 사이 구간에 포함된 결과
	IN	나열된 값들을 모두 포함하는 결과
	LIKE	% 위치에 따른 값의 포함 결과
	NOT	NOT BETWEEN A AND B, NOT IN 등
NULL연산자	IS NULL	NULL 값인 경우
	IS NOT NULL	NULL 값이 아닌 경우

1 사칙연산자

사칙연산에 대해서는 익히 잘 알고 계시죠? 더하기, 빼기, 곱하기 그리고 나누기를 의미합니다. 사칙연산은 기본적으로 수(number, numeric)를 중심으로 작성됩니다.

SELECT num01+ num02, num01- num02, num01* num02, num01/ num02

연습 문제 1

다음 중 정상적으로 처리되지 않는 구문을 고르시오.

① SELECT *, 100-90 FROM T1
② SELECT * FROM T1 WHERE 100+100
③ SELECT 100*100 AS OUTPUT1 FROM T1
④ SELECT C1, C2, C3/C4 FROM T1 WHERE C5 > 200

 연산자가 포함된 코드는 SELECT 구문 전체에 어느 곳에 위치해도 상관없습니다. 모든 연산은 출력의 결과가 나오는 SELECT 뒤에 위치할 수도 있고, 조건절에 위치하거나 정렬을 위한 ORDER BY 절 뒤에 위치해도 무관합니다. 다만, 조건절이나 정렬 구문에 포함될 경우 연산의 결과가 특정 컬럼과 연계되어야 합니다. 따라서 ②의 경우 컬럼과 연계 없이 연산만 처리되어 조건절을 특정할 수 없기 때문에 오류가 발생하게 됩니다.

정답 ②

 연습 문제 2

다음 테이블의 SQL 구문 실행 결과를 작성하시오.

주문

주문 번호	상품 코드	주문 금액	수량
O-004	P002	17,000	4
O-007	P001	20,000	2
O-001	P003	22,000	3
O-006	P004	31,000	4

SELECT 단가*수량 FROM 주문
WHERE 주문 번호='O-006'

 먼저 조건을 확인하면 주문 번호가 O-006인 마지막 레코드만 해당됩니다. 해당 레코드의 컬럼 중 단가와 수량을 곱하여 결과를 출력해 줍니다.

정답 124000

연습 문제 3

다음 테이블에서 다음과 같은 설명에 해당하는 SQL 구문으로 정확한 것을 고르시오.

주문

주문 번호	상품 코드	주문 금액	수량
O-004	P002	17,000	4
O-007	P001	20,000	2
O-001	P003	22,000	3
O-006	P004	31,000	4

주문 테이블에서 단가와 수량에 따른 총 주문 금액이 50,000 초과인 모든 결과를 출력하시오.

① SELECT * FROM 주문
　WHERE 단가*수량 > 50000
② SELECT * FROM 주문
　WHERE 단가*수량 AS 총 주문 금액 > 50000
③ SELECT 단가*수량 > 50000 FROM 주문
④ SELECT * FROM 주문
　ORDER BY 단가*수량 > 50000

  조건을 처리하는 코드는 WHERE 절입니다. 별칭 AS의 경우 출력된 결과를 위해 임시 지정된 컬럼명이 되므로 조건절에서는 굳이 사용할 필요가 없습니다.

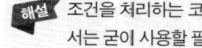 ①

> **TIP** | 숫자 유형의 사칙연산은 큰 어려움이 없습니다. 단, 나누기 연산을 할 때 0으로 나눌 수 없는 부분과 우리가 아는 것처럼 연산자 우선 순위가 있다는 점을 기억해주시기 바랍니다.

SQL도 컴퓨터 언어 중 하나입니다. 컴퓨터 언어에서의 연산은 단순히 숫자 유형의 데이터에서만 적용 가능한 것이 아닙니다. 문자 유형의 데이터도 연산은 가능합니다. 사칙연산을 비롯하여 모든 연산에서 동일하게 적용됩니다. 특히 문자 유형 데이터의 사칙연산은 더하기 연산만 고려하면 됩니다. 나머지 빼기, 곱하기, 나누기 연산은 피연산자의 데이터 형식을 고려합니다. 즉, 숫자 유형의 데이터만 처리가 가능합니다.

연습 문제 4

다음 주소 정보 테이블의 SQL 실행 결과로 적절한 것을 고르시오.

주소 정보

사원 번호	사원명	상세 주소	시도
S001	김우주	수원시 권선구	경기도
S002	이우주	영등포구 신길동	서울시
S003	박우주	북구 운암동	광주광역시
S004	최우주	강릉시 교동	강원도

SELECT '주소 :'+시도+상세 주소 FROM 주소 정보
WHERE 사원 번호='S001'

① 경기도 수원시 권선구
② 주소 : 경기도 수원시 권선구
③ 주소 : 수원시 권선구 경기도
④ S001, 김우주, 수원시 권선구 경기도

> **해설** MS-SQL에서 문자와 문자를 연결할 때 사용되는 연산자가 바로 더하기 연산자입니다. 문자 유형의 컬럼을 더하거나 직접 입력한 값을 더할 수도 있습니다. SQL 구문에서 '주소 :'는 입력된 값이고 시도와 상세 주소는 컬럼입니다. 따라서 결과는 '주소 :'가 포함되어야 합니다. 시도가 먼저 연산이 되고 뒤에 상세 주소가 더해집니다. 테이블의 컬럼 순서대로 출력되는 것이 아닌 연산된 순서에 따라 출력이 됩니다. 사원 번호와 사원명 컬럼은 조회 대상이 아닙니다.

 ②

 연습 문제 5

전체적인 물가 인상으로 인해 제품 테이블에서 단가가 20000 미만의 제품들에 대한 단가를 10% 인상하여 조정하고자 한다. 이에 따른 SQL 구문이 정확히 작성된 것을 고르시오.

① UPDATE 제품 SET 단가=단가*1.1 WHERE 단가>20000
② UPDATE 제품 SET 단가*1.1 WHERE 단가<20000
③ UPDATE 제품 SET 단가=1.1 WHERE 단가<20000
④ UPDATE 제품 SET 단가=단가*1.1 WHERE 단가<20000

> **해설** 사칙연산을 포함해서 모든 연산은 DML 전 구문에서 활용이 가능합니다. 당연히 SELECT는 물론 UPDATE, DELETE에서도 활용될 수 있습니다. SQL 작성을 위해 테이블과 컬럼명을 정확히 먼저 파악합니다. 테이블은 제품, 변경하고 조건이 되는 컬럼은 단가입니다. 단가를 10% 인상하는 것이므로 기존 단가에 1.1을 곱하여 기존 단가를 변경하여(단가=단가*1.1) UPDATE하고 조건은 문제에서 제시한 단가가 20000보다 작은 경우(단가<20000)에 처리를 하도록 합니다.

 ④

비교연산자 그리고 NULL

비교연산자도 사칙연산과 함께 우리가 익히 알고 있는 연산자입니다. 그렇기에 비교연산자에 대해서는 특별히 설명할 내용이 없습니다. 비교연산자는 '같다(=), 크다 또는 작다(>, <), 크거나 같다 그리고 작거나 같다(>=, <=)'와 같이 각각의 기호를 써서 사용합니다. 단, '같지 않다'고 표기할 때는 '<>' 혹은 '!='로 표기합니다.

연습 문제 6

다음 SQL 구문에 대한 설명으로 가장 적절한 것을 고르시오.

SELECT 학생 이름, 학번, 학과 FROM 성적 정보 WHERE 학점 <> 'A'

① 성적 정보 테이블에서 학점 A가 아닌 일부 정보를 조회한다.
② 성적 정보 테이블에서 학점 A가 아닌 모든 정보를 조회한다.
③ 성적 정보 테이블에서 학점 A와 크거나 작은 일부 정보를 조회한다.
④ 성적 정보 테이블에서 학점 A와 크거나 작은 모든 정보를 조회한다

 주어진 SQL 구문에서 조회 대상 정보가 학생 이름, 학번, 학과로 선택되었습니다. 해당 정보가 성적 정보 테이블의 모든 정보인지는 확인이 불가합니다. 비교연산자 '<>'는 '같지 않다'를 의미합니다.

 ①

비교연산자를 학습할 때는 NULL에 대한 개념을 정확히 이해하셔야 합니다. 사전적으로 NULL은 '가치가 없다'는 의미이지만 SQL에서 NULL은 매우 복잡하고 미묘합니다. 일반적으로 컴퓨터상에서 NULL은 값이 없을 때 흔히 사용하지만 SQL에서는 NULL이 단순히 '값이 없다'는 것만 의미하지 않습니다. 정확히 말하자면 SQL에서는 NULL 값도 값입니다. 그러니까 NULL이라는 값이 입력된 것으로 인식하면 됩니다. 좀 더 정확히 표현하면 NULL은 아직 어떤 값이 들어올지 모르는 상태를 나타낼 때 사용되는 값입니다. 따라서 NULL은 아직 데이터가 정확히 입력된 상황이 아니므로 그 크기를 알 수가 없게 됩니다. 그래서 NULL 값은 사칙연산과 비교연산이 모두 불가능하므로 '크다, 작다'를 가늠할 수 없습니다.

그러면 실제로 값이 NULL이거나(=) 아닌(<>) 경우 즉, 아직 값이 확정되지 않은 정보를 조회하고자 할 때는 어떻게 할까요? 다시 말해 해당 열에 NULL이 포함된 결과만 보고 싶거나 NULL이 제외된 값을 보고자 할 경우를 말합니다. 이 경우는 비교연산자에서 가장 중요하고 반드시

알아야 할 사항입니다. 오히려 비교연산자보다 훨씬 중요한 부분입니다.

SQL 1) SELECT * FROM T1 WHERE C1=NULL

SQL 2) SELECT * FROM T1 WHERE C1<>NULL

위 SQL1)과 SQL2) 구문은 문법적으로 틀린 부분이 없습니다. C1의 값이 NULL인 경우 혹은 NULL이 아닌 경우를 조회하는 구문으로 설명할 수 있습니다. 하지만 상용 DBMS인 ORACLE이나 MS-SQL에서 두 SQL 구문을 실행하면 아마도 여러분이 원하는 정보가 조회되지 않을 것입니다. 이유는 C1에 정확히 NULL이라는 값이 있거나 없을 경우에만 원하는 결과가 나오기 때문입니다. 즉 C1의 값이 'NULL'인 경우 혹은 아닌 경우만 사용이 가능합니다.

만약 원래의 의미대로 아직 값이 입력되지 않은 경우를 조회하고자 한다면 아래처럼 SQL 구문을 변경해 작성해야 합니다.

SQL 1) SELECT * FROM T1 WHERE C1 IS NULL

SQL 2) SELECT * FROM T1 WHERE C1 IS NOT NULL

= 대신에 IS를 쓰고 <> 대신에 IS NOT을 써서 비교하게 됩니다. 매우 중요하므로 꼭 기억해 두시기 바랍니다.

연습 문제 7

다음 벤더 정보 테이블에서 구매 수량이 NULL이 아닌 모든 정보를 조회하는 SQL 구문과 그 결과가 정확히 표현된 것을 고르시오.

벤더 정보

벤더명	벤더 코드	상품 단가	구매 수량
A 벤더	V001	20000	
B 벤더	V002	22000	2
C 벤더	V003	19500	
D 벤더	V004	21000	4

① SELECT * FROM 벤더 정보
   WHERE 구매 수량 IS NULL

벤더명	벤더 코드	상품 단가	구매 수량
A 벤더	V001	20000	
C 벤더	V003	19500	

② SELECT * FROM 벤더 정보
   WHERE 구매 수량 IS NOT NULL

벤더명	벤더 코드	상품 단가	구매 수량
A 벤더	V001	20000	
C 벤더	V003	19500	

③ SELECT * FROM 벤더 정보

　WHERE 구매 수량 IS NULL

벤더명	벤더 코드	상품 단가	구매 수량
B 벤더	V002	22000	2
D 벤더	V004	21000	4

④ SELECT * FROM 벤더 정보

　WHERE 구매 수량 IS NOT NULL

벤더명	벤더 코드	상품 단가	구매 수량
B 벤더	V002	22000	2
D 벤더	V004	21000	4

해설 먼저 SQL 구문은 NULL이 아닌 결과를 조회해야 하므로 IS NOT NULL이 반드시 포함되어야 합니다. 따라서 결과도 구매 수량이 NULL이 아닌 결과가 나와야 정상적으로 조회가 완료된 것입니다.

정답 ④

연습 문제 8

다음 구매 정보 테이블을 확인하고 작성된 SQL 구문의 결과에 대한 설명으로 가장 적절한 것을 고르시오.

과목 테이블

과목 코드	과목명	담당 교수
A001	데이터베이스	김교수
A002	SQL	이교수
A003	Query	

SELECT 과목명 FROM 과목

WHERE 담당 교수 IS NULL

① 담당 교수 컬럼의 정보가 NULL인 결과로 데이터베이스와 SQL이 출력된다.
② 담당 교수 컬럼의 정보가 NULL인 결과로 Query가 출력된다.
③ 담당 교수 컬럼의 정보가 NULL이 아닌 결과로 데이터베이스와 SQL이 출력된다.
④ 담당 교수 컬럼의 정보가 NULL이 아닌 결과로 Query가 출력된다.

해설 IS NULL은 값이 NULL인 경우를 의미합니다. 따라서 담당 교수 컬럼의 정보가 NULL인 Query가 조회되고 출력됩니다.

정답 ②

연습 문제 9

다음 설명을 보고 작성된 SQL 구문에서 ( )에 들어갈 코드를 작성하시오

T1 테이블에서 C1의 값이 NULL인 모든 정보를 조회하시오.
SELECT * FROM T1 WHERE C1 ( )

 NULL인 경우 IS NOT, NULL이 아닌 경우 IS NOT NULL입니다.

 IS NULL

NULL값의 사칙연산도 확인해야합니다. NULL은 값이 없기 때문에 특정한 값과 사칙연산을 수행하면 그 결과도 역시 NULL이 됩니다.

123 + NULL = NULL

NULL값을 포함하여 사칙연산을 수행할 때는 NULL 값을 특정한 값으로 변환해야 합니다. 이때 사용하는 함수가 ORACLE에서는 NVL이고 MS-SQL에서는 비교연산과 같은 ISNULL 입니다. 예를 들어 C1 컬럼에 NULL 값이 존재할 경우 123이라는 숫자와 더하기 연산을 수행하고자 한다면 다음과 같이 처리가 가능합니다.

ORACLE - 123 + NVL(C1, 1) = 124
MS-SQL - 123 + ISNULL(C1, 1) = 124

연습 문제 10

TAB01에서 EA와 AMT 컬럼을 곱하여 ID별 총 주문 금액을 산출하고자 한다. SQL 구문의 (A)에 들어갈 수식으로 적절한 것은?

TAB01

ID	EA	AMT
M001	3	10,000
M002	4	20,000
M003	NULL	10,000
M004	2	20,000
M005	NULL	20,000

SELECT ID, (A) FROM TAB01

① NVL(EA, 0) * AMT   ③ NVL(EA, 0) * NVL(AMT, 0)
② EA * AMT   ④ EA * NVL(AMT, 0)

NULL 값이 존재하는 컬럼은 EA입니다. EA의 값이 NULL인 경우 특정한 값으로 변환해서 연산이 이루어져야 합니다. AMT 컬럼은 특별히 NVL 함수가 필요 없습니다.

 ①

3. 논리연산자

논리연산은 컴퓨터 프로그래밍에서 가장 기본이 되는 연산으로, 그만큼 매우 중요한 연산자입니다. 논리연산은 0이면 '거짓', 1이면 '참'입니다. 논리연산은 SQL뿐만 아니라 프로그래밍 언어 전반에 걸쳐 매우 중요하며 정확한 이해가 필요한 연산자입니다. 사칙연산이나 비교연산은 의미를 이미 알기 때문에 활용 방식에 대한 부분만 인지하면 되지만, 논리연산은 활용 방식은 물론이고 의미를 정확하게 알아야 합니다.

X	Y	AND	OR
1	1	1	1
1	0	0	1
0	1	0	1
0	0	0	0

논리연산자는 대표적으로 AND와 OR이 있습니다. 이외에도 몇 가지 더 있지만 기본적으로 AND와 OR 연산자에 대해서 완벽하게 이해해 주시기 바랍니다. 위 표는 X와 Y값의 입력에 따라 논리연산자 AND와 OR의 연산 결과입니다. 간단히 이해할 수 있습니다. AND 연산자의 경우 입력된 값이 모두 참(1)일 때만 그 결과가 참이 됩니다. 그러나 OR 연산자의 경우 입력된 값 중 하나라도 참이면 그 결과도 참이 됩니다. OR 연산자는 입력된 값이 모두 거짓(0)이어야 거짓의 결과가 나옵니다.

SQL 1) SELECT * FROM T1 WHERE C1=V1 AND C2=V2

SQL 2) SELECT * FROM T1 WHERE C1=V1 OR C2=V2

SQL 1)과 SQL 2)는 T1 테이블에서 조건에 따라 조회하는 유사한 쿼리입니다. 조건절에 포함된 논리연산자 AND와 OR만 다릅니다. SQL 1)의 결과는 C1과 V1이 동일하고 C2와 V2도 동일한 결과만 출력됩니다. 하지만 SQL 2)의 결과는 C1과 V1이 동일하거나 혹은 C2와 V2가 동일하면 결과가 출력됩니다. 즉, C1이 V1와 동일하고 C2가 V2와 달라도, 아니면 C1과 V1이 다르지만 C2와 V2가 동일하면 똑같은 결과가 나옵니다.

연습 문제 11

다음은 구매 목록 테이블의 모델링 정보이다. 해당 모델링 정보를 통해 주어진 구문의 SQL 코드로 정확한 것을 고르시오.

```
구매 정보
- 주문 번호 (PK) VARCHAR(20)
- 고객 ID (FK) VARCHAR(10)
- 주문 금액 FLOAT
- 주문 일자 DATE
```

고객 ID가 MEMBER_001인 고객의 주문 중에서 주문 금액이 50000원 이상인 구매 정보를 모두 조회하시오.

① SELECT * FROM 구매 정보

　　WHERE 고객 ID=' MEMBER_001' AND 주문 금액>=50000

② SELECT * FROM 구매 정보

　　WHERE 고객 ID=' MEMBER_001' OR 주문 금액>=50000

③ SELECT * FROM 구매 정보

　　WHERE 고객 ID=' MEMBER_001' AND 주문 금액>50000

④ SELECT * FROM 구매 정보

　　WHERE 고객 ID=' MEMBER_001' OR 주문 금액>50000

 논리연산자의 활용 방법과 비교연산자의 활용 방법을 동시에 확인하는 문제입니다. 주어진 구문에서 고객 ID와 금액이 모두 참인 경우입니다. 따라서 논리연산자는 AND가 적용됩니다. 주문 금액이 50,000 이상이므로 >=(크거나 같다)가 표기됩니다.

 ①

연습 문제 12

다음 테이블의 조회 결과가 다른 SQL 구문을 고르시오.

제품 정보

상품 코드	상품명	색상	단가	재고
P001	Y 셔츠 1	화이트	20,000	4
P002	T 셔츠 1	블루	26,000	5
P003	남방 1	옐로우	30,000	6
P004	남성 바지	그레이	26,000	5
P005	여성 바지	레드	30,000	6

① SELECT * FROM 제품 정보

　　WHERE 상품 코드='P002' OR 상품 코드='P004'

② SELECT * FROM 제품 정보

　　WHERE 색상='블루' OR 색상='그레이'

③ SELECT * FROM 제품 정보

　　WHERE 단가>25000 OR 단가<30000

④ SELECT * FROM 제품 정보

　　WHERE 단가<20000 OR 재고=5

  OR 연산자에 대한 정확한 이해가 필요한 문제입니다. OR 연산자는 둘 중 하나만 참이면 결과가 조회됩니다. ①의 경우는 상품 코드가 P002이거나 P004일 경우 출력되므로 2, 4번 레코드가 출력됩니다. ②도 색상이 블루 아니면 그레이가 출력되므로 마찬가지 결과입니다. ④의 경우는 단가가 20000 미만인 제품은 없고 재고가 5인 결과는 만족하므로 역시 2, 4번 레코드만 출력됩니다. 하지만 ③번 보기는 1, 2, 4 레코드가 모두 만족하므로 결과가 다릅니다.

 ③

연습 문제 13

테이블을 확인하고 다음과 같은 결과를 얻기 위한 SQL 구문으로 적절한 것을 고르시오.

주문 정보

주문 번호	고객 ID	주문 금액	수량
O001	M001	20,000	4
O002	M002	25,000	5
O003	M001	27,000	6
O004	M003	20,000	4
O005	M001	30,000	6
O006	M002	20,000	4
O007	M003	26,000	4
O008	M002	25,000	5

조회 결과

주문 번호	고객 ID	주문 금액	수량
O002	M002	25,000	5
O003	M001	27,000	6
O007	M003	26,000	4
O008	M002	25,000	5

① SELECT * FROM 주문 정보

　　WHERE 주문 금액>20000 AND 주문 금액<30000

② SELECT * FROM 주문 정보

　　WHERE 주문 금액>20000 OR 주문 금액<30000

③ SELECT * FROM 주문 정보

　　WHERE 주문 금액>25000 AND 주문 금액<30000

④ SELECT * FROM 주문 정보

　　WHERE 주문 금액>25000 OR 주문 금액<30000

주문 금액이 단순히 25000보다 크면 결과에 값이 포함되지 않습니다. OR 연산자를 사용하여 30000보다 작은 결과도 만 족한다면 주문 정보 테이블의 5번 레코드를 제외한 모든 결과가 출력됩니다. 모든 조건을 충족하기 위해서는 주문 금액이 20000보다 크고 30000보다 작아야 합니다. 즉, AND 조건으로 검색이 되어야 합니다.

 ①

4 특수연산자

사칙, 비교, 논리연산자는 대부분의 프로그래밍 언어에서 공통적으로 활용되는 연산자입니다. 지금부터는 SQL 내에서 사용되는 특수한 연산자들에 대해 하나씩 살펴보겠습니다. 먼저 BETWEEN입니다. 비교연산자에 대해 다시 상기해 보겠습니다. 비교연산자는 값의 크기를 비교할 때 사용됩니다. 특정 값의 단일 비교일 경우, 예를 들어 크다, 작다, 크거나 같다, 작거나 같다 등은 비교연산자를 활용하여 쉽게 연산이 가능합니다. 하지만 단일 비교가 아닌 두 개 이상의 비교가 이루어질 경우는 어떨까요?

SELECT * FROM T1 WHERE C1>=V1 AND C1<=V2

제시된 SQL 구문은 비교연산자와 논리연산자를 학습하셨다면 충분히 설명할 수 있습니다. AND 조건이 나왔으므로 양측 모두 참인 결과를 선택하게 됩니다. C1의 값이 V1의 값보다 크거나 같고 동시에 V2보다 작거나 같은 경우 결과가 출력됩니다. 해당 구문을 좀 더 쉽게 풀이하자면 C1의 값이 특정한 구간에 포함된 결과를 조회하는 쿼리가 됩니다. 지금처럼 특정한 구간의 값, 즉 비교연산과 논리연산이 결합되어 일정 범위의 결과를 조회할 때 사용되는 매우 간편한 연산자가 바로 BETWEEN입니다. BETWEEN 연산자의 활용 방법은 다음과 같습니다.

SELECT * FROM T1 WHERE C1> BETWEEN V1 AND V2

학창 시절 배웠던 매우 익숙한 숙어 BETWEEN A AND B와 동일합니다. C1>=V1 AND C1<=V2, 이 부분이 BETWEEN 연산자를 통해 C1> BETWEEN V1 AND V2으로 바뀌는 것입니다. 비교연산, 논리연산 두 번의 연산이 이루어지는 부분이 BETWEEN 연산 한번으로 해결되는 것입니다. 연산의 횟수가 줄면 그만큼 성능도 올라갑니다.

연습 문제 14

제시된 SQL 구문을 가장 적절하게 변경하여 표현한 쿼리를 고르시오.

SELECT * FROM 제품 정보
WHERE 단가>=1000 AND 단가<=5000

① SELECT * FROM 제품 정보
WHERE BETWEEN 단가 1000 OR 5000
② SELECT * FROM 제품 정보
WHERE BETWEEN 단가 1000 AND 5000
③ SELECT * FROM 제품 정보
WHERE 단가 BETWEEN 1000 OR 5000
④ SELECT * FROM 제품 정보
WHERE 단가 BETWEEN 1000 AND 5000

 제시된 SQL 구문은 제품 정보 테이블에서 단가가 1,000 이상 5,000 이하의 정보를 조회하는 쿼리입니다. 비교연산인 크거나 같다, 작거나 같다, 그리고 이를 동시에 만족시키는 논리연산 AND가 결합된 코드로 BETWEEN으로 충분히 대체가 가능합니다.

 ④

연습 문제 15

'가'에 제시된 SQL 구문을 '나'로 변경하고자 한다. ( )에 들어갈 코드를 작성하시오.

가. SELECT 제품명 FROM 주문 내역
WHERE 주문 금액>=30000 AND 금액<=50000
나. SELECT 제품명 FROM 주문 내역
WHERE 주문 금액 ( ) 30000 AND 50000

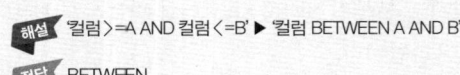

해설 '컬럼>=A AND 컬럼<=B' ▶ '컬럼 BETWEEN A AND B'

정답 BETWEEN

> **TIP** | 특정 범위의 값을 확인하는 BETWEEN 연산자는 숫자 유형은 물론 연속된 문자 유형에서도 충분히 활용이 가능합니다.

연습 문제 16

다음 테이블 내용과 설명을 확인하고 작성된 SQL 구문으로 가장 적절한 것을 고르시오.

성적 정보

학번	과목 코드	학점
S001	C001	B
S002	C002	C
S003	C001	A
S004	C002	D
S005	C001	B
S006	C001	C
S007	C001	A
S008	C001	B

과목 코드 C001에 학점이 A ~ C인 학생의 학번을 조회 하시오.

① SELECT * FROM 성적 정보
  WHERE 과목 코드='C001' OR 학점 BETWEEN A AND C
② SELECT 학번 FROM 성적 정보
  WHERE 과목 코드='C001' OR 학점 BETWEEN A AND C
③ SELECT * FROM 성적 정보
  WHERE 과목 코드='C001' AND 학점 BETWEEN A AND C
④ SELECT 학번 FROM 성적 정보
  WHERE 과목 코드='C001' AND 학점 BETWEEN A AND C

 주어진 조건이 두 개입니다. 두 조건이 모두 만족한 결과를 조회해야 하므로 논리연산자는 AND입니다. 학점의 경우 A~C는 BETWEEN 연산자를 통해 충분히 표현이 가능합니다. 전체 컬럼을 모두 조회하는 것이 아닌 학번만 조회를 합니다. 세세한 명령에 주의해 주세요.

 ④

두 번째로 학습할 특수연산자는 LIKE입니다. LIKE 역시 비교연산자 '='을 좀 더 확장해 사용하는 개념입니다. 가장 큰 차이점은 '='의 경우 정확히 일치하는 결과를 조회하고, LIKE의 경우 특정 검색어가 포함된 결과를 조회한다는 점입니다.

SQL 1) SELECT * FROM T1 WHERE C1 LIKE '%V1%'

SQL 2) SELECT * FROM T1 WHERE C1 LIKE '%V1'

SQL 3) SELECT * FROM T1 WHERE C1 LIKE 'V1%'

LIKE 연산자의 핵심은 와일드 카드라 불리는 '%'입니다. %의 위치에 따라 조건을 달리 할 수 있습니다. 검색어 양 끝에 모두 위치하면 해당 검색어 V1의 위치 상관없이 포함된 모든 결과를 조회합니다. 만약 앞에만 %가 존재할 경우는(SQL 2) 앞에 어떤 내용이 나와도 맨 마지막은 반드시 검색어 V1으로 끝나는 것입니다. 반대로 %가 마지막에 위치하면(SQL 3) 반드시 시작되는 문구가 V1이어야 한다는 것입니다.

연습 문제 17

상품 정보 테이블의 상세 정보를 검색하여 음영 처리된 제품만 조회하려고 한다. 다음 중 가장 적절한 SQL 구문을 고르시오.

상품 정보

제품 코드	상세 설명
M001	Bike for high-level of performance
M002	extremely durable bike
M003	Top-of-the-line competition mountain Bag
M004	Stable tires for a ride
M005	Our top-of-the-line models
M006	Quick-adjusting clamps and steel construction
M007	Comfortable riding bike cross-country
M008	The frame is sized for a woman
M009	Same technology as all of our Road series bike
M010	Heat-treated aluminum frame

① SELECT * FROM 상품 정보
　 WHERE 상세 설명 = 'BIKE'
② SELECT * FROM 상품 정보
　 WHERE 상세 설명 LIKE '%BIKE%'
③ SELECT * FROM 상품 정보
　 WHERE 상세 설명 LIKE '%BIKE'
④ SELECT * FROM 상품 정보
　 WHERE 상세 설명 LIKE 'BIKE%'

 검색에 활용될 컬럼은 상세 설명입니다. 음영 처리된 결과의 상세 설명이 모두 상이하여 비교연산자에 '='은 사용할 수 없습니다. LIKE 연산자를 활용하여 공통으로 포함된 단어를 기준으로 SQL을 작성하면 됩니다. BIKE라는 단어가 공통적으로 포함되어 있지만 그 위치는 모두 다릅니다. 따라서 %는 검색어 BIKE 양 끝에 존재해야 합니다.

 ②

연습 문제 18

다음 설명의 A와 B에 들어갈 용어가 순서대로 정확히 나열된 것을 고르시오.

(A)는 특정 단어의 포함 여부를 검색할 때 활용된다. 특히 와일드 카드라고 불리는 (B)를 사용하며, (B)의 위치에 따라 해당 단어의 검색 조건이 달라진다.

① LIKE, =   ② =, LIKE   ③ LIKE, %   ④ %, LIKE

해설 LIKE 연산자를 활용할 때 %의 위치에 따라 검색 조건이 달라집니다. 양쪽 끝에, 앞, 맨 뒤에 위치할 경우 각각 검색할 단어의 위치가 결정된다.

정답 ③

마지막으로 학습할 특수연산자는 IN입니다. 앞서의 과정에서 우리는 일반적으로 조회를 할 때 특정 검색어(키워드) 하나를 활용하여 진행했습니다. 그런데 검색 대상이 되는 키워드가 언제나 한 개만 존재하지는 않을 것입니다. 이럴 경우 가장 유용하게 처리할 수 있는 연산자는 바로 논리연산자입니다. 검색 키워드의 수에 따라 n-1개의 논리연산자를 사용하는 것입니다.

SELECT * FROM T1 WHERE C1=V1 OR C1=V2 OR C1=V3 …

하지만 연산이 늘어날수록 성능 면에서 비효율적입니다. 이럴 때 활용되는 다수의 키워드 검색을 위한 특수연산자가 IN입니다. 검색 대상 컬럼에 대응하는 다수의 검색 조건을 만족하는 결과를 조회할 때 사용됩니다.

SELECT * FROM T1 WHERE C1 IN (V1, V2, V3, …)

연습 문제 19

다음 주어진 SQL 구문을 변경하고자 한다. 가장 적절하게 표현된 것을 고르시오.

SELECT * FROM 판매 정보
WHERE 단가=277 OR 단가=281 OR 단가=283 OR 단가=290

① SELECT * FROM 판매 정보
　 WHERE 단가=277 AND 단가=281 AND 단가=283 AND 단가=290
② SELECT * FROM 판매 정보
　 WHERE 단가 IN (277, 281, 283, 290)

③ SELECT * FROM 판매 정보
   WHERE 단가 BETWEEN 277 AND 290
④ SELECT * FROM 판매 정보
   WHERE 단가>=277 AND 단가<=290

 제시된 SQL 구문은 OR연산자를 활용하여 동일한 컬럼에 복수의 검색 조건을 연산한 쿼리입니다. 이렇게 복수의 검색 조건이 OR 조건으로 반복되면 IN 연산자를 활용하여 변경할 수 있습니다. ③과 ④는 구간 값이 조건이 됩니다.

 ②

TIP | 논리연산자 OR로 표현된 SQL 구문은 IN 연산자로 변경하여 작성이 가능하지만 IN연산자로 구현된 SQL 구문은 100% OR연산자로 대체하여 사용할 수는 없습니다.

IN 연산자의 경우 정확하게 ( )에 포함된 결과를 조회할 때 사용됩니다. 포함된 결과가 있으면 포함되지 않은 결과도 당연히 검색 가능하다는 의미가 되죠. 그래서 IN 연산자는 반대의 개념을 내포한 코드가 존재합니다. 바로 NOT IN 연산자입니다. 지금까지 NOT이 사용되는 코드가 두 번 등장했습니다. NULL을 학습하며 배웠던 NOT NULL 그리고 IN의 반대 개념인 NOT IN 입니다. IN은 포함된 결과, NOT IN은 포함되지 않은 결과를 의미합니다.

연습 문제 20

다음 고객 정보 테이블에서 주소가 서울시와 경기도가 아닌 고객의 아이디를 확인하고자 한다. 가장 적절히 표현된 SQL 구문은?

① SELECT * FROM 고객 정보
   WHERE 주소 IN ('서울', '경기도')
② SELECT * FROM 고객 정보
   WHERE 주소 NOT IN ('서울', '경기도')
③ SELECT 고객 ID FROM 고객 정보
   WHERE 주소 IN ('서울', '경기도')
④ SELECT 고객 ID FROM 고객 정보
   WHERE 주소 NOT IN ('서울', '경기도')

 주소 컬럼에서 서울시와 경기도가 아닌 고객 ID이므로 NOT IN을 활용합니다.

 ④

연습 문제 21

다음은 고객 정보 엔티티의 일부 속성이다. 상세 주소 정보가 NULL이 아닌 고객 중 주소 정보가 서울과 경기도 외 지역의 모든 고객 정보를 확인하고자 한다. A에 공통으로 들어갈 단어를 표기하시오.

고객 정보
- 고객 ID (PK) VARCHAR(10)
- 주소 정보 VARCHAR(20)
- 주소 상세 정보 VARCHAR(50)

SELECT * FROM 고객 정보
WHERE 주소 상세 정보 IS (A) NULL AND 주소 정보 (A) IN ('서울', '경기도')

 NULL의 활용법, IN의 활용법, 논리연산자의 활용법 그리고 NOT의 의미를 모두 확인하는 문제입니다. 주어진 SQL 구문을 스스로 작성할 수 있도록 훈련해주세요.

 NOT

5 단원 점검 문제

01 다음 테이블에서 다음 SQL 구문의 실행 결과로 정확한 것을 고르시오.

주문

주문 번호	상품 코드	주문 금액	수량
O-004	P002	17,000	4
O-007	P001	20,000	2
O-001	P003	22,000	3
O-006	P004	31,000	4

```
SELECT * FROM 주문
WHERE 단가*수량 > 50000
```

① 주문

주문 번호	상품 코드	주문 금액	수량
O-004	P002	17,000	4
O-007	P001	20,000	2
O-001	P003	22,000	3
O-006	P004	31,000	4

② 주문

주문 번호	상품 코드	주문 금액	수량
O-004	P002	17,000	4
O-007	P001	20,000	2
O-001	P003	22,000	3

③ 주문

주문 번호	상품 코드	주문 금액	수량
O-004	P002	17,000	4
O-006	P004	31,000	4

④ 주문

주문 번호	상품 코드	주문 금액	수량
O-004	P002	17,000	4
O-001	P003	22,000	3
O-006	P004	31,000	4

02 제품 테이블에서 판매가 부진한 제품 목록을 삭제하려고 한다. 단가와 판매 수량을 기준으로 총 구매 금액이 50000원 미만인 제품 목록을 삭제하는 SQL로 정확히 표현된 것을 고르시오.

제품

상품명	상품 코드	단가	재고
남성 바지	P002	17,000	4
남성 T	P001	20,000	2
여성 바지	P003	22,000	3
여성 T	P004	31,000	4

① DELETE FROM 제품 WHERE 단가*수량 > 50000
② DELETE FROM 제품 WHERE 단가*수량 < 50000
③ DELETE * FROM 제품 WHERE 단가*수량 < 50000

④ DELETE 단가*수량<50000 FROM 제품

03 다음 주소 정보 테이블에서 조회 결과를 얻기 위한 SQL 구문으로 가장 적절한 것을 고르시오.

주소 정보

사원 번호	사원명	상세 주소	시도
S001	김우주	수원시 권선구	경기도
S002	이우주		서울시
S003	박우주	북구 운암동	광주광역시
S004	최우주		강원도

조회 결과

사원 번호	사원명
S001	김우주
S003	박우주

① SELECT * FROM 주소 정보
   WHERE 상세 정보 IS NULL
② SELECT 사원 번호, 사원명 FROM 주소 정보
   WHERE 상세 정보 IS NOT NULL
③ SELECT 사원 번호, 사원명 FROM 주소 정보
   WHERE 상세 정보 IS NULL
④ SELECT * FROM 주소 정보
   WHERE 상세 정보 IS NOT NULL

04 다음 주문 정보 테이블에서 음영 처리된 결과를 얻기 위해 작성된 SQL 구문에서 ( )에 들어갈 코드를 표기하시오.

주문 정보

주문 번호	고객 ID	주문 금액	수량
O001	M001	20,000	4
O002	M002	25,000	5
O003	M001	27,000	6
O004	M003	20,000	4
O005	M001	30,000	6
O006	M002	20,000	4
O007	M003	26,000	4
O008	M002	25,000	5

SELECT * FROM 주문 정보
WHERE 고객 ID='M001' ( ) 주문 금액=30000

05 다음 테이블에 대한 SQL 구문의 실행 결과로 출력되는 행의 개수로 정확한 것을 고르시오.

상품 정보	
제품 코드	상세 설명
M001	Nut Jam
M002	Jam-strawberry
M003	Mixed Jam
M004	Strawberry Jam with Grape
M005	Jam-Grape

```
SELECT 제품 코드 FROM 상품 정보
WHERE 상세 설명 LIKE 'Jam%'
```

① 2   ② 3   ③ 4   ④ 5

06 다음 주어진 SQL 구문에 대한 설명으로 적절하지 않은 것을 고르시오.

```
SELECT 제품 코드, 단가 FROM 상품 정보
WHERE 제품명 IN ('남성 바지', '남성 셔츠', '여성 블라우스')
AND (단가>=30000 AND 단가<=50000) ORDER BY 단가 ASC
```

① 상품 정보 테이블에서 제품 코드와 단가를 조회하고 단가를 기준으로 오름차순 정렬한다.
② 제품명 검색 조건이나 단가 검색 조건 중 하나라도 일치하면 결과가 출력된다.
③ 제품명에 '남성 바지', '남성 셔츠', '여성 블라우스' 중 하나가 포함되어야 한다.
④ 단가>=30000 AND 단가<=50000, 이 부분은 단가 BETWEEN 30000 AND 50000으로 변경이 가능하다.

07 NULL에 대한 설명으로 맞지 않는 것을 고르시오.

① NULL 값도 값이다.
② NULL 값도 값이므로 그 크기를 알 수 있다.
③ NULL 값은 연산이 불가능 하다.
④ 아직 어떤 값이 들어올지 모르는 상태를 나타낸다.

08 TAB01에 대한 SQL 실행 결과로 알맞은 것은?

TAB01	
C01	C02
NULL	100
200	300
400	NULL

```
SELECT C01 * C02 AS R01
FROM TAB01
```

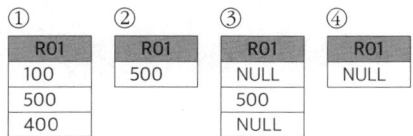

①
R01
100
500
400

②
R01
500

③
R01
NULL
500
NULL

④
R01
NULL

09 아래 SQL 구문의 실행 결과와 동일한 결과를 갖는 SQL 구문은?

```
SELECT * FROM TAB01
WHERE NVL (C01, 1) > 0
```

① SELECT * FROM TAB01
  WHERE C01 > 0
② SELECT * FROM TAB01
  WHERE C01 > 1
③ SELECT * FROM TAB01
  WHERE C01 > 0 AND C01 IS NULL
④ SELECT * FROM TAB01
  WHERE C01 > 0 OR C01 IS NULL

10 TAB01에 대한 SQL 구문의 실행 결과는?

TAB01

C1
100
NULL
300
400

```
SELECT * FROM TAB01
WHERE NOT (C1 > 100)
```

①
C1
100

②
C1
100
300
500

③
C1
NULL
300
400

④
C1
NULL

단원 점검 문제 정답 및 풀이

문제 1) 정답 ④

풀이 - 단가와 수량을 곱하여 50000이 넘는 주문의 주문 번호는 O-004, O-001, O-006입니다. 해당 주문 내역만 출력됩니다.

문제 2) 정답 ②

풀이 - 조건을 충족하기 위해서 단가*수량이 50000원 미만이므로 비교연산자는 '50000원이 크다'로 표현됩니다(단가*수량<50000). DELETE 구문은 FROM 앞에 컬럼명 등 어떤 것도 표기되지 않습니다.

문제 3) 정답 ②

풀이 - NULL의 비교연산을 확인하는 문제입니다. 출력된 조회 결과가 사원 번호와 사원명이므로 '*'를 통한 모든 컬럼의 조회는 틀립니다. 조회된 두 사원의 경우 상세 정보 컬럼의 값이 NULL이 아닌 경우(IS NOT NULL)만 조회된 결과입니다.

문제 4) 정답 AND

풀이 - 주문 정보의 고객 ID가 M001인 고객 중에서 주문 금액이 30000인 주문을 조회합니다.

문제 5) 정답 ①

풀이 - 와일드 카드 %의 위치를 잘 살펴야 합니다. %가 맨 뒤에 나오므로 검색어는 반드시 가장 앞에 등장해야 합니다. 검색어 Jam이 가장 먼저 등장하는 제품 코드는 M002와 M005입니다.

문제 6) 정답 ②

풀이 - 조건절에 표기된 상품명과 단가에 대한 조건은 논리연산자 AND로 묶여 있습니다. 따라서 상품명과 조건도 만족해야 하며 단가에 대한 조건도 만족해야 결과가 출력됩니다.

문제 7) 정답 ②

풀이 - SQL에서 NULL 값은 매우 중요합니다. NULL은 아직 정확이 어떤 값이 들어올지 정해지지 않을 때 사용되는 또 다른 값입니다. 하지만 값이라고 해도 크기를 알 수 없으며 연산도 불가능합니다.

문제 8) 정답 ③

풀이 - NULL은 값이 확정되지 않은 상황이기 때문에 어떠한 연산도 불가합니다. NULL이 포함된 연산 결과는 NULL입니다.

문제 9) 정답 ④

풀이 - NVL 함수에 따라 C01 컬럼의 NULL 값은 모두 1로 변환됩니다. 주어진 SQL 구문에서 C01 컬럼이 0보다 큰 경우 결과를 출력하므로 NULL 값이 포함된 결과도 포함합니다. 결국 C01 컬럼이 1보다 크거나(OR) NULL인 경우는 모두 출력해야 합니다.

문제 10) 정답 ①

풀이 - 우선 NULL은 연산이 불가하므로 결과에서 제외합니다. NOT은 부정의 개념입니다. C1>100의 부정은 C1<=100이므로 결과는 100 하나만 포함됩니다.

chapter 4
함수와 집계 처리

SQL의 유용한 내장 함수		
문자 함수	LOWER	알파벳 대문자를 소문자로
	UPPER	알파벳 소문자를 대문자로
	SUBSTR (SUBSTRING)	문자열을 원하는 구간만큼 조절하여 반환
	CONCAT	문자의 연결 (ORACLE ONLY)
	LENGTH (LEN)	문자열의 길이 반환
	LTRIM	ORACLE - 지정 문자 제거 및 공백 제거, 왼쪽 기준
		MS-SQL - 단순 왼쪽 공백 제거
	RTRIM	ORACLE - 지정 문자 제거 및 공백 제거, 오른쪽 기준
		MS-SQL - 단순 왼쪽 공백 제거
	TRIM	ORACLE - 지정 문자 제거 및 공백 제거, 양쪽 모두
		MS-SQL - 단순 왼쪽 공백 제거
	ASCII	문자의 아스키 코드 값 반환
숫자 함수	ABS	숫자의 절댓값 반환
	ROUND	숫자를 전달된 인자의 소수점 위치에서 반올림
	TRUNC	숫자를 전달된 인자의 위치에서 절삭
	CEIL (CEILING)	숫자보다 크거나 같은 최소 정수
	FLOOR	숫자보다 작거나 같은 최대 정수
	SIN, COS, TAN	사인, 코사인, 탄젠트
날짜 함수	SYSDATE (GETDATE)	현재 날짜와 시간 반환
	EXTRACT (DATEPART)	전달된 년, 월, 일, 시, 분, 초 등으로 분할 반환
형 변환 함수	TO_NUMBER	인자를 숫자 유형으로 변환
	TO_CHAR	인자를 문자 유형으로 변환
	CAST	인자를 지정한 데이터 유형으로 변환 (MS-SQL ONLY)
	CONVERT	

ORACLE, MS-SQL 공통, MS-SQL은 괄호로 표기

TIP | SQL에서 제공되는 내장 함수는 여타의 프로그래밍 언어처럼 매우 많습니다. 그래서 모든 함수를 다루고 설명하기는 곤란합니다. 본 단원에서는 기출문제와 실무에서 활용성 등을 고려하여 핵심이라 할 수 있는 문자, 숫자 그리고 날짜 함수에 대해서 중요한 몇 가지를 골라 설명합니다. 또 한 가지 알아둘 부분은 내장 함수의 경우 사용하는 RDBMS에 따라 사용 방법과 함수 이름이 조금씩 다를 수 있습니다. 핵심이 되는 두 RDBMS, ORACLE과 MS-SQL을 기준으로 공통적으로 동일한 기능을 수행하는 함수들에 대해 설명합니다.

1 문자 함수

TIP | 본격적인 학습에 앞서 함수에 대한 간략한 개념부터 파악하고 넘어 가겠습니다. 함수는 우리가 알고 있듯 f(x)로 표기합니다. 이는 인자 x를 전달받아 특정한 임무를 수행하고 그 결과를 반환하는 것입니다. 전달받는 인자는 여러 개일 수 있지만, 그 결과는 반드시 하나만 존재하는 특징이 있습니다.

먼저 문자 유형의 데이터를 결합하는 방법을 알아보겠습니다. 문자 유형의 데이터는 문자 결합 연산자를 통해 충분히 가능합니다. ORACLE의 경우 '||', MS-SQL의 경우 '+'입니다. 예를 들어 'RDMRS'와 'ORACLE'이라는 두 문자 유형의 데이터를 결합한다고 가정하면 각각 다음과 같이 표현이 가능합니다.

ORACLE의 경우 - 'RDBMS' || 'ORACLE'
MS-SQL의 경우 - 'RDBMS' + 'ORACLE'

가장 간단하게 문자를 결합하는 방법은 연산자를 활용하는 것입니다. 그런데 ORACLE의 경우에는 문자 유형의 데이터를 결합하는 방법이 한 가지 더 있습니다. CONCAT 함수를 활용하는 것입니다.

CONCAT(문자1, 문자2)

CONCAT은 결합될 두 개의 문자를 인자로 전달받아 결합하고 결과를 전달해 줍니다.

연습 문제 1

ORACLE에서 작성된 다음 SQL을 다른 방법으로 변경한 SQL로 가장 적절한 것은?

SELECT CONCAT(주소1, 주소2) FROM TAB01

① SELECT 주소1, 주소2 FROM TAB01
② SELECT 주소1 + 주소2 FROM TAB01
③ SELECT 주소1 & 주소2 FROM TAB01
④ SELECT 주소1 || 주소2 FROM TAB01

해설 ORACLE에서 문자 유형의 데이터를 결합하는 방법은 연산자 '||'와 CONCAT 함수를 활용하는 방법 두 가지입니다.

정답 ④

이번에는 문자 유형의 데이터의 길이를 조절하는 함수를 알아봅니다. 쉽게 말해 문자열 길이 조절 함수입니다.

ORACLE의 경우 - SUBSTR(문자열, 시작 지점, 종료 지점)

MS-SQL의 경우 - SUBSTRING(문자열, 시작 지점, 종료 지점), LEFT(문자열, 종료 지점), RIGHT(문자열, 종료 지점)

SUBSTR/SUBSTRING은 함수명만 다를 뿐 ORACLE, MS-SQL 모두 동일한 인자를 전달하고 동일한 기능을 수행합니다. 길이를 조절할 문자열을 첫 번째 인자로 전달하고 몇 번째 자리부터 몇 번째 자리까지 조절할지 숫자형 인자로 각각 전달해줍니다. MS-SQL의 경우는 문자열 길이를 조절하는 함수가 두 개 더 있습니다. 문자열을 조절할 때 시작 지점이 왼쪽인지 오른쪽인지를 확인하고 그 시작이 첫 번째 지점부터일 때 LEFT와 RIGHT 함수를 사용하면 SUBSTRING 함수를 활용할 때보다 인자의 개수도 줄고 간편합니다.

RDBMS	SQL	결과
ORACLE	SUBSTR('BJ PUBLIC SQLD TEST', 11, 4)	SQLD
MS-SQL	SUBSTRING('BJ PUBLIC SQLD TEST', 11, 4)	SQLD
	LEFT('SQLD TEST', 4)	
	RIGHT('SQLD TEST', 4)	TEST

연습 문제 2

다음 테이블 내용과 설명을 확인하고 작성된 SQL 구문으로 가장 적절한 것을 고르시오.

고객

고객명	이메일	주문 금액
김우주	M001@shop.com	30,000
김은하	M002@shop.com	25,000
이우주	M003@shop.com	20,000
이은하	M004@shop.com	15,000

SELECT SUBSTR(이메일, 1, 4) AS ID FROM 고객
WHERE 주문 금액 < 20,000

> **해설** 주문 금액이 20,000보다 작은 고객은 이은하 고객입니다. 이은하 고객의 이메일 정보를 SUBSTR 함수로 1번째 자리에서 4번째 자리까지 조절해서 출력합니다.

 M004

연습 문제 3

작성된 SQL 구문과 동일한 결과를 가지는 SQL 구문을 고르시오.

SELECT RIGHT('Structured Query Language', 8) FROM TAB01

① SELECT SUBSTRING('Structured Query Language', 8, 1) FROM TAB01
② SELECT LEFT('Structured Query Language', 8) FROM TAB01
③ SELECT SUBSTR('Structured Query Language', 18, 8) FROM TAB01
④ SELECT SUBSTR('Structured Query Language', 18, 1) FROM TAB01

> **해설** 주어진 SQL 구문은 MS-SQL의 RIGHT 함수를 사용하였습니다. 결과는 Language가 출력됩니다. 시작 지점의 위치를 정확히 파악하고 시작 지점부터 몇 번째 글자를 출력할지 결정하는 종료 지점은 RIGHT나 LEFT의 두 번째 인자 값을 그대로 활용하면 됩니다. 문자열 Structured Query Language에서 Language의 시작 지점은 18번째 자리입니다.

 ③

이번에는 문자 유형의 데이터의 길이를 확인하는 함수를 알아보겠습니다. ORACLE과 MS-SQL의 표현 방식이 조금 다릅니다.

ORACLE의 경우 - LENGTH(문자열), MS-SQL의 경우 - LEN(문자열)

연습 문제 4

상품 리뷰 테이블에서 고객 후기 컬럼의 길이를 확인하고 가장 짧은 글부터 정렬하는 쿼리로 적절한 것은?

① SELECT 고객 후기 FROM 상품 리뷰
　ORDER BY LENGTH(고객 후기) DESC
② SELECT 고객 후기 FROM 상품 리뷰
　ORDER BY LENGTH(고객 후기) ASC
③ SELECT 고객 후기 FROM 상품 리뷰
　ORDER BY LEN(고객 후기) DESC
④ SELECT 고객 후기 FROM 상품 리뷰
　WHERE LENGTH(고객 후기) ASC

> **해설** SQL에서 함수를 사용할 때는 조회 대상, 조건, 정렬 등 어디에 위치해도 무방합니다. 문자열의 길이를 확인하는 함수는 LENGTH/LEN이므로 정렬 기준인 ORDER BY 절에 포함하고 짧은 글부터 정렬하므로 내림차순인 ASC 코드를 활용합니다.

> **정답** ②

계속해서 문자 변환 함수에 대해 알아봅니다. 특정 문자를 원하는 문자로 대체하여 출력해주는 함수입니다. 매우 폭넓게 활용되는 유용한 문자 함수입니다.

ORACLE, MS-SQL - REPLACE(문자열, '변경 대상 문자', '변경할 문자')
예) REPLACE('SQLD TEST', 'TEST', '테스트') ▶ 'SQLD 테스트'

연습 문제 5

다음 쿼리는 C1에 포함된 문자 '@'를 찾아 모두 '#'으로 변경하는 구문이다. 괄호에 들어갈 함수를 작성하시오.

SELECT ( )('C1', '@', '#') FROM TAB01

> **해설** 특정 문자를 찾아 변경하는 함수는 REPLACE입니다.

> **정답** REPLACE

마지막으로 특정한 문자를 제거하거나 공백을 제거하는 함수 TRIM에 대해 확인해 보겠습니다.

TRIM 함수는 ORACLE과 MS-SQL의 사용법이 약간 다릅니다. ORACLE의 경우에는 문자 제거, 공백 제거에 모두 활용 가능하지만, MS-SQL의 경우에는 공백 제거로만 활용이 됩니다. 하지만 함수명은 동일합니다.

ORACLE의 경우 - TRIM(문자열, 제거 대상 문자), MS-SQL의 경우 - TRIM(문자열)

특정한 문자 혹은 공백 제거는 문자열의 좌우 양 끝을 의미합니다. 문자열 중간에 포함된 문자나 공백은 제거 대상이 아닙니다. TRIM은 양 끝 모두를 검사하고 제거하며 왼쪽만 적용하고 싶다면 LTRIM, 오른쪽만 적용하고 싶다면 RTRIM 함수를 적용합니다.

ORACLE의 경우 2개의 인자가 필요합니다. 첫 번째 인자는 전체 문자(열)가 되며 두 번째 인자는 첫 번째 인자의 양 끝에 포함된 특정 문자를 전달합니다. 만약 생략하면 기본적으로 공백 문자를 의미하게 됩니다. MS-SQL의 경우에는 특정 문자의 제거가 아닌 단순 공백의 제거이므로 두 번째 인자가 전달되지 않습니다.

RDBMS	함수식	결과
ORACLE	TRIM('aaSQLDa aTESTaa', 'aa')	'SQLDa Atest'
	LTRIM('aaSQLDa aTESTaa', 'aa')	'SQLDa aTESTaa'
	RTRIM('aaSQLDa aTESTaa', 'aa')	'aa SQLDa Atest'
	TRIM(' SQLD TEST ')	'SQLD TEST'
	LTRIM(' SQLD TEST ')	'SQLD TEST '
	RTRIM(' SQLD TEST ')	' SQLD TEST'
MS-SQL	TRIM('aaSQLDa aTESTaa', 'aa')	ERROR
	LTRIM('aaSQLDa aTESTaa', 'aa')	ERROR
	RTRIM('aaSQLDa aTESTaa', 'aa')	ERROR
	TRIM(' SQLD TEST ')	'SQLD TEST'
	LTRIM(' SQLD TEST ')	'SQLD TEST '
	RTRIM(' SQLD TEST ')	' SQLD TEST'

특정 문자를 제거할 때 해당 문자가 연속적으로 등장하면 모두 제거됩니다. 공백도 동일하게 연속적인 공백에 대해서는 모두 제거됩니다.

연습 문제 6

제시된 두 개의 SQL 구문의 결과로 정확히 나열된 것을 고르시오.

SQL 1 - SELECT LTRIM('CERTIFICATION FOR SQLD', 'D') FROM DUAL
SQL 2 - SELECT TRIM(' CERTIFICATION FOR SQLD')

① 'CERTIFICATION FOR SQLD', 'CERTIFICATION FOR SQLD'
② 'CERTIFICATION FOR SQL', 'CERTIFICATION FOR SQLD'
③ 'CERTIFICATION FOR SQLD', 'CERTIFICATION FOR SQLD'
④ 'CERTIFICATION FOR SQL', 'CERTIFICATION FOR SQLD'

 LTRIM은 왼쪽 끝에 포함된 특정 문자나 공백을 제거합니다. TRIM의 경우는 왼쪽, 오른쪽 양 끝의 문자나 공백이 제거됩니다. 첫 번째 SQL 1은 LTRIM을 이용하여 'D'로 시작하는 문자를 제거하는 함수를 사용했지만 문자열이 'C'로 시작되어 제거 대상이 없습니다. 두 번째 SQL 2는 양쪽에 공백이 모두 제거되므로 두 SQL 구문의 결과는 동일합니다.

 ①

TIP | 연습 문제 6에서 SQL 1은 DUAL 테이블이 사용되고 SQL 2에서는 특정한 테이블이 명시되지 않았습니다. SQL 1은 ORACLE에서 작성된 내용이며 SQL 2는 MS-SQL에서 작성된 쿼리입니다. MS-SQL의 경우 함수의 활용을 위해 특정 테이블이 명시되지 않아도 확인 가능하지만 ORACLE의 경우에는 반드시 테이블이 명시되어야 합니다. 이를 위해 ORACLE에서는 DUMMY 테이블이 제공되는데, 그 이름이 DUAL입니다. DUAL 테이블을 활용하면 실제 객체인 테이블을 활용하지 않아도 쉽게 함수 활용법을 확인할 수 있습니다.

2 숫자 함수

숫자와 관련된 함수는 정말 많습니다. 이번 장에서는 알아두면 좋은 몇 가지를 정리해보겠습니다. (ORACLE, MS-SQL 공통)

x : 숫자형 인자

함수	내용	함수	내용
ABS(x)	절댓값	SIN(x)	사인
COS(x)	코사인	TAN(x)	탄젠트

| EXP(x) | 지수 | LOG(x) | 자연대수 |
| PI(x) | 원주율 | SQRT(x) | 제곱근 |

먼저 정숫값을 반환하는 CEIL(MS-SQL CEILING)과 FLOOR입니다. 두 함수 모두 공통적으로 전달된 숫자에서 가장 가까운 정숫값을 반환합니다. CEIL(CEILING)은 올림 정숫값, FLOOR는 내림 정숫값입니다.

ORACLE - CEIL(숫자), MS-SQL - CEILING(숫자) ▶ 인자보다 크거나 같은 최소 정수 ▶ 올림
ORACLE, MS-SQL - FLOOR(숫자) ▶ 인자보다 작거나 같은 최대 정수 ▶ 내림

연습 문제 7

ORACLE에서 쿼리를 실행하여 아래와 같은 결과를 얻었다. A와 B에 들어갈 함수가 정확히 나열된 것을 고르시오.

SELECT A(-27.301), B(27.301) FROM DUAL
결과 -28, 28

① CEIL, CEIL
② FLOOR, FLOOR
③ FLOOR, CEIL
④ CEIL, FLOOR

  CEIL은 올림, FLOOR는 내림입니다. 따라서 -27.301의 올림은 -26, 내림은 -28입니다. 27.301의 올림은 28이고 내림은 27이 됩니다. 음수에 주의해 주세요.

 ③

계속해서 정수와 실수를 다루는 함수를 더 알아보겠습니다. 이번에는 소수점을 다루는 함수들입니다. 기본적으로 ORACLE과 MS-SQL에서는 전달된 인자의 자릿수까지 반올림 처리하여 값을 전달하는 ROUND 함수를 제공합니다. 여기에 더해서 ORACLE에서는 전달된 인자의 자릿수 이하를 버리고 값을 반환하는 TRUNC 함수도 함께 제공합니다. 두 함수 모두 2개의 인자를 전달받습니다. 첫 번째 인자는 자릿수를 조절할 숫자형 인자이고 두 번째 인자는 반올림을 하거나 버릴 자리의 수를 의미합니다. 두 번째 인자의 경우 생략 가능하며, 생략된 경우 0번째 자리를 의미하게 됩니다.

RDBMS	함수식	결과
ORACLE	TRUNC(345.678, 2)	345.67
	TRUNC(345.678)	345
ORACLE, MS-SQL	ROUND(345.678, 2)	345.68
	ROUND(345.678)	346
	ABS(-20)	20
	SIGN(-10), SIGH(0), SIGN(10)	-1, 0, 1
	MOD(10, 4)	2
	CEIL(12,345)	13
	CEILING(-12.345)	-12
	FLOOR(12,345)	12
	FLOOR (-12.345)	-13

연습 문제 8

아래 두 쿼리를 실행하여 동일한 결과를 얻고자 한다. A에 공통으로 들어갈 값을 작성하시오.

SQL 1 - SELECT TRUNC(76.625, A) FROM DUAL
SQL 2 - SELECT ROUND(76.625, A) FROM DUAL

 A가 0일 경우 ▶ SQL 1 = 76, SQL 2 = 77.
A가 1일 경우 ▶ SQL 1 = 76.6, SQL 2 = 76.6.
A가 2일 경우 ▶ SQL 1 = 76.62, SQL 2 = 76.63

 1

연습 문제 9

다음 SQL을 실행할 때 A자리에 쓰인 함수에 의한 결과값이 다른 하나를 고르시오.

SELECT A(23.45) FROM DUAL

① CEIL
② FLOOR
③ TRUNC
④ ROUND

해설 FLOOR, TRUNC, ROUND 모두 결과는 동일하게 23입니다. 그러나 CEIL의 경우는 24입니다.

정답 ①

이번에는 실무에서 유용하게 활용할 수 있는 '나머지'를 구하는 함수에 대해서 알아보겠습니다. 나머지를 구하는 함수는 ORACLE, MS-SQL 모두 모듈러(MODULAR) 연산이라 부르는 MOD 함수를 활용합니다. 매우 유용하고 활용도가 높은 함수로 특정한 간격으로 묶음 처리 시 주로 활용됩니다. SQL은 물론 많은 프로그램에서 특정 수의 배수를 구하거나 일정한 간격으로 처리되는 프로세스 등 많은 곳에 사용됩니다.

ORACLE, MS-SQL - MOD(숫자 1, 숫자 2)

MOD 연산에는 두 개의 인자가 전달됩니다. 첫 번째 인자는 분자, 즉 나누어질 수를 의미하고 두 번째 인자는 분모, 나누기를 수행할 수가 됩니다. 결과는 나누고 남는 나머지를 반환합니다.

연습 문제 10

다음 SQL의 실행 결과를 작성하시오.

SELECT MOD(10, 3) AS V1

해설 MOD는 나머지를 구하는 함수입니다. 10을 3으로 나누면 나머지는 1이 됩니다.

정답 1

3 날짜 함수

간단하게 날짜 및 시간을 확인하는 함수부터 확인해 보겠습니다.

ORACLE - SYSDATE ▶ 예) SELECT SYSDATE FROM DUAL
MS-SQL - GETDATE( ) ▶ 예) SELECT GETDATE( )

현재 날짜와 시간을 반환하는 함수는 ORACLE의 경우 SYSDATE, MS-SQL의 경우 GETDATE( ) 입니다. SYSDATE의 경우 괄호가 없습니다. 날짜 함수에서 중요하게 학습해야 할 부분은 현재 날짜와 시간을 확인하는 함수보다 날짜와 시간을 분리하여 활용하는 방법을 인지하는 것입니다. 날짜와 시간을 분리하는 방법은 다양합니다. 먼저 분리되는 항목은 다음과 같이 정리됩니다.

년 - YEAR, YY	월 - MONTH, MM	일 - DAY, DD
시 - HOUR, HH	분 - MINUTE, MI	초 - SECOND, SS
주차 - WEEK, WW	요일 - WEEKDAY - DW	분기 - QUARTER, QQ

먼저 주어진 날짜와 시간에서 특정 부분(항목)만을 취하는 EXTRACT와 DATEPART 함수를 살펴보겠습니다.

ORACLE - EXTRACT(항목 FROM 날짜 함수)

MS-SQL - DATEPART(항목, 날짜 함수)

연습 문제 11

TAB01 테이블에서 날짜 컬럼이 다음과 같은 값으로 저장될 때 활용할 수 없는 구문을 고르시오.

2022-12-31

① EXTRACT(YEAR, 날짜)
② EXTRACT(HOUR, 날짜)
③ DATEPART(YEAR, 날짜)
④ DATEPART(DAY, 날짜)

 주어진 값은 시간을 제외한 날짜만 기록되어 있습니다. 따라서 시간과 관련한 EXTRACT, DATEPART 함수를 활용할 수 없습니다.

 ②

연습 문제 12

다음은 ORACLE에서 작성된 SQL 구문이다. MS-SQL의 SQL 구문으로 변경할 때 결과가 다른 하나를 고르시오.

SELECT EXTRACT(YEAR, SYSDATE) FROM DUAL

① SELECT RIGHT(GETDATE(), 4)
② SELECT LEFT(GETDATE(), 4)
③ SELECT SUBSTRING(GETDATE(), 1, 4)

④ SELECT DATEPART(YEAR, GETDATE())

 날짜 및 시간을 분리할 때 EXTRACT나 DATEPART가 가장 손쉬운 방법입니다. 하지만 반드시 두 함수를 꼭 사용해서 활용할 필요는 없습니다. 문자열의 길이를 조절하는 함수를 이용해서도 동일한 결과를 얻을 수 있습니다. 날짜는 년, 월, 일, 시, 분, 초의 순서로 저장이 됩니다. LEFT 함수는 가능하지만 RIGHT 함수를 사용하면 연도가 먼저 출력되지 않습니다.

 ①

ORACLE에서 날짜 및 시간을 분리할 때는 EXTRACT 함수를 활용하는 방법이 가장 편하고 쉽습니다. 날짜는 넓은 범주에서 문자형 데이터입니다. EXTRACT 함수를 사용하여 항목을 분리해 출력해도 분리된 항목은 문자형 데이터가 됩니다. 간혹 문자형 데이터가 아닌 숫자형 데이터로 처리해야 할 경우가 종종 발생할 수 있습니다. 이런 경우 문자형으로 처리할 것인지 숫자형 데이터로 처리할 것인지를 명확히 선언하는 함수를 사용하게 됩니다. 이러한 함수를 형 변환 함수라 합니다.

일반적인 형 변환
TO_NUMBER('문자'), TO_CHAR(숫자)

날짜 및 시간의 형 변환
TO_NUMBER(날짜, '항목'), TO_CHAR(날짜, '항목')

ORACLE에서 형 변환 함수는 TO_NUMBER(숫자로 변환), TO_CHAR(문자로 변환)입니다. 숫자를 문자로, 문자를 숫자로 변경할 때는 숫자 혹은 문자 유형의 데이터 인자를 하나만 전달합니다. 날짜 및 시간을 분리해서 데이터 유형을 변경할 때는 날짜 및 시간을 첫 번째 인자로 하고, 분리될 항목을 명시하는 두 번째 인자도 함께 전달되어야 합니다.

연습 문제 13

다음 중 데이터 유형이 다른 하나를 고르시오.

① EXTRACT(DAY, 2100-01-14)
② TO_CHAR(2100-01-14, 'DD')
③ TO_CHAR(14)
④ 14

날짜 및 시간은 기본적으로 문자 유형의 데이터입니다. 따라서 ①은 기본적으로 문자 유형이 됩니다. ②, ③ 역시 TO_CHAR 형 변환 함수를 사용하였기 때문에 문자 유형의 데이터를 가집니다. 하지만 ④는 단순히 숫자 14입니다.

정답 ④

MS-SQL에서는 특별히 형 변환 함수를 사용하지 않고 항목별 함수를 사용하여 DATEPART와 동일한 결과를 얻을 수 있습니다.

MS-SQL에서 항목 함수를 활용한 날짜 및 시간의 분리

년, 월, 일 ▶ YEAR(날짜), MONTH(날짜), DAY(날짜)

시, 분, 초 ▶ HOUR(시간), MINUTE(시간), SECOND(시간)

연습 문제 14

주문 정보가 저장된 ORD_TAB에서 ORD_DATE 컬럼을 기준으로 다음 요청에 따라 작성된 SQL 구문으로 잘못된 것은?

1. ORD_DATE 컬럼에는 'YYYY-MM-DD' 형식으로 값이 저장된다.
2. ORD_DATE 컬럼의 값을 기준으로 10월 주문을 확인하는 SQL을 작성한다.

① SELECT * FROM ORD_TAB
   WHERE TO_NUMBER(ORD_DATE, 'MM')='10'
② SELECT * FROM ORD_TAB
   WHERE EXTRACT(MONTH, ORD_DATE)='10'
③ SELECT * FROM ORD_TAB
   WHERE DATEPART(MONTH, ORD_DATE)='10'
④ SELECT * FROM ORD_TAB
   WHERE MONTH(ORD_DATE)='10'

 모두 동일한 결과의 쿼리로 보이지만 ①의 경우 형 변환 함수 TO_NUMBER를 사용하였기 때문에 비교 대상 값이 문자가 아닌 숫자가 되어야 합니다. '10'은 양 끝에 외 따옴표가 있으므로 문자 유형의 데이터입니다.

 ①

날짜 함수에 대한 전반적인 설명을 모두 드렸습니다. 날짜는 항목별로 분리해 사용하는 것도 매우 중요하고, 날짜 계산에 대한 이해도 명확히 해야 합니다. 크게 두 가지 부분입니다. 날짜를 이동시키는 것과 두 날짜의 간격을 확인하는 것입니다. 먼저 날짜의 이동부터 확인하겠습니다. 방법은 매우 간단합니다. 사칙연산 더하기(+), 빼기(-)를 이용해서 일수를 더해주거나 빼면 됩니다.

예) TODAY = '2022-01-01'
ORACLE - SYSDATE + 10 ▶ '2022-01-11'
MS-SQL - GETDATE( ) + 10 ▶ '2022-01-11'

매우 간단하죠? 더하거나 빼는 숫자는 일수입니다. 1년 전으로 이동을 한다면 -365가 됩니다. 그런데 MS-SQL에서는 DATEADD 함수를 제공해서 더욱 유연하게 날짜를 이동시켜 줍니다.

DATEADD(항목, 숫자, 날짜)

첫 번째 인자인 항목은 년, 월, 일, 시, 분, 초 등을 의미합니다. 두 번째 인자는 항목을 기준으로 얼마나 이동할지를 결정해 주는 숫자형 인자입니다. 마지막 세 번째 인자는 이동할 기준 날짜가 됩니다.

연습 문제 15

작성된 SQL 1을 SQL 2로 변경하려고 한다. A와 B에 들어갈 코드를 작성하시오.

SQL 1. SELECT GETDATE( ) + 365
SQL 2. SELECT DATEADD(A, B, GETDATE( ))

 MS-SQL로 작성된 구문입니다. SQL 1에서 365를 현재 날짜에 더해서 이동합니다. 즉 1년 앞으로 이동하게 됩니다. 따라서 A는 기준이 되는 항목 YEAR가 들어가고 B에는 이동 기간 1이 됩니다.

 YEAR, 1

계속해서 두 날짜 간의 차이를 확인해 보겠습니다. 이번에도 ORACLE부터 확인해 보겠습니다. 앞서 날짜의 이동과 동일하게 사칙연산자를 활용합니다.

TO_DATE(날짜, 'YYYY-MM-DD HH:MI:SS') - TO_DATE(날짜, 'YYYY-MM-DD HH:MI:SS')

중요한 부분은 날짜 계산을 위해 TO_DATE라는 형 변환 함수를 사용한 것입니다. TO_DATE를 활용한 형 변환은 첫 번째 인자로 날짜를, 두 번째 인자로 표현될 방식을 전달해 줍니다.

연습 문제 16

아래 주어진 두 날짜의 간격을 확인하는 SQL로 가장 정확한 것을 고르시오.

SYSDATE, 2022-01-01

① SELECT TO_DATE(SYSDATE, 'YYYY-MM-DD') - TO_DATE('2022-01-01', 'YYYY-MM-DD') FROM DUAL
② SELECT TO_DATE(SYSDATE, 'YYYY-MM-DD HH:MI:SS') - TO_DATE('2022-01-01', 'YYYY-MM-DD HH:MI:SS') FROM DUAL
③ SELECT TO_DATE(SYSDATE, 'YYYY-MM') - TO_DATE('2022-01-01', 'YYYY-MM') FROM DUAL
④ SELECT TO_DATE(SYSDATE, 'YYYY') - TO_DATE('2022-01-01', 'YYYY') FROM DUAL

해설 날짜의 표현 형태를 유심히 살피면 됩니다. 주어진 두 날짜의 표현 방식은 'YYYY-MM-DD'입니다.

정답 ①

MS-SQL에서는 DATEDIFF라는 함수를 제공합니다. 좀 더 손쉽게 두 날짜의 간격을 확인할 수 있습니다.

DATEDIFF(항목, 날짜 1, 날짜 2)

첫 번째 인자는 출력 기준이 되는 년, 월, 일, 시, 분, 초 등입니다. 두 번째, 세 번째 인자는 비교 대상 날짜가 됩니다.

연습 문제 16

다음은 사원 테이블에 포함된 일부 정보이다. 입사 일자 컬럼을 활용하여 근속년수를 확인하는 SQL 구문으로 가장 정확한 것은

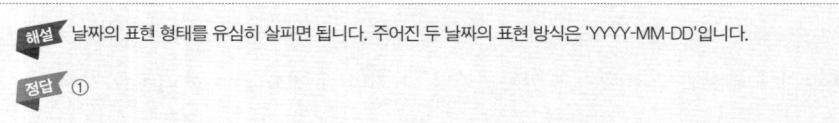

사원 테이블	
사원 코드	입사 일자
S001	2005-03-02
S002	2015-05-03
S003	2010-12-20

① SELECT DATEDIFF(YYYY-MM-DD, 입사 일자, TODAY( )) AS 근속년수 FROM 사원
② SELECT DATEDIFF(YYYY-MM-DD, 입사 일자, GETDATE( )) AS 근속년수 FROM 사원
③ SELECT DATEDIFF(YEAR, 입사 일자, TODAY( )) AS 근속년수 FROM 사원
④ SELECT DATEDIFF(YEAR, 입사 일자, GETDATE( )) AS 근속년수 FROM 사원

근속년수를 확인하므로 출력될 기준 항목은 YEAR가 됩니다. MS-SQL에서 현재 일자를 확인하는 함수는 GETDATE( )입니다.

 ④

4 GROUP BY

GROUP BY 절은 대용량의 데이터를 요약하여 확인할 때 활용되는 구문입니다. 특정 컬럼[또는 사용자 정의 및 처리(함수 등) 결과. 이하 컬럼으로 통칭)]을 기준으로 해당 레코드(행)를 집합으로 구현해 줍니다.

GROUP BY 컬럼명
SELECT C1 FROM TAB01 GROUP BY C1

선택된 특정 컬럼을 기준으로 집계를 위해 사용하므로 SELECT 뒤에 표기되는 출력 대상에는 반드시 선택된 컬럼만 포함되어야 합니다. 이는 다시 말하면 집계를 위한 함수를 제외하고 선택된 컬럼 이외에는 어떤 컬럼도 출력되지 않는다는 의미입니다.

연습 문제 18

다음 중 GROUP BY 절의 사용이 적절한 것을 고르시오.

① SELECT C1, C2 FROM TAB01 WHERE C2=V1 GROUP BY C1
② SELECT C1 FROM TAB01 WHERE C2=V1 GROUP BY C1
③ SELECT * FROM TAB01 WHERE C2=V1 GROUP BY C1
④ SELECT C2 FROM TAB01 WHERE C2=V1 GROUP BY C1

 GROUP BY 절을 사용하여 집계 처리 할 때는 GROUP BY 절에 포함된 컬럼만 출력이 됩니다. 보기에 나온 조건 절 WHERE는 GROUP BY 이전에 TAB01에 대해 조건을 처리하므로 출력과 무관합니다. 하지만 조건에 처리가 되어도 GROUP BY 절에 해당 컬럼이 포함되지 않았다면 출력도 되지 않습니다.

 ②

GROUP BY 절과 ORDER BY 절을 동시에 사용할 때도 확인해 보겠습니다. ORDER BY 절은 정렬을 위해 사용되는 코드입니다. 정렬은 먼저 출력된 컬럼 혹은 사용자에 의해 처리된 값들을 기준으로 합니다. 그래서 GROUP BY 절과 ORDER BY 절을 결합하여 사용할 때는 GROUP BY

절에 포함된 컬럼간 ORDER BY 절에서 구현이 됩니다.

SELECT C1 FROM TAB01 GROUP BY C1 ORDER BY C1

연습 문제 19

다음 중 GROUP BY 절의 사용이 적절한 것을 고르시오.

① SELECT C1 FROM TAB01
　WHERE C2=V1
　GROUP BY C1
　ORDER BY C1

② SELECT C1 FROM TAB01
　WHERE C2=V1
　GROUP BY C1
　ORDER BY C2

③ SELECT C1, C2 FROM TAB01
　WHERE C2=V1
　GROUP BY C1
　ORDER BY C1

④ SELECT * FROM TAB01
　WHERE C2=V1
　GROUP BY C1
　ORDER BY C1

 GROUP BY 절에 포함된 컬럼은 C1입니다. 그러므로 출력도 C1만 되며 ORDER BY 절에도 C1만 작성됩니다.

 ①

GROUP BY 절을 작성할 때 반드시 하나의 컬럼만 명시하지는 않습니다. 복수의 컬럼을 나열하여 그룹화할 수 있습니다.

연습 문제 20

다음 중 GROUP BY 절의 사용이 적절한 것을 고르시오.

① SELECT C1, C2 FROM TAB01

WHERE C2=V1
　　　GROUP BY C2
　　　ORDER BY C1

② SELECT C1, C2 FROM TAB01
　　　WHERE C2=V1
　　　GROUP BY C1
　　　ORDER BY C2

③ SELECT C1, C2 FROM TAB01
　　　WHERE C3=V1
　　　GROUP BY C1, C2
　　　ORDER BY C3

④ SELECT C1, C2 FROM TAB01
　　　WHERE C3=V1
　　　GROUP BY C1, C2
　　　ORDER BY C2

 SELECT 뒤에 출력되는 내용과 ORDER BY 절에 포함된 내용을 먼저 파악합니다. 출력과 정렬에 포함된 컬럼이 반드시 GROUP BY 절에 명시되어야 합니다.

 ④

집계 처리에 가장 기본은 데이터의 개수를 확인하는 것입니다. 레코드(행)의 개수를 확인하는 함수는 COUNT 입니다.

SELECT COUNT(*) FROM TAB01

제시된 SQL 구문은 TAB01 테이블의 전체 레코드 개수를 확인하는 쿼리입니다. 전체 내역을 확인할 때는 *를 사용하고 특정 컬럼의 개수를 확인할 때는 *대신 해당 컬럼의 이름을 넣어주면 됩니다. 단, 반드시 집계 처리를 위해 GROUP BY 절에 해당 컬럼이 명시되어야 합니다.

연습 문제 21

구매 정보 테이블의 벤더 아이디를 기준으로 총 구매 횟수를 확인하려고 한다. 이때 구매 횟수가 가장 많은 벤더 아이디부터 출력되도록 작성된 SQL 구문으로 가장 적절한 것을 고르시오.

① SELECT *, COUNT(*) FROM 구매 정보
　　　GROUP BY 벤더 아이디
　　　ORDER BY COUNT(*) DESC

② SELECT *, COUNT(*) FROM 구매 정보
　ORDER BY COUNT(*) DESC

③ SELECT 벤더 아이디, COUNT(벤더 아이디) FROM 구매 정보
　GROUP BY 벤더 아이디
　ORDER BY COUNT(벤더 아이디) DESC

④ SELECT 벤더 아이디, COUNT(벤더 아이디) FROM 구매 정보
　ORDER BY COUNT(벤더 아이디) DESC

 벤더 아이디별 구매 횟수를 계산하므로 GROUP BY 절에 벤더 아이디가 반드시 명시됩니다. 그리고 집계함수 COUNT에 벤더 아이디를 인자로 전달합니다. 정렬 순서가 구매 횟수가 가장 많은 벤더 아이디부터 출력되어야 하므로 COUNT 결과를 내림차순으로 정렬해 줍니다.

 ③

연습 문제 22

다음은 구매 정보 테이블의 모델링 정보이다. 주문 일자를 기준으로 연도별 구매 횟수를 출력할 때 A와 B에 들어갈 용어가 순서대로 정확히 나열된 것은?

구매 정보
- 주문 번호 (PK) VARCHAR(20)
- 고객 ID (FK) VARCHAR(10)
- 주문 금액 FLOAT
- 주문 일자 DATE

SELECT A(YEAR, 주문 일자) AS 연도, B(A(YEAR, 주문 일자)) AS CNT FROM 구매 정보
GROUP BY A(YEAR, 주문 일자)

① EXTRACT, COUNT
② TO_NUMBER, COUNT
③ TO_CHAR, COUNT
④ DATE, COUNT

 날짜 함수와 GROUP BY 절이 결합하여 작성된 SQL 구문입니다. 먼저 A에 들어갈 함수는 ORACLE의 경우 EXTRACT, MS-SQL의 경우 DATEPART가 가능합니다. ORACLE에서 TO_NUMBER, TO_CHAR을 활용해 날짜를 분리할 때는 EXTRACT와 반대로 전달되는 인자의 위치가 바뀝니다. (예: TO_NUMBER(날짜, 'YEAR') 구매 횟수를 구하므로 함수 COUNT가 B에 들어갑니다. 중요한 부분은 이처럼 함수나 사용자가 표현한 코드를 GROUP BY 절로 처리가 가능하다는 것입니다.

 ①

GROUP BY 절을 사용하고 결과 내에서 다시 조건 처리를 할 경우에 대해 학습해 보겠습니다. 집계를 위해 GROUP BY 처리된 결과에 다시 조건을 부여할 때는 WHERE가 아닌 HAVING을 사용합니다. 그림으로 표현하면 쉽게 이해가 됩니다.

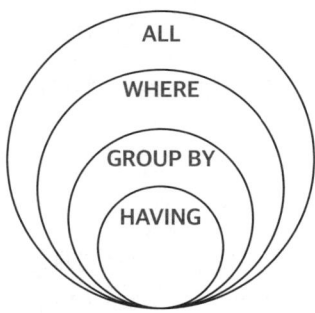

그림에서 보는 것처럼 1차적으로 전체 데이터에서 WHERE 조건으로 정리하고 이를 GROUP BY 절을 사용해서 2차 집계 처리 후 마지막으로 HAVING 조건으로 데이터를 걸러줍니다. 다시 말하면 집계 이전의 조건은 WHERE 절을 활용하고, 집계 이후의 조건은 HAVING을 활용한다는 의미입니다.

연습 문제 23

다음 SQL 구문에서 집계 후 조건 처리를 위해 (A)에 들어갈 코드를 작성하시오.

SELECT [Color], COUNT([Color]) AS COUNT_C FROM [Production].[Product]
WHERE [Name] LIKE '%Frame%'
GROUP BY [Color] (A) COUNT ([Color]) > 100

해설 상품 테이블에서 색상 별 제품의 개수를 확인하는 쿼리입니다. 집계 후 조건은 HAVING을 사용한다는 것을 잊지 마세요.

정답 HAVING

5 유용한 집계함수

GROUP BY 구문은 집계 처리를 할 때 매우 유용합니다. GROUP BY 절과 함께 사용하면 유용한 집계함수를 몇 가지 꼽아보면 다음과 같습니다.

함수	내용	함수	내용
AVG	평균	SUM	누적 합계
MIN	최솟값	MAX	최댓값
STDDEV	ORACLE 표준편차	STDEV	MS-SQL 표준편차
VARIANCE	ORACLE 분산	VAR	MS-SQL 분산

집계함수 역시 일반적인 함수입니다. 굳이 GROUP BY 절을 포함하지 않아도 충분히 활용할 수 있다는 의미입니다.

SELECT SUM(C1), AVG(C1), MAX(C1), MIN(C1) FROM TAB01

위에 제시된 SQL 구문처럼 일반적인 함수 형태로 사용해도 아무런 문제가 없습니다. 집계함수에 전달되는 인자 값이 숫자형 데이터이면 됩니다. 그런데 왜 굳이 GROUP BY 절과 궁합이 잘 맞는 함수로 집계함수를 소개 할까요? 다음 SQL 구문을 살펴보겠습니다.

SELECT VARCHAR01, SUM(C1), AVG(C1), MAX(C1), MIN(C1) FROM TAB01

위에 제시된 SQL 구문에서 집계 처리된 컬럼 C1은 당연히 숫자형 데이터입니다. 하지만 가장 먼저 출력되는 VARCHAR01이 문자형 컬럼이라고 가정해 보겠습니다. 그러면 위 SQL 구문은 100% 오류가 발생합니다. 이유는 간단합니다. 문자형 컬럼 VARCHAR01을 그룹화하여 집계 처리를 하고자 하기 때문이죠. 문자형 컬럼과 함께 집계 처리 함수를 사용하면 집계 처리를 할 함수들이 무엇을 대상으로 집계해야 하는지 모르기 때문에 오류가 발생합니다. 단순히 집계함수만 사용하여 처리한다면 전체 데이터를 대상으로 하지만 별도의 컬럼을 추가로 출력하게 되면 반드시 집계 대상이 되는 컬럼을 그룹화 진행해야 합니다. 매우 중요한 부분입니다. 따라서 아래와 같이 GROUP BY 절을 포함하여 SQL 구문이 변경되어야 합니다.

SELECT VARCHAR01, SUM(C1), AVG(C1), MAX(C1), MIN(C1) FROM TAB01 GROUP BY VARCHAR01

연습 문제 24

다음 중 오류가 발생하는 SQL 구문을 고르시오.

① SELECT MAX(C1), MIN(C1) FROM TAB01
② SELECT VARCHAR01, SUM(C1) FROM TAB01
③ SELECT VARCHAR01, C1 FROM TAB01
④ SELECT VARCHAR01, AVG(C1) FROM TAB01 GROUP BY VARCHAR01

GROUP BY 절은 기본적으로 문자형 데이터 컬럼을 기준으로 진행합니다. 그 외 숫자형 데이터 컬럼은 GROUP BY 절로 집계된 문자형 데이터 컬럼에 종속됩니다. 집계 처리를 하기 위해서는 반드시 GROUP BY 절에 집계 대상 컬럼이 명시되어야 합니다.

 ②

연습 문제 25

SALESORDER 테이블에서 1분기(2022-01-01일부터 2022-03-31일까지; ORDERDATE) 고객별(CUSTOMERID) 구매 실적(TOTAL_PRICE)을 확인하려고 한다. 가장 정확히 작성된 SQL 구문을 고르시오.

① SELECT CUSTOMERID, MAX(TOTALPRICE) FROM SALESORDER
　 WHERE BETWEEN ORDERDATE '2022-01-01' AND '2022-03-31'

② SELECT CUSTOMERID, AVG(TOTALPRICE) FROM SALESORDER
　 WHERE BETWEEN ORDERDATE '2022-01-01' AND '2022-03-31'
　 GROUP BY TOTALPRICE

③ SELECT CUSTOMERID, MIN(TOTALPRICE) FROM SALESORDER
　 WHERE BETWEEN ORDERDATE '2022-01-01' AND '2022-03-31'
　 GROUP BY CUSTOMERID, ORDERDATE

④ SELECT CUSTOMERID, SUM(TOTALPRICE) FROM SALESORDER
　 WHERE BETWEEN ORDERDATE '2022-01-01' AND '2022-03-31'
　 GROUP BY CUSTOMERID

 고객별 집계가 이루어지므로 GROUP BY 절에 반드시 CUSTOMERID가 명시되어야 합니다. 날짜별 집계는 하지 않으므로 ORDERDATE는 GROUP BY 절에 포함하지 않습니다.

 ④

6 단원 점검 문제

01 테이블 TAB01에 문자 유형의 속성 아이디와 사이트가 존재한다. 두 속성을 결합하여 이메일 주소를 만들 때 적절하지 않은 명령을 고르시오.

① 아이디 || '@' || 사이트
② CONCAT(CONCAT(아이디, '@'), 사이트)
③ 아이디 + '@' + 사이트
④ 아이디 & '@' & 사이트

02 다음 SQL과 동일한 결과를 갖는 SQL을 고르시오.

SELECT CEIL(10.62) AS C1

① SELECT FLOOR(10.62) AS C1
② SELECT ROUND(10.62) AS C1
③ SELECT TRUNC(10.62) AS C1
④ SELECT ABS(10.62) AS C1

03 다음은 주문 정보 테이블의 일부 저장된 내용을 확인하고, 주문 일자 컬럼의 월을 기준으로 주문 금액과 수량을 확인하는 SQL 구문이다. 빈칸 A에 들어갈 수 없는 코드는?

주문 번호	주문 번호	주문 일자	주문 금액	수량
29825	PO522145787	2022-06-12 13:20:08	20,000	4

SELECT 주문 금액, 수량 FROM 주문 정보
WHERE [A] BETWEEN '01' AND '03'

① DATEPART(MONTH, 주문 일자)
② MONTH(주문 일자)
③ TO_NUMBER(주문 일자, 'MM')
④ EXTRACT(MONTH, 주문 일자)

04 다음 SQL 구문의 실행 결과는?

SELECT TO_CHAR(2100-01-14, 'YYYY-MM') FROM DUAL

① '2100'
② '2100-01'
③ '2100-01-14'
④ 14

05 다음은 ORDER 테이블의 컬럼이다. 주문 일자의 연도별로 각 고객의 총 주문 금액을 확인하는 SQL로 가장 적절한 것은?

주문 번호	상품 코드	고객 ID	주문 금액	주문 일자

① SELECT DATEPART(YEAR, 주문 일자) AS 연도, 고객 ID, SUM(주문 금액) FROM ORDER
② SELECT DATEPART(YEAR, 주문 일자) AS 연도, 고객 ID, SUM(주문 금액) FROM ORDER
 GROUP BY 고객 ID
③ SELECT DATEPART(YEAR, 주문 일자) AS 연도, 고객 ID, SUM(주문 금액) FROM ORDER
 GROUP BY DATEPART(YEAR, 주문 일자)
④ SELECT DATEPART(YEAR, 주문 일자) AS 연도, 고객 ID, SUM(주문 금액) FROM ORDER
 GROUP BY DATEPART(YEAR, 주문 일자), 고객 ID

06 다음 제시된 SQL의 실행 결과로 올바른 것은?

TAB01

고객 ID	수량	주문 금액
M001	3	10,000
M002	4	20,000
M001	2	10,000
M002	1	20,000
M002	5	20,000

SELECT AVG(주문 금액)/MIN(수량) FROM TAB01 GROUP BY 고객 ID

①
| 10,000 |
| 20,000 |

②
| 5,000 |
| 10,000 |

③
| 5,000 |
| 20,000 |

④
| 10,000 |
| 10,000 |

07 다음 SQL 구문의 실행 순서를 정확히 나열한 것은?

가. HAVING C1<100
나. SELECT C1, C2, AVG(C1) AS R1
다. WHERE C2>100
라. ORDER BY AVG(C1) DESC
마. GROUP BY C1, C2
바. FROM TAB01

① 나 ▶ 바 ▶ 마 ▶ 다 ▶ 가 ▶ 라
② 나 ▶ 바 ▶ 다 ▶ 마 ▶ 가 ▶ 라
③ 나 ▶ 바 ▶ 가 ▶ 마 ▶ 다 ▶ 라
④ 나 ▶ 바 ▶ 다 ▶ 마 ▶ 라 ▶ 가

08 다음 SQL 구문의 설명으로 잘못된 것은?

PAY

C_CODE	SAL
C001	1000
C002	
C003	2000
C003	
C002	1500

SELECT C_CODE, SUM(NVL(SAL, 0)) AS R_SAL FROM PAY
GROUP BY C_CODE

① C_CCDE 컬럼 C002의 결과는 0이다.
② 결과는 총 3개의 행으로 출력된다.
③ C_CODE 컬럼 C003의 결과는 2000이다.
④ SAL 컬럼의 NULL 값은 0으로 치환된다.

09 SQL 구문의 실행 결과로 올바른 것은?

TAB01

C1	C2	C3
A	100	NULL
B	NULL	200
A	300	NULL
B	NULL	400
A	500	NULL

```
SELECT C1, NVL(MIN(C2), 0) + NVL(MAX(C3),0) AS R1
FROM TAB01
GROUP BY C1
```

①

C1	R1
A	100
B	400

②

C1	R1
A	500
B	700

③

C1	R1
A	200
B	300

④

C1	R1
A	NULL
B	NULL

10 다음 중 함수의 성격이 다른 하나는?

① ROUND   ② CEIL   ③ TO_NUMBER   ④ SIGN

단원 점검 문제 정답 및 풀이

문제 1) 정답 ④

풀이 - 문자와 문자를 결합할 때 ORACLE에서는 '||'와 CONCAT 함수를 MS-SQL에서는 '+'를 사용합니다. '&'는 문자 결합에 활용되지 않습니다. 단, ORACEL의 CONCAT은 주어진 두 개의 문자만 결합하므로 3개 이상의 문자를 결합할 때는 괄호를 사용하여 두 개를 결합하고 순차적으로 다음 문자를 결합해 주면 됩니다.

문제 2) 정답 ②

풀이 - 제시된 SQL을 실행하면 결과는 11이 나옵니다. FLOOR(10.62)의 결과는 10, TRUNC(10.62)의 결과도 역시 10이 됩니다. ABS는 절댓값을 취하는 함수로 결과는 10.62입니다. ROUND(10.62)의 결과만 11이 됩니다.

문제 3) 정답 ③

풀이 - 01월에서 03월 까지의 주문 금액과 수량을 확인하는 쿼리입니다. BETWEEN 연산자의 비교 값이 문자형이므로 TO_NUMBER를 사용하여 처리된 함수는 숫자형 결괏값을 가지므로 오류가 발생합니다.

문제 4) 정답 ②

풀이 - 'YYYY-MM'은 연도와 월을 표현하는 항목이 됩니다.

문제 5) 정답 ④

풀이 - GROJP BY 절은 꼭 하나의 컬럼만 명시하지 않습니다. 집계 대상이 된 모든 컬럼을 정확히 명시하면 됩니다. 총합을 구하는 집계함수는 SUM입니다.

문제 6) 정답 ③

풀이 - AVG는 평균을 구하는 함수이고 MIN는 최솟값을 구하는 함수입니다. M001의 주문 금액 평균은 10,000이고 수량의 최솟값은 2입니다. M002의 경우 평균 주문 금액은 20,000, 최소 수량은 1입니다. 고객 아이디별로 집계 내역을 구하고 나누면 각각 5,000과 20,000이 출력됩니다.

문제 7) 정답 ②

풀이 - FROM절 이후 SQL 구문의 실행 순서는 일반 조건(WHERE), 집계 처리(GROUP BY) 집계 조건(HAVING) 그리고 정렬(ORDER BY)의 순입니다. 언제나 정렬이 맨 마지막에 이루어집니다.

문제 8) 정답 ①

풀이 - NULL은 모든 연산이 불가한 값이지만 NVL 함수를 통해 NULL 값을 0으로 변환했습니다. 따라서 C002의 결과는 1500이 됩니다.

문제 9) 정답 ①

풀이 - C1으로 GROUP BY 하면 A와 B로 집계됩니다. C2컬럼에서는 최솟값을 C3에서는 최댓값을 반영합니다. NULL 값은 NVL함수를 이용하여 0으로 변경했습니다. C2를 기준으로 A의 최솟값은 100, B는 0입니다. C3를 기준으로 A의 최댓값은 0, B의 최댓값은 400입니다. A에 대한 최소·최댓값의 합은 100, B에 대한 최소·최댓값의 합은 400이 됩니다.

문제 10) 정답 ③

풀이 - TO_NUMBER은 자료 유형을 숫자로 변경하는 함수이고 나머지는 모두 숫자 함수입니다.

Part 3

확장 SQL

01 | 복합 질의문
02 | SQL 응용

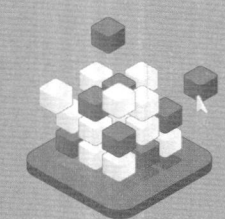

chapter 1
복합 질의문

> **TIP |** SQL은 관계형 데이터베이스(RDB)에서 활용하는 컴퓨터 언어입니다. 관계형 데이터베이스의 핵심은 개체(테이블) 간 관계에 있습니다. 지금까지 학습한 SQL은 단일 테이블에서의 활용 방법이었습니다. 지금부터는 관계형 데이터베이스의 꽃이라 할 수 있는 복합 질의, 즉 2개 이상의 테이블을 결합하여 활용하는 방법에 대해 확인하겠습니다.

1 IN-LINE-VIEW와 SUBQUERY

IN-LINE-VIEW는 특수한 형태의 복합 질의문입니다. IN-LINE-VIEW를 이해하기 위해서는 가상의 테이블인 VIEW에 대한 이해가 필요합니다. VIEW는 테이블입니다. 좀 더 정확히는 테이블의 형태를 가진 가상의 객체입니다. 테이블과 동일한 역할을 담당하니 당연히 SQL이 모두 활용 가능합니다. 하지만 말씀드린 것처럼 VIEW는 실제 존재하는 객체는 아닙니다. 다시 말해 물리적 공간을 차지하는 객체가 아니란 이야기죠. VIEW는 실제의 테이블에서 필요한 정보만 취해 임시로 생성해 사용하는 가상의 테이블이라 이해하면 쉽습니다.

VIEW는 실제의 테이블 정보를 활용하기 때문에 VIEW에 저장된 데이터는 실제 데이터에 영향을 주게 됩니다. 만약 VIEW에 저장된 데이터를 수정하게 되면 원본 데이터의 내용도 함께 변경되는 것이죠. 실제의 테이블 A와 B가 존재할 때 A와 B 테이블의 일부 정보를 취하여 임시 테이블인 VIEW C를 생성했다고 가정해 보겠습니다. 실제 테이블인 A와 B는 별개의 객체이므로 각각을 수정한다 해도 서로에게 영향을 주지 않습니다. 본인의 테이블 정보만 변경이 되는 것이죠. 하지만 C를 수정한다면 C와 연결된 A와 B 테이블의 정보도 함께 변경됩니다.

연습 문제 1

다음의 설명이 의미하는 용어를 기술하시오.

가. 가상의 임시 테이블 형태를 가진다.
나. 실제 테이블에서 필요한 정보를 뽑아 생성한다.

다. 물리적인 공간을 할당 받지 않는다.
라. 정보를 변경하면 원본 데이터에 영향을 준다.

 가상의 임시 테이블 VIEW에 대한 설명입니다.

 VIEW

연습 문제 2

다음 중 VIEW에 대한 설명이 올바르지 않은 것을 고르시오.

① VIEW에서도 SQL을 활용할 수 있다.
② 1개 이상의 테이블에서 원하는 정보를 뽑아 생성한다.
③ VIEW에 저장된 정보를 수정해도 원본 데이터와는 무관한다.
④ 가상의 임시 테이블로 물리적인 공간을 할당하지 않는다.

 VIEW에 저장된 정보가 수정되면 원본 테이블의 정보도 함께 변경됩니다. 꼭 기억해 주세요. 시험이 아니더라도 실무에서 매우 중요합니다.

 ③

그러면 IN-LINE-VIEW는 무엇을 의미할까요? VIEW라는 용어가 쓰이니 임시 테이블 형태를 취하고 있는 건 맞습니다. 결정적인 차이점은 일반적인 VIEW의 경우에는 생성하고 삭제 전까지 계속 유지가 되지만, IN-LINE-VIEW는 SQL 실행 시에만 임시로 생성되고 사라지는 객체를 의미합니다.

SELECT * FROM (SELECT C01, C02 FROM TAB01) AS TEMP_T

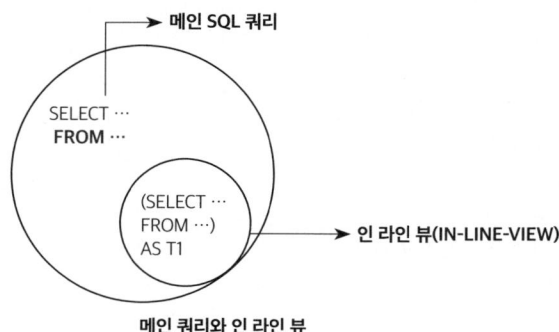

메인 쿼리와 인 라인 뷰

TAB01에서 필요한 정보 C01과 C02를 뽑아 임시 테이블 TEMP_T를 선언했습니다. 오로지 SQL 구문 안에서만 활성화되고 해당 SQL이 실행되면 사라집니다. IN-LINE-VIEW는 추후 학습할 JOIN 쿼리에서 정말 폭넓게 활용됩니다.

연습 문제 3

다음 SQL 구문 A에 공통으로 들어갈 용어를 작성하시오.

SELECT SUM(V1) FROM
(SELECT (C1+C2) A V1 FROM TAB01) A SUM_T

 별칭 AS 잊지 않으셨죠? 임시 테이블 IN-LINE-VIEW에서도 AS를 사용하여 정의합니다.

 AS

연습 문제 4

다음 SQL 구문을 IN-LINE-VIEW를 활용하여 변경할 때 가장 적절한 구문은?

SELECT 색상, AVG(가격) AS 평균 가격 FROM 제품 정보
GROUP BY 색상 HAVING COUNT([Color])>10

① SELECT * FROM
 (SELECT * FROM 제품 정보 GROUP BY 색상) AS
 GROUP_COLOR
 WHERE CNT>10

② SELECT * FROM
 (SELECT 색상, COUNT(색상) AS CNT, AVG(가격) AS 평균 가격
 FROM 제품 정보) AS GROUP_COLOR
 WHERE CNT>10

③ SELECT * FROM
 (SELECT 색상, COUNT(색상) AS CNT, AVG(가격) AS 평균 가격
 FROM 제품 정보 GROUP BY 색상) AS GROUP_COLOR
 WHERE CNT>10

④ SELECT * FROM
 (SELECT 색상, COUNT(색상) AS CNT, AVG(가격) AS 평균 가격
 FROM 제품 정보 GROUP BY 색상) AS GROUP_COLOR
 HAVING CNT>10

①번의 경우 IN-LINE-VIEW 내 GROUP BY 절에 색상이 명시되어 있지만 출력은 모든 컬럼이 대상이 되어 오류가 발생합니다. ②은 GROUP BY 절의 위치가 잘못되었습니다. IN-LINE-VIEW에 포함되어야 합니다. ④번은 집계 결과에 대한 조건이 아닌 일반 조건 처리이므로 WHERE가 되어야 맞습니다.

 ③

IN-LINE-VIEW와 유사하게 사용되는 서브쿼리(SUBQUERY) 구문이 있습니다. 개념은 비슷합니다. 단 서브쿼리의 경우 임시로 생성되는 VIEW 형태를 갖지는 않습니다. 주로 조건절에 사용됩니다.

SELECT * FROM TAB01 WHERE C1 = (SELECT V01 FROM TAB02)

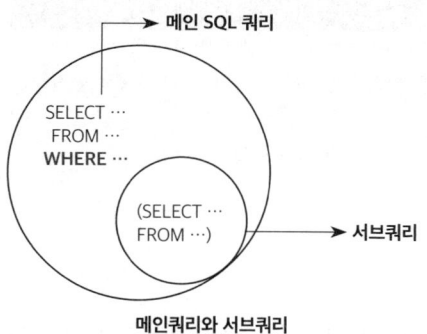

메인쿼리와 서브쿼리

위 구문을 보시면 조건절 WHERE에 C1의 값이 TAB02의 출력 결과인 V1과 같은 내역을 출력하도록 했습니다. 이처럼 서브쿼리는 IN-LINE-VIEW와 다르게 가상의 객체를 생성하지 않고 쿼리 내에서 간단히 결과를 활용할 때 사용됩니다.

연습 문제 5

부서 정보 테이블에서 부서명이 'MARKETING'인 부서에 속하는 사원의 정보를 확인하는 쿼리로 가장 적절한 것은?

① SELECT * FROM 사원 정보
　　WHERE 부서 코드=(SELECT 부서 코드 FROM 부서 정보 WHERE 부서명='MARKETING')

② SELECT * FROM 사원 정보
　　WHERE 부서 코드 'MARKETING'

③ SELECT * FROM 사원 정보
　　WHERE (SELECT 부서 코드 FROM 부서 정보 WHERE 부서명='MARKETING')

④ SELECT 부서 코드 FROM 부서 정보
 WHERE 부서 코드=(SELECT 부서 코드 FROM 사원 정보 WHERE 부서명='MARKETING')

 1차적으로 부서 정보 테이블에서 부서명이 MARKETING인 부서의 부서 코드를 뽑아 사원 정보 테이블의 부서 코드와 비교하여 정보를 검색합니다. ④번과 헷갈릴 수 있습니다. 사원 정보를 보는 것이 핵심이므로 부서 정보는 서브쿼리로 비교되어야 합니다.

 ①

IN-LINE-VIEW와 서브쿼리를 구분하는 방법은 간단합니다. 개체의 구성을 변경하면 IN-LINE-VIEW, 조건에 포함되면 서브쿼리입니다.

뷰(VIEW)의 특성	
독립성	원본 테이블 구조의 변경과 무관하게 뷰를 바라보는 프로그램은 변하지 않는다.
편리성	다양하게 연결되거나 복잡한 쿼리를 뷰를 통해 단순화할 수 있다. 특히 반복적인 쿼리를 사용할 때 유용하다
보안성	원본 테이블로부터 보안이 필요한 정보 등을 뷰를 통해 보호할 수 있다.

2 CROSS와 UNION

이제 본격적으로 조인(JOIN) 쿼리(QUERY)에 대해 확인해 보겠습니다. 조인 쿼리라 불리는 복합 질의문은 복수의 테이블에서 조건에 일치하는 데이터를 하나의 결과로 처리하는 것을 의미합니다. 따라서 조인 쿼리를 사용하기 위해서는 일반적으로 2개 이상의 테이블이 결합되어야 합니다. 조인 쿼리는 RDB가 갖는 최대의 장점이라 할 수 있습니다. DB 설계 시 정의된 키(KEY)가 조인 쿼리에 많은 영향을 주게 됩니다.

 연습 문제 6

다음 중 복합 질의문에 대한 설명으로 적절하지 않은 것을 고르시오.

① 조인 쿼리는 2개 이상의 테이블이 결합하여 하나의 결과를 출력한다.
② 조인 쿼리를 작성할 때는 반드시 키 값으로 연결해야 한다.
③ 조인 쿼리는 관계형 데이터베이스에 특화된 쿼리이다.
④ 조인 쿼리를 사용하면 단순 쿼리를 반복 사용하는 것보다 유리하다.

해설 조인 쿼리에서 테이블을 연결할 때 반드시 키 값에 따라 연결할 필요는 없습니다. 키가 조인 쿼리에 영향을 주는 것은 사실이지만 반드시 키만으로 연결되는 것은 아닙니다.

 정답 ②

CROSS JOIN에 대해 알아보겠습니다. JOIN되는 두 테이블의 데이터가 순서쌍으로 결합되어 나오는 SQL 구문입니다.

TAB01 = {1, 2, 3}
TAB02 = {a, b, c, d}
CROSS JOIN TAB01, TAB02 = {(1, a), (1, b), (1, c), (1, d), (2, a), (2, b), (2, c), (2, d), (3, a), (3, b), (3, c), (3, d)}

CROSS JOIN의 결과는 결합된 두 테이블의 데이터 개수를 곱한 만큼 결과가 출력됩니다. TAB01에 데이터가 3개, TAB02에 데이터가 4개이므로 CROSS JOIN의 결과는 12개가 됩니다.

SELECT * FROM TAB01 CROSS JOIN TAB02

연습 문제 7

빈칸 A에 들어갈 용어로 적절한 것은?

(A) JOIN은 결합되는 테이블 내 원소의 순서쌍으로, 데이터 개수의 곱만큼 결과를 출력한다. 대용량의 데이터를 다루는 환경에서는 사용 빈도가 높지 않다.

① UNION　　② INNER　　③ OUTER　　④ CROSS

 해설 CROSS JOIN은 데이터 개수의 곱으로, 대용량의 DB 환경에서 활용 빈도는 높지 않습니다.

 정답 ④

연습 문제 8

다음 두 테이블을 CROSS JOIN할 때 결과로 출력되는 행의 개수를 작성하시오.

TAB01	CROSS	TAB02
ROW - 12		ROW - 10

CROSS JOIN은 데이터 개수의 곱입니다. TAB01은 12개의 레코드, TAB02는 10개의 레코드입니다. 두 테이블의 CROSS JOIN 결과는 12X10, 120개입니다.

정답 120

다음은 UNION 입니다. UNION은 복수의 테이블을 결합하여 결과를 출력한다는 의미로 볼 때 복합 질의는 맞지만, JOIN문으로 보기에는 조금 애매합니다. UNION은 말 그대로 두 테이블을 결합하여 하나의 테이블처럼 결과를 출력해주는 역할을 합니다. 그래서 앞서 보았던 CROSS JOIN과 UNION은 두 테이블의 연결하는 키와 조건이 특별히 필요하지 않은 복합 질의문입니다.

SELECT C1, C2 FROM TAB01 UNION SELECT C3, C4 FROM TAB02

다음은 UNION을 실행할 때는 한 가지 주의할 부분이 있습니다. 결합되는 두 테이블의 컬럼의 개수가 동일해야 합니다. 꼭 기억해 주세요. UNION은 복수의 테이블을 합쳐 하나의 테이블처럼 인식할 때 매우 유용하게 활용됩니다.

연습 문제 9

복합 질의에 대한 설명 중 성격이 다른 하나를 선택하시오.

① 두 테이블의 결과를 합쳐 하나의 테이블 형태로 출력한다.
② 결합되는 두 테이블의 필드의 개수가 정확히 일치해야 한다.
③ 결합된 두 테이블은 원소를 곱하여 결과를 출력한다.
④ 결합되어 출력되는 형태로 복합 질의는 맞지만 정확히 JOIN은 아니다.

 모두 UNION에 대한 설명이지만, ③은 CROSS JOIN에 대한 설명입니다.

정답 ③

연습 문제 10

다음 두 테이블을 UNION으로 결합할 때 가장 적절한 SQL 구문을 고르시오.

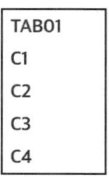

| TAB01 |
| C1 |
| C2 |
| C3 |
| C4 |

| TAB02 |
| F1 |
| F2 |
| F3 |

① SELECT * FROM TAB01
　UNION
　SELECT * FROM TAB02
② SELECT * FROM TAB01
　UNION
　SELECT F1, F2, F3 FROM TAB02
③ SELECT C1, C2 FROM TAB01
　UNION
　SELECT F1, F2, F3 FROM TAB02
④ SELECT C1, C2, C3 FROM TAB01
　UNION
　SELECT * FROM TAB02

해설 UNION JOIN을 진행할 때는 결합되는 두 테이블의 컬럼 개수를 동일하게 구성하는 것이 가장 중요합니다.

정답 ④

UNION은 복수의 테이블을 하나로 합쳐 처리하는 합집합을 의미합니다. 유사한 개념으로 접근해 보면 교집합과 차집합도 존재합니다. 교집합은 INTERSECT, 차집합은 MINUS 입니다. UNION, INTERSECT 그리고 MINUS를 보통 집합연산자라 부릅니다. 엄밀히 JOIN 쿼리는 아닌 것이죠. INTERSECT는 두 개의 테이블 조회 결과에서 공통적으로 포함된 내용이 출력되며 MINUS는 먼저 조회된 결과에서 두 번째 조회된 결과를 뺀 나머지가 출력됩니다.

연습 문제 11

다음 두 테이블에 대해 주어진 두 개의 SQL 구문을 실행한 결과로 정확한 것은?

TAB01	TAB02
C1	C2
1	1
2	3
3	5
4	7

SQL 1) SELECT C1 FROM TAB01
　　　　INTERSECT
　　　　SELECT C2 FROM TAB02

SQL 2) SELECT C1 FROM TAB01
　　　　MINUS

SELECT C2 FROM TAB02

①
INTERSECT 결과	MINUS 결과
1	5
2	7
3	
4	
5	
7	

②
INTERSECT 결과	MINUS 결과
1	2
3	4

③
INTERSECT 결과	MINUS 결과
2	1
3	3

④
INTERSECT 결과	MINUS 결과
1	1
2	3
5	4
7	

> **해설** ①의 결과에서 INTERSECT의 결과는 UNION의 결과이고 MINUS의 결과는 TAB02가 먼저 조회되고 TAB01이 조회된 후의 MINUS 결과입니다. ③은 INTERSECT와 MINUS의 결과가 바뀌었고 ④의 결과는 어떤 내용도 아닙니다.
>
> **정답** ②

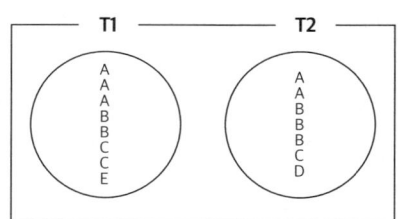

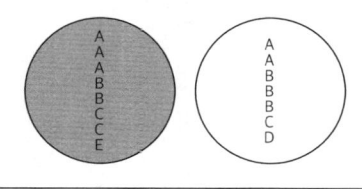

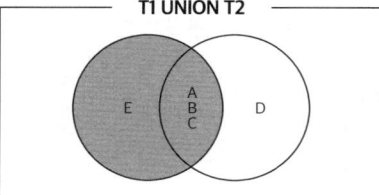

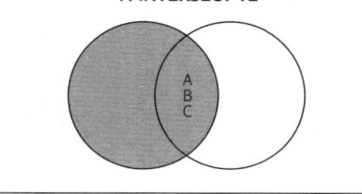

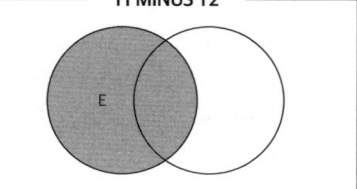

3 OUTER JOIN

다시 한번 강조하자면 우리가 실무에서 활용하는 SQL 구문은 대부분 복합 질의문을 활용하게 됩니다. 당연한 이야기지만 RDB를 활용한다는 의미는 복합 질의문을 통해 결과를 얻겠다는 의미와 동일한 것이죠. 앞서 말씀드린 것처럼 이러한 복합 질의문의 핵심은 테이블 간의 관계에 있습니다. 이러한 관계는 키(KEY) 값에 따라 형성됩니다. 복합 질의에서는 연결할 테이블 간의 키 값에 따라 조건을 명시하게 됩니다. 반드시 PK, FK여야 할 필요는 없지만 관계는 키로 형성되고 질의문에서도 키 값으로 조건을 명시하게 된다는 점이죠. 지금부터 복합 질의의 핵심이라 할 수 있는 OURTER 그리고 INNER JOIN을 순차적으로 학습할 예정입니다.

> **TIP |** OUTER, INNER JOIN의 핵심은 키로 연결된 조건입니다. JOIN문을 작성할 때는 반드시 조건이 명시되어야 합니다. 꼭 기억해 주세요.

OUTER JOIN부터 학습하겠습니다. OUTER JOIN은 크게 세 가지 형태로 작성이 가능합니다. FULL, LEFT, RIGHT입니다

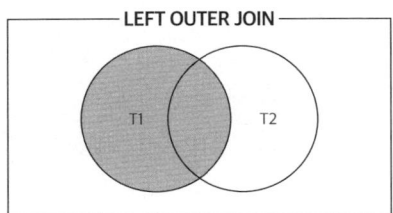
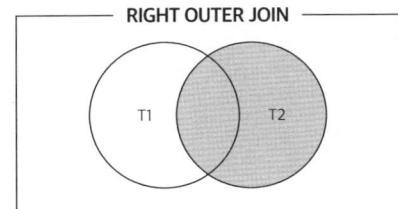
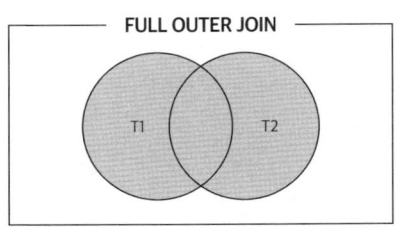

SELECT * FROM TAB01 AS T_TAB01 [FULL / LEFT / RIGHT] OUTER JOIN TAB02 AS T_TAB02

OUTER JOIN은 JOIN될 두 테이블에서 공통적으로 포함되지 않은 데이터를 확인할 때 사용합니다. 두 개의 테이블을 가정해 보겠습니다. 두 테이블에 대한 LEF, RIGHT, FULL JOIN 결과는 다음과 같습니다.

TAB01	TAB02
V1	V1
V2	V2
V3	V4
V5	V6
	V7

TAB01 LEFT OUTER JOIN TAB02	
V1	V1
V2	V2
V3	NULL
V5	NULL

TAB01 RIGHT OUTER JOIN TAB02	
V1	V1
V2	V2
NULL	V4
NULL	V6
	V7

TAB01 FULL OUTER JOIN TAB02	
V1	V1
V2	V2
V3	NULL
V5	NULL
NULL	V4
NULL	V6
NULL	V7

LEFT일 경우 왼쪽, RIGHT일 경우 오른쪽 테이블의 레코드(행)를 기준으로 관계가 있는 공통값을 출력하게 됩니다. 해당 기준 테이블과 연결된 값이 없을 경우 NULL로 표기가 됩니다. FULL JOIN의 경우 모든 레코드가 출력되며 관계가 없는 값은 NULL로 표기가 됩니다.

연습 문제 12

다음 두 테이블을 FULL OUTER JOIN으로 결합할 때 결과로 적절한 것은?

TAB01	TAB02
V4	V3
V2	V8
V3	V4
V7	V6

①
V4	V4
V2	NULL
V3	V3
V7	NULL

②
V4	V3
NULL	V8
V3	V4
NULL	V6

③
V4	V4
V2	NULL
V3	V3
V7	NULL
NULL	V8
NULL	V6

④
V4	V3
V2	V8
V3	V4
V7	V6

해설 ①은 LEFT OUTER, ②는 RIGHT OUTER JOIN의 결과입니다. ④는 OUTER JOIN의 결과가 아닙니다.

정답 ③

JOIN문의 조건 처리에 대해 알아보겠습니다. 현재까지 여러분은 조건을 처리하기 위한 두 가지 방법을 배웠습니다. 일반적인 SQL 구문에서 조건 처리는 WHERE 절을 활용하고, GROUP BY 절을 통합 집계할 때는 HAVING 절을 활용합니다. 그리고 JOIN 쿼리를 작성할 때 조건은 ON 절을 활용하게 됩니다. OUTER JOIN, INNER JOIN 모두 동일하게 조건을 처리할 때는 ON입니다.

SELECT * FROM TAB01 AS T_TAB01 [FULL / LEFT / RIGHT] OUTER JOIN TAB02 AS T_TAB02
ON 조건식

JOIN문의 조건 처리가 ON을 사용하는 점에는 큰 어려움이 없습니다. ON을 활용하는 것보다 더 중요한 것은 JOIN문을 작성할 때는 반드시 조건을 명시해야 한다는 점입니다.

연습 문제 13

임의의 두 테이블 T01과 T02를 LEFT OURTER JOIN 한다. T01 테이블에 C1 컬럼과 T02 테이블의 C1 컬럼이 식별 관계일 때 SQL 구문으로 적절한 것은?

① SELECT * FROM T01 AS TAB01
   OUTER JOIN
   T02 AS TAB02
   ON TAB01.C1=TAB02.C1

② SELECT * FROM T01 AS TAB01
   LEFT OUTER JOIN
   T02 AS TAB02
   ON TAB01.C1=TAB02.C1

③ SELECT * FROM T01 AS TAB01
   LEFT OUTER JOIN
   T02 AS TAB02
   WHERE TAB01.C1=TAB02.C1

④ SELECT * FROM T01 AS TAB01
   LEFT OUTER JOIN
   T02 AS TAB02
   ON C1=C1

 문제에서 LEFT OUTER JOIN을 명시했으므로 ①의 경우 LEFT 코드가 빠져 틀립니다. ③의 경우 JOIN문의 조건은 WHERE가 아니라 ON이죠. ④번이 혼란스러운 구문인데, 문장이 특별히 잘못된 부분이 없어 보이지만 ON절 뒤에 명시된 조건에서 C1 컬럼이 어느 테이블의 컬럼인지 정확히 알 수가 없기 때문에 틀렸습니다.

 ②

연습 문제 14

다음 두 테이블을 JOIN하여 주문 내역이 없는 고객을 확인할 때 적절한 SQL 구문을 고르시오.

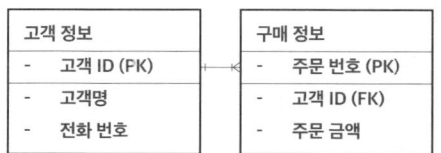

① SELECT CUST.고객 ID, CUST.고객명, ORD.주문 번호 FROM 고객 정보 AS CUST
　LEFT OUTER JOIN
　구매 정보 AS ORD
　ON CUST.고객 ID=ORD.고객 ID

② SELECT CUST.고객 ID, CUST.고객명, ORD.주문 번호 FROM 고객 정보 AS CUST
　LEFT OUTER JOIN
　구매 정보 AS ORD
　WHERE CUST.고객 ID=ORD.고객 ID

③ SELECT CUST.고객 ID, CUST.고객명, ORD.주문 번호 FROM 고객 정보
　LEFT OUTER JOIN
　구매 정보
　ON CUST.고객 ID=ORD.고객 ID

④ SELECT 고객 ID, 고객명, 주문 번호 FROM 고객 정보 AS CUST
　LEFT OUTER JOIN
　구매 정보 AS ORD
　ON CUST.고객 ID=ORD.고객 ID

 ②의 경우 JOIN문의 조건은 ON입니다. ③의 경우 테이블의 별칭이 없습니다. 출력과 조건에 별칭을 각각 CUST와 ORD로 사용했기 때문에 반드시 테이블 별칭이 작성되어야 합니다. ④번의 경우는 출력에 문제가 있습니다. 고객 ID 컬럼은 두 테이블 모두에 존재하므로 정확히 어떤 테이블의 고객 ID를 출력할 것인지 테이블 별칭을 사용해서 작성되어야 합니다.

 ①

TIP | 위 연습 문제 13의 정답을 실제 출력하게 되면 주문 내역이 존재하는 고객과 존재하지 않는 고객 모두 출력됩니다. 만약 주문이 없는 고객만을 출력해야 한다면 먼저 OUTER JOIN의 결과를 하나로 묶어 IN-LIIN-VIEW로 생성합니다. 그리고 IN-LINE-VIEW 테이블을 출력할 때 조건을 주문 번호가 NULL인 결과만 출력되도록 합니다. 참고로 IN-LINE-VIEW의 출력 컬럼도 별칭 처리합니다. 주문 번호의 경우 C3입니다.

```
SELECT * FROM
(SELECT CUST.고객 ID AS C1, CUST.고객명 AS C2, ORD.주문 번호 AS C3 FROM 고객 정보 AS CUST
LEFT OUTER JOIN
구매 정보 AS ORD
ON CUST.고객 ID=ORD.고객 ID) AS TEMP01
WHERE C3 IS NULL
```

INNER JOIN

일명 내부 조인이라 부르는 INNER JOIN은 명실 상부 SQL 구문의 대표입니다. 아마도 우리가 실무에서 사용하는 대부분의 SQL 구문은 INNER JOIN일 것입니다. 그만큼 중요하고 핵심적인 쿼리가 됩니다.

INNER JOIN에 이론적인 이해는 매우 간단합니다. 우리가 학창 시절 배웠던 집합을 적용하면 이해하기 쉬울 것입니다. 바로 교집합입니다. INNER JOIN은 연결된 두 테이블에서 공통적으로 포함된 내용을 처리할 때 활용되는 SQL 구문이 됩니다.

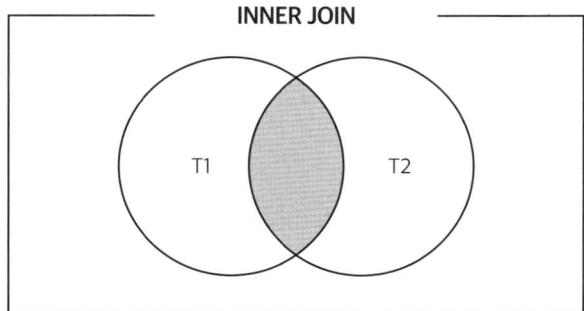

```
SELECT * FROM TAB01 AS T_TAB01 INNER JOIN TAB02 AS T_TAB02 ON 조건식
```

INNER JOIN은 공통의 값을 찾기 때문에 OUTER JOIN처럼 기준 테이블이라는 관점이 무의미합니다. 그래서 LEFT, RIGHT는 포함되지 않고 바로 INNER JOIN만 명시하면 됩니다. OUTER JOIN에서 말씀드린 것처럼 INNER JOIN 역시 조건이 반드시 포함되어야 합니다. INNER JOIN은 교집합이므로 꼭 ON을 포함한 조건이 제시되어야 SQL 구문이 완성됩니다.

연습 문제 15

다음 중 JOIN 구문에 대한 설명으로 맞지 않는 것을 고르시오.

① JOIN 구문은 크게 내부 조인(INNER JOIN)과 외부 조인(OUTER JOIN)이 대표적이다.
② OUTER JOIN은 FULL, RIGHT, LEFT로 구분하여 사용 가능하다.
③ INNER JOIN은 연결된 테이블의 공통값을 찾아 출력한다.
④ JOIN 구문을 작성할 때 필요에 따라 조건절의 작성을 선택하고 WHERE 절을 사용한다.

 JOIN 구문에서 조건은 선택이 아닌 필수입니다. ON 뒤에 조건식이 작성됩니다.
 ④

연습 문제 16

다음 INNER JOIN 구문에서 (A)에 들어갈 용어를 작성하시오.

SELECT T1.C1, T2.C2 FROM TAB01 AS T1
INNER JOIN
TAB02 AS T2
(A) T1.C1=T2.C1

 JOIN 구문에서 조건은 ON 뒤에 조건식을 작성하여 활용합니다.
 ON

연습 문제 17

다음의 두 테이블을 활용하여 고객 ID별 총 주문 금액을 확인하는 SQL 구문으로 적절한 것은?

회원 정보			
고객 ID	고객명	가입 일자	등급

주문 정보			
주문 번호	고객 ID	주문 금액	수량

① SELECT 회원.고객 ID, SUM(주문.주문 금액) AS 총 주문 금액 FROM 회원 정보 AS 회원
    INNER JOIN

주문 정보 AS 주문
ON 회원.고객 ID=주문.고객 ID

② SELECT 회원.고객 ID, SUM(주문.주문 금액) AS 총 주문 금액 FROM 회원 정보 AS 회원
INNER JOIN
주문 정보 AS 주문
ON 회원.고객 ID=주문.고객 ID
GROUP BY 회원.고객 ID

③ SELECT 회원.고객 ID, 주문.주문 금액 FROM 회원 정보 AS 회원
INNER JOIN 주문 정보 AS 주문
ON 회원.고객 ID=주문.고객 ID
GROUP BY 회원.고객 ID

④ SELECT 회원.고객 ID, SUM(주문.주문 금액) AS 총 주문 금액 FROM 회원 정보 AS 회원
INNER JOIN
주문 정보 AS 주문
WHERE 회원.고객 ID=주문.고객 ID
GROUP BY 회원.고객 ID

 JOIN 구문을 활용하여 집계 처리를 확인하는 SQL 구문입니다. 고객 ID 별로 총 주문 금액을 확인해야 하므로 GROUP BY 절에 집계 대상은 고객 ID가 되어야 합니다. 이때 고객 ID가 회원 정보의 컬럼에 출력되므로 GROUP BY 절의 집계 대상 역시 회원 정보의 고객 ID가 명시되어야 합니다. 총합을 구하는 함수는 SUM 입니다. ①은 GROUP BY 절이 생략되었고, ③은 집계함수 SUM이 누락되었습니다. ④의 경우 JOIN문의 기본적인 조건은 ON입니다.

 ②

연습 문제 18

다음의 두 테이블의 내부(INNER) 조인 결과로 정확한 것을 고르시오.

TAB01
V1
V2
V3
V5

TAB02
V6
V4
V2
V1
V7

① V1, V2, V3, V4, V5, V6, V7
② V1, V2, V3, NULL, V5, NULL, NULL
③ V1, V2, NULL, NULL

④ V1, V2

 INNER JOIN은 연결된 두 테이블의 공통 값을 찾아 출력하는 구문입니다. 주어진 TAB01과 TAB02에 공통으로 포함된 값은 V1과 V2이므로 이 두 값만 출력됩니다.

 ④

JOIN문에서의 조건에 대한 이야기를 조금 더 이어가 보겠습니다. 앞서 JOIN문의 조건은 명령어 ON을 사용한다고 했었죠. 그러면 WHERE는 절대 사용할 수 없을까요? 꼭 그렇지는 않습니다. 우선적으로 연결된 두 테이블의 공통의 컬럼은 ON을 사용하여 연결하고 추가로 WHERE 절을 활용할 수 있습니다.

SELECT * FROM TAB01 AS T1 INNER JOIN TAB02 AS T2 ON T1.C1=T2.C1 WHERE T1.C2=V1

위 SQL JOIN 쿼리는 ON과 WHERE를 동시에 JOIN문 내에서 처리한 구문입니다. 두 테이블을 연결하는 C1 컬럼을 기준으로 JOIN 조건을 처리하고 추가로 JOIN과 관계없이 일반 조건 C2를 처리한 것입니다. 결국 위 쿼리는 아래의 구문과 동일한 결과를 얻게 됩니다.

SELECT * FROM TAB01 AS T1 INNER JOIN TAB02 AS T2 ON T1.C1=T2.C1 AND T1.C2=V1

WHERE 대신에 논리 연산자 AND를 사용하여 JOIN문의 조건인 ON절 내에서 함께 처리한 것입니다.

연습 문제 19

다음 제시된 SQL 구문의 수행 결과가 동일한 SQL을 고르시오.

```
SELECT A.PRODUCT_ID, SUM(UNIT_PRICE), B.DESCRIPTION FROM PRODUCT A
INNER JOIN
PRODUCT_DETAIL B
ON A.PRODUCT_ID =B.PRODUCT_ID
WHERE UNIT_PRICE>100
GROUP BY A.PRODUCT_ID
```

① SELECT A.PRODUCT_ID, SUM(UNIT_PRICE), B.DESCRIPTION FROM PRODUCT A
　　INNER JOIN
　　PRODUCT_DETAIL B

ON A.PRODUCT_ID =B.PRODUCT_ID AND UNIT_PRICE>100
　　GROUP BY A.PRODUCT_ID

② SELECT A.PRODUCT_ID, SUM(UNIT_PRICE), B.DESCRIPTION FROM PRODUCT A
　　INNER JOIN
　　PRODUCT_DETAIL B
　　ON A.PRODUCT_ID =B.PRODUCT_ID
　　GROUP BY A.PRODUCT_ID
　　HAVING UNIT_PRICE>100

③ SELECT A.PRODUCT_ID, SUM(UNIT_PRICE), B.DESCRIPTION FROM PRODUCT A
　　INNER JOIN
　　PRODUCT_DETAIL B
　　ON A.PRODUCT_ID =B.PRODUCT_ID
　　WHERE SUM(UNIT_PRICE)>100
　　GROUP BY A.PRODUCT_ID

④ SELECT A.PRODUCT_ID, UNIT_PRICE, B.DESCRIPTION FROM PRODUCT A
　　INNER JOIN
　　PRODUCT_DETAIL B
　　ON A.PRODUCT_ID =B.PRODUCT_ID
　　WHERE UNIT_PRICE>100
　　GROUP BY A.PRODUCT_ID

 ON과 WHERE를 혼용해서 사용할 경우 WHERE 명령을 AND로 바꾸면 동일한 결과를 얻을 수 있습니다. ②의 경우 WHERE 절을 빼고 HAVING 절을 추가했지만 HAVING의 경우 집계 후 조건 처리이므로 단순 컬럼의 조건을 할 수 없습니다. ③의 경우 집계 후 조건이므로 WHERE 절에 포함할 수 없습니다. ④의 경우 출력에 문제가 있습니다. UNIT_PRICE를 집계 없이 출력하려면 GROUP BY 절에 명시해야 합니다.

 ①

INNER JOIN은 JOIN 쿼리를 넘어 SQL을 대표하는 매우 중요한 쿼리입니다. 중요성은 물론이고 사용 빈도가 매우 높은 구문이기도 합니다. 그래서 INNER JOIN의 경우 특별히 어떤 JOIN인지 명시를 하지 않고 사용이 가능합니다.

SQL1 - SELECT * FROM TAB01 AS T1 INNER JOIN TAB02 AS T2 ON T1.C1=T2.C1
SQL2 - SELECT * FROM TAB01 AS T1, TAB02 AS T2 WHERE T1.C1=T2.C1

제시된 두 개의 SQL 구문은 동일한 구문입니다. SQL1의 경우는 일반적인 INNER JOIN 쿼리입니다. SQL2의 경우는 INNER JOIN 대시에 쉼표(,)를 사용하고 ON 대신에 일반 조건 처리 명령인 WHERE 절을 사용했습니다. 이처럼 연결할 두 테이블을 쉼표로 연결하고, 쉼표를 사용하여 INNER JOIN문을 작성할 때는 ON대신에 WHERE를 사용하게 됩니다.

연습 문제 20

다음 제시된 SQL 구문의 수행 결과가 동일한 SQL을 고르시오.

SELECT A.학번, AVG(B.점수) AS 평균 FROM 학생 AS A
INNER JOIN
성적 AS B
ON A.학번=B.학번
GROUP BY A.학번

① SELECT A.학번, AVG(B.점수) AS 평균 FROM 학생 AS A
　INNER JOIN
　성적 AS B
　WHERE A.학번=B.학번
　GROUP BY A.학번
② SELECT A.학번, AVG(B.점수) AS 평균 FROM 학생 AS A, 성적 AS B
　WHERE A.학번=B.학번
　GROUP BY A.학번
③ SELECT A.학번, AVG(B.점수) AS 평균 FROM 학생 AS A, 성적 AS B
　ON A.학번=B.학번
　GROUP BY A.학번
④ SELECT A.학번, AVG(B.점수) AS 평균 FROM 학생 AS A JOIN 성적 AS B
　ON A.학번=B.학번
　GROUP BY A.학번

 일반적인 INNER JOIN문을 쉽게 작성하기 위해서 INNER JOIN 대신 쉼표(,)를 작성하고 JOIN이 명시되지 않고 두 테이블이 연결되므로 ON대신에 WHERE 절을 사용합니다.

 ②

TIP | INNER JOIN은 매우 중요한 구문입니다. 연산자, 함수, 집계 처리 등 모두 INNER JOIN과 연계되어 활용되므로 INNER JOIN 구문에 대해서는 완벽하게 학습하시기 바랍니다.

5. INSERT와 UPDATE 응용

JOIN 구문은 단순히 SELECT 쿼리에서만 사용되지 않습니다. SELECT 쿼리와 유사한 DELETE 문은 물론 INSERT와 UPDATE 구문에서도 JOIN 쿼리를 사용하여 처리할 수 있습니다. 그에 앞서 테이블을 복사하여 생성할 때 유용하게 활용할 수 있는 SQL 구문을 먼저 확인해 보겠습니다.

SELECT * INTO 복사 테이블 FROM 원본 테이블

위 구문은 원본 테이블의 내용을 모두 담아 복사 테이블로 생성하는 코드입니다. SELECT 뒤에 *자리에 원하는 컬럼을 명시하면 해당 컬럼의 내용만 복사가 됩니다. 이 코드는 정말 유용하고 활용도가 매우 높은 구문입니다. 복잡하게 복사가 이루어질 대상 테이블을 매번 생성하지 않아도 되는 이점이 있습니다. 단, 데이터만 복사가 될 뿐 원본 테이블이 가진 속성과 개체들(INDEX나 PK 등)은 복사가 되지 않습니다. 하지만 데이터를 보존할 수 있다는 점이 매우 매력적입니다. 만약 뒤에 WHERE 절의 조건을 추가하면 조건에 부합한 내용만 복사도 가능합니다.

SELECT * INTO COPY_TABLE FROM BASIC_TABLE WHERE 조건식

연습 문제 21

다음 TAB01의 일부 내용을 뽑아 TAB02로 생성하고자 할 때 가장 알맞은 SQL 구문은?

TAB01

고객 ID	수량	주문 금액
M001	3	10,000
M002	4	20,000
M001	2	10,000
M002	1	20,000
M002	5	20,000

TAB02

고객 ID	주문 금액
M002	20,000
M002	20,000
M002	20,000

① SELECT 고객 ID, 주문 금액 INTO TAB02 FROM TAB01
② SELECT * INTO TAB02 FROM TAB01 WHERE 고객 ID='M002'
③ SELECT 고객 ID, 주문 금액 INTO TAB02 FROM TAB01 WHERE 고객 ID='M002'
④ SELECT 고객 ID, 주문 금액 INTO TAB01 FROM TAB02 WHERE 고객 ID='M002'

 TAB02는 TAB01의 고객 ID와 주문 금액 컬럼만 선택하여 고객 ID가 M002인 정보만 복사하여 생성된 테이블입니다. ①은 조건이 포함되어 있지 않기 때문에 M001 고객 정보도 함께 복사가 되며, ②는 모든 컬럼을 복사합니다. ④는 원본 테이블과 복사할 테이블의 위치가 잘못 표기되어 있습니다.

 ③

DML의 4가지 구문 중에서 INSERT는 나머지 3가지, SELECT, UPDATE, DELETE와 다른 점이 있습니다. SELECT, UPDATE, DELETE의 경우 복수의 레코드를 대상으로 처리할 수 있지만 INSERT의 경우는 한번에 하나의 레코드만 삽입이 가능합니다. 만약 2개 이상의 레코드를 생성하기 위해서는 2개 이상의 INSERT 구문이 작성되어야 한다는 의미입니다. 만약 운영중인 데이터베이스 내에 존재하지 않는 데이터를 삽입해야 하는 경우라면 하나의 INSERT 구문에 하나의 레코드만을 생성해야 합니다. 그런데 다른 테이블의 정보를 받아 INSERT를 할 경우는 어떨까요? 다행히 이럴 때는 복수의 레코드를 생성할 수 있습니다.

INSERT INOT TAB01 SELECT * FROM TAB02 (WHERE 조건식)

TAB02의 정보를 호출해서 TAB01 테이블로 삽입하는 구문입니다. 가장 기본이 되는 INSERT+SELECT 구문입니다. 주의할 점은 TAB01의 컬럼 개수와 자료 유형이 입력할 값이 포함된 SELECT 구문의 컬럼 개수, 자료 유형과 동일해야 한다는 점입니다.

INSERT INOT TAB01 (C1, C2, ⋯) SELECT V1, V2, ⋯ FROM TAB02 (WHERE 조건식)

입력되는 컬럼이 명시되면 입력할 값과 컬럼의 개수, 자료 유형을 동일하게 구성해야 합니다. SELECT 구문을 통해 입력할 값을 뽑을 때는 지금까지 우리가 배운 SELECT 관련 구문을 모두 활용할 수 있습니다.

연습 문제 22

회원 주문 테이블은 회원 정보와 주문 정보 테이블의 일부 내용을 뽑아 생성된 테이블이다. 회원 주문 테이블에 새로운 데이터를 입력하는 SQL 구문으로 적절한 것은?

회원 정보

고객 ID	고객명	가입 일자	등급

주문 정보

주문 번호	고객 ID	주문 금액	수량

회원 주문

고객명	총 주문 금액	주문 횟수

① INSERT INOT 회원 주문
　　SELECT 고객.고객명, SUM(주문.주문 금액), COUNT(고객.고객 ID)
　　FROM 회원 정보 AS 고객,
　　주문 정보 AS 주문
　　WHERE 고객.고객 ID=주문.고객 ID

② INSERT INOT 회원 주문
　　SELECT 고객.고객명, SUM(주문.주문 금액), COUNT(고객.고객 ID)

FROM 회원 정보 AS 고객,
　　주문 정보 AS 주문
　　GROUP BY 고객.고객 ID, 고객.고객명

③ INSERT INOT 회원 주문
　　SELECT 고객.고객명, 주문.주문 금액, 고객.고객 ID
　　FROM 회원 정보 AS 고객,
　　주문 정보 AS 주문
　　WHERE 고객.고객 ID=주문.고객 ID
　　GROUP BY 고객.고객 ID, 고객.고객명

④ INSERT INOT 회원 주문
　　SELECT 고객.고객명, SUM(주문.주문 금액), COUNT(고객.고객 ID)
　　FROM 회원 정보 AS 고객,
　　주문 정보 AS 주문
　　WHERE 고객.고객 ID=주문.고객 ID
　　GROUP BY 고객.고객 ID, 고객.고객명

 입력 대상 값을 출력하는 SELECT 구문이 핵심입니다. 총 주문 금액과 총 수량을 뽑기 위해서는 집계 처리가 필요합니다. GROUP BY 절을 활용하면 되는데 문제는 집계 대상 컬럼에 고객명과 고객 ID가 포함되어야 한다는 점입니다. 고객명은 입력 대상이고 고객 ID에는 집계 대상 테이블 주문 정보에 주문 금액과 수량이 종속되어 있기 때문입니다. ①은 집계를 위한 GROUP BY 절이 생략되었고, ②는 조건 WHERE 절이 생략되었으며, ③은 집계를 위한 함수 SUM과 COUNT가 생략되었습니다.

 ④

연습 문제 23

주문 정보 테이블의 내용을 기준으로 제품 판매 내역 테이블에 정보를 입력한 SQL 구문의 실행 결과로 정확한 것은?

주문 정보

주문 번호	상품 코드	고객 ID	주문 금액	수량
O-001	P001	M001	22,000	4
O-002	P002	M002	25,000	5
O-003	P003	M001	30,000	6
O-004	P002	M003	17,000	4
O-005	P003	M001	30,000	6
O-006	P001	M002	31,000	4
O-007	P001	M003	20,000	4
O-008	P002	M002	25,000	5

제품 판매 내역

상품 코드	평균 주문 금액	총 수량

INSERT INOT 제품 판매 내역
SELECT 상품 코드, AVG(주문 금액), SUM(수량) FROM 주문
GROUP BY 상품 코드

①
제품 판매 내역		
상품 코드	평균 주문 금액	총 수량
P001	73,000	4
P002	67,000	4.6
P003	60,000	6

②
제품 판매 내역		
상품 코드	평균 주문 금액	총 수량
P001	24,333	4
P002	22,333	4.6
P003	30,000	6

③
제품 판매 내역		
상품 코드	평균 주문 금액	총 수량
P001	73,000	12
P002	67,000	14
P003	60,000	12

④
제품 판매 내역		
상품 코드	평균 주문 금액	총 수량
P001	24,333	12
P002	22,333	14
P003	30,000	12

해설 SQL 구문은 크게 어렵지 않습니다. 제시된 보기의 결과를 유심히 살펴봐야 합니다. ①은 총 주문 금액, 평균 수량으로 입력되어 있고, ②는 총 수량이 아닌 평균 수량입니다. ③은 평균 주문 금액이 아닌 총 금액이 입력되어 있습니다.

 ④

이번에는 UPDATE 구문의 응용 방법입니다. UPDATE 구문의 핵심은 조건입니다. 조건을 작성할 때 SQL 작성자가 입력하는 값에 따라 처리도 가능하지만 특정 테이블의 정보와 연동해서 조건을 처리할 수도 있습니다. V1값은 변경하고자 하는 Variable(변수)입니다.

UPDATE TAB01 SET C1=V1 WHERE CONDITION = (SELECT C2 FROM TAB02)

서브쿼리를 활용한 가장 기본적인 UPDATE 구문입니다. 일반적인 UPDATE 구문과 크게 다르지 않습니다. 조건 WHERE 절에 다른 테이블의 정보를 활용하는 부분만 다르게 구성되었습니다. 비교연산자는 물론 특수 연산자(IN, NOT IN 등)도 활용 가능합니다. 그리고 역시 SELECT 구문에 포함되는 내용은 모든 SQL 구문이 활용 가능하여 어떤 형태가 등장해도 무방합니다.

연습 문제 24

주문 정보 테이블에서 주문 금액이 100,000 이상인 상품에 대해 상품 정보 테이블의 단가를 10% 인상하는 SQL 구문으로 정확한 것을 고르시오.

상품 정보		
상품 ID	상품명	단가

주문 정보			
주문 번호	상품 ID	주문 금액	수량

① UPDATE 상품 정보 SET 단가=단가*1.1
   WHERE 상품 ID IN (SELECT 상품 ID FROM 주문 정보 WHERE 주문 금액>=100000)
② UPDATE 상품 정보 SET 단가=단가*1.1
   WHERE 상품 ID=(SELECT 상품 ID FROM 주문 정보 WHERE 주문 금액>=100000)
③ UPDATE 상품 정보 SET 단가=단가*1.1
   WHERE 상품 ID IN (SELECT * FROM 주문 정보 WHERE 주문 금액>=100000)
④ UPDATE 상품 정보 SET 단가=단가*1.1
   WHERE 상품 ID IN (SELECT 상품 ID, SUM(주문 금액) FROM 주문 정보 GROUP BY 상품 ID)

> **해설** 가장 기본이 되는 UPDATE+SELECT 구문에 대한 문제입니다. ②의 경우 주문 금액이 100,000 이상인 상품이 n개가 될 수 있으므로 비교연산자 '='이 아닌 특수연산자 IN이 사용되어야 합니다. ③, ④는 비교를 위해 출력되는 컬럼 지정이 잘못되었습니다.

> **정답** ①

UPDATE 구문은 서브쿼리를 결합하는 것도 가능하지만 두 테이블을 JOIN하여 작성할 수도 있습니다.

UPDATE TAB01 SET C2=B.C2 FROM TAB01 AS A, TAB AS B WHERE A.C1=B.C1

'UPDATE TAB01 SET'까지는 기본 UPDATE 구문과 동일합니다. 값을 변경하는 코드는 예시처럼 JOIN하는 대상 테이블의 특정 값을 반영해도 되고 사용자가 직접 입력한 값을 반영해도 무방합니다. FROM 이후의 코드는 INNER JOIN 구문과 동일하게 구성됩니다. 많이 활용되는 SQL 구문이므로 꼭 알아 두세요.

연습 문제 25

주문 정보 테이블에서 평균 주문 금액이 100,000 이상인 상품에 대해 상품 정보 테이블의 단가를 10% 인상하는 SQL 구문으로 정확한 것을 고르시오.

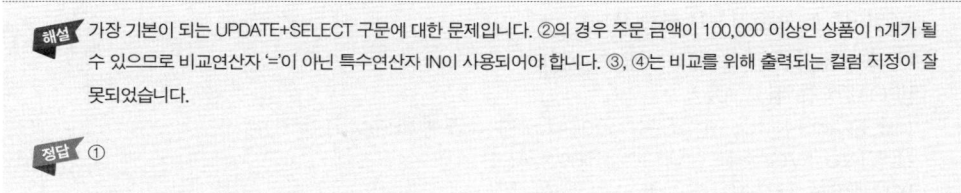

① UPDATE 상품 정보 SET 단가=단가*1.1
   FROM 상품 정보 AS A,
   (SELECT 상품 ID, AVG(주문 금액) AS 평균 금액 FROM 주문 정보 GROUP BY 상품 ID) AS B
   WHERE A.상품 ID=B.상품 ID

② UPDATE 상품 정보 SET 단가=단가*1.1
   FROM 상품 정보 AS A,
   (SELECT 상품 ID, AVG(주문 금액) AS 평균 금액 FROM 주문 정보
   GROUP BY 상품 ID HAVING AVG(주문 금액)>=100000) AS B
   WHERE A.상품 ID=B.상품 ID

③ UPDATE 상품 정보 SET 단가=단가*1.1
   FROM 상품 정보 AS A,
   (SELECT 상품 ID, AVG(주문 금액) AS 평균 금액 FROM 주문 정보
   WHERE AVG(주문 금액)>=100000
   GROUP BY 상품 ID) AS B
   WHERE A.상품 ID=B.상품 ID

④ UPDATE 상품 정보 SET 단가=단가*1.1
   FROM 상품 정보 AS A,
   (SELECT 상품 ID, AVG(주문 금액) AS 평균 금액 FROM 주문 정보
   HAVING AVG(주문 금액)>=100000) AS B
   WHERE A.상품 ID=B.상품 ID

해설 주문 정보 테이블에서 상품 ID를 기준으로 평균 주문 금액이 100,000 이상인 정보를 출력하는 쿼리를 작성하고 IN-LINE-VIEW로 선언하여 상품 정보 테이블과 INNER JOIN을 한 SQL입니다. 상품 정보 테이블을 별칭 A로 선언하고 IN-LINE-VIEW로 생성된 테이블을 별칭 B로 선언했습니다. 이처럼 JOIN 구문을 작성할 때는 주어진 테이블을 그대로 활용할 수도 있지만 사용자가 원하는 정보만 취합하여 임시 테이블을 생성해 JOIN할 수도 있다는 점을 꼭 기억하시기 바랍니다. ①은 집계 이후 100,000 이상의 조건 HAVING 절이 생략되었습니다. ③은 집계 이후 조건이 WHERE가 아닌 HAVING이 되어야 하고, ④는 집계를 위한 GROUP BY 절이 생략되었습니다.

정답 ②

6 단원 점검 문제

01 아래와 같이 회원 정보 및 주문 정보 테이블을 활용하여 등급별 구매 금액 및 수량 VIEW를 생성하였다. 이에 대한 설명을 잘못된 것을 고르시오.

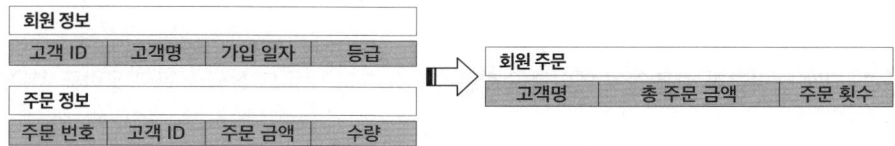

① 등급별 구매 금액 및 수량 VIEW는 가상의 임시 테이블이다.
② VIEW에 존재하는 회원 등급은 회원 정보와 별개의 것이므로 수정이 가능하다.
③ 총 금액과 총 수량을 조정하면 주문 정보 테이블도 변경된다.
④ 주문 정보의 고객 ID와 회원 정보의 고객 ID는 식별 관계이다.

02 다음 두 테이블을 확인하고 제시된 SQL 구문의 실행 결과로 올바른 것은?

TAB01
C1
V1
V2
V3
V5

TAB02
C1
V1
V3
V1
V1
V7

SELECT COUNT(*) AS COUTER FROM TAB01 AS T1, TAB02 T2 WHERE T1.C1=T2.C1

① 2 ② 3 ③ 4 ④ 5

03 다음 SQL 구문의 실행 결과로 올바른 것은?

주문 정보

주문 번호	고객 ID	주문 금액	수량
O-001	M001	20,000	4
O-002	M002	25,000	5
O-003	M001	27,000	6
O-004	M003	20,000	4
O-005	M001	30,000	6
O-006	M002	20,000	4
O-007	M003	26,000	4
O-008	M002	25,000	5

```
SELECT MAX(단가) AS 최대 주문 단가 FROM
(SELECT 고객 ID, SUM(주문 금액) / SUM(수량) AS 단가 FROM 주문 정보 GROUP BY 고
객 ID)
```

① 5,750　　② 5,000　　③ 5,250　　④ 5,550

04 고객 테이블과 주문 정보 테이블을 활용한 다음 SQL 구문의 실행 결과로 올바른 것은?

고객

고객 ID	고객명
M003	이은하
M001	김우주
M002	김은하

주문 정보

주문 번호	고객 ID	주문 금액
O001	M001	20,000
O003	M001	27,000
O004	M003	20,000
O005	M001	30,000
O007	M003	26,000

```
SELECT 고객 ID, 주문 금액 FROM 고객
INNER JOIN 주문 정보
ON 고객.고객 ID=주문 정보.고객 ID
WHERE 주문 정보.주문 금액>27,000
```

①

고객 ID	주문 금액
M001	30,000

②

고객 ID	주문 금액
M001	27,000
M001	30,000

③

고객 ID	주문 금액
M001	20,000
M001	27,000
M001	30,000

④

고객 ID	주문 금액
M001	20,000
M001	27,000
M001	30,000
M003	20,000
M003	26,000

05 다음 SQL 구문을 실행하여 가)와 같은 결과가 출력되었다. (A)에 포함될 명령을 기술하시오.

TAB01
C1
V1
V2
V3
V5

TAB02
C1
V1
V2
V4
V6
V7

```
SELECT * FROM TAB01 (A) JOIN TAB02 ON TAB01.C1=TAB02.C1
```

가)

V1	V1
V2	V2
V3	NULL
V5	NULL

06 고객 테이블과 주문 정보 테이블을 활용한 다음 SQL 구문의 실행 결과로 올바른 것은?

주문 정보

주문 번호	상품 코드	고객 ID	주문 금액	수량
O-001	P001	M001	22,000	4
O-002	P002	M002	25,000	5
O-003	P003	M001	32,000	6
O-004	P002	M003	17,000	4
O-005	P003	M001	30,000	6
O-006	P001	M002	31,000	4
O-007	P001	M003	20,000	4
O-008	P002	M002	25,000	5

고객

고객 ID	고객명
M003	이은하
M001	김우주
M002	김은하

```
SELECT 고객명 FROM 고객
WHERE 고객 ID IN (SELECT 고객 ID FROM 주문 정보 WHERE 주문 금액>30,000)
```

① 이은하, 김우주, 김은하
② 이은하, 김우주
③ 김우주, 김은하
④ 이은하, 김은하

07 주문 정보 테이블에서 판매가 없는 상품을 선별해 상품 정보 테이블에서 삭제하려고 하는 쿼리로 가장 적절한 것을 고르시오.

주문 정보

주문 번호	상품 ID	고객 ID	주문 금액

상품 정보

상품 ID	상품명	단가

① DELETE FROM 주문 정보
　　WHERE 상품 ID IN (SEELCT 상품 ID FROM 상품 정보)
② DELETE FROM 주문 정보
　　WHERE 상품 ID NOT IN (SEELCT 상품 ID FROM 상품 정보)

③ DELETE FROM 상품 정보

　　WHERE 상품 ID IN (SEELCT 상품 ID FROM 주문 정보)

④ DELETE FROM 상품 정보

　　WHERE 상품 ID NOT IN (SEELCT 상품 ID FROM 주문 정보)

08 복수의 테이블을 조인할 때 조인될 테이블을 먼저 정렬 후 정렬된 테이블을 병합(Merge)하며 결합하는 복합 질의를 무엇이라 하는가?

① SELF JOIN　　　　② MERGE JOIN
③ HASH JOIN　　　　④ SORT MERGE JOIN

09 다음 두 테이블에 대한 SQL 구문의 실행 결과는?

MEM

ID	NAME
A	JAMES
B	DAVID
C	JENNY

ORDER

NUM	ID	AMT
O001	A	10000
O002	B	20000
O003	A	30000
O004	B	10000
O005	C	40000
O006	C	10000
O007	A	20000

```
SELECT T1.ID, T1.NAME, ROUND(T2.T_AMT/T2.C_NUM) AS R1 FROM MEM AS T1,
(SELECT ID, SUM(AMT) AS T_AMT, COUNT(ID) AS C_NUM FROM ORDER
GROUP BY ID) AS T2
WHERE T1.ID=T2.ID AND T2.T_AMT>=50000
```

①

ID	NAME	R1
A	JAMES	50000
B	DAVID	30000
C	JENNY	50000

②

ID	NAME	R1
A	JAMES	16667
B	DAVID	15000
C	JENNY	25000

③

ID	NAME	R1
A	JAMES	50000
C	JENNY	50000

④

ID	NAME	R1
A	JAMES	16667
C	JENNY	25000

10 다음 두 테이블에 대한 SQL 구문의 실행 결과가 다음과 같을 때 (A)에 들어갈 코드는?

TAB01	
C01	C02
A	가
B	나
C	다

TAB02		
C01	C02	C03
A	가	10000
C	가	20000
C	다	30000

```
SELECT * FROM
TAB01 T1 RIGHT OUTER JOIN TAB02 T2
USING ( A )
WHERE T2.C03>10000
```

결과			
C02	C01	C01	C03
가	A	C	20000
다	NULL	C	30000

① C01 ② C02
③ C03 ④ C01, C02

단원 점검 문제 정답 및 풀이

문제 1) 정답 ②

풀이 - VIEW에 생성된 내용은 원본 테이블에 영향을 줍니다. VIEW에 정보가 변경되면 원본 테이블의 정보도 변경됩니다.

문제 2) 정답 ③

풀이 - COUNT는 출력되는 행의 개수를 확인하는 함수입니다. TAB01과 TAB02의 INNER JOIN을 쉼표(,)로 표현한 구문이며 두 테이블의 JOIN 결과는 총 4개의 공통 행을 갖습니다.

문제 3) 정답 ①

풀이 - IN-LINE-VIEW 관련 문항입니다. 고객 ID별로 집계하여 각각의 단가를 먼저 계산하면, M001 고객은 4,812.5, M002 고객은 5,000, M003 고객은 5,750입니다. 여기서 가장 높은 단가를 출력하면 M003 고객의 5,750이 출력됩니다. 계산만 정확하면 쉽게 답을 구할 수 있습니다.

문제 4) 정답 ①

풀이 - INNER JOIN의 기본적인 조건인 고객 ID로 두 테이블을 연결한 결과는 1차적으로 ④의 결과가 나옵니다. 여기서 일반 조건 WHERE의 27,000보다 큰 값을 처리하면 M001고객의 주문 금액 30,000인 결과가 출력됩니다.

문제 5) 정답 LEFT OUTER

풀이 - TAB01을 기준으로 LEFT OUTER JOIN한 결과입니다.

문제 6) 정답 ③

풀이 - 서브쿼리의 결과는 고객 ID M001과 M002입니다. 따라서 최종 결과는 고객 ID가 M001, M002인 김우주, 김은하가 출력됩니다.

문제 7) 정답 ④

풀이 - 먼저 ①과 ②는 삭제 대상 테이블이 잘못되었습니다. 상품 정보 테이블에서 삭제되는 것입니다. 주문 정보 테이블은 삭제 대상이 아닙니다. ③은 IN 연산자를 사용해서 주문 정보 테이블에 존재하는 상품 정보를 삭제하는 쿼리가 됩니다. NOT IN을 사용해야 주문 정보에 포함되지 않은 상품이 삭제됩니다.

문제 8) 정답 ④

풀이 - SORT MERGE 조인은 조인할 테이블을 먼저 정렬(SORT)하고 정렬된 테이블을 병합(MERGE)하면서 결합하는 조인 구문을 말합니다.

문제 9) 정답 ④

풀이 - MEM 테이블과 ID를 기준으로 집계 처리된 ORDER 테이블을 조인한 결과를 찾는 문제입니다. 두 테이블을 조인할 때 두 번째 조건 T_AMT가 50000보다 크거나 같은 결과에 대해서만 출력하도록 했습니다. 따라서 주문 총합이 50000 미만인 B는 출력 대상에서 제외됩니다. 출력할 때 총합을 주문 횟수로 나누어 ROUND로 반올림한 결과를 최종 출력하므로 A는 16667, C는 25000이 결과로 반영됩니다.

문제 10) 정답 ②

풀이 - USING은 선택된 컬럼으로 등가 조인을 수행합니다. 조인될 두 테이블에 동일한 컬럼이 있을 때 사용합니다. TAB01에는 C03 컬럼이 존재하지 않기 때문에 C03은 USING에 선택될 수 없는 컬럼입니다. 결국 TAB01에서 C01의 값이 NULL이 나올 수 있는 결과는 C02로 USING 조건을 처리할 때입니다.

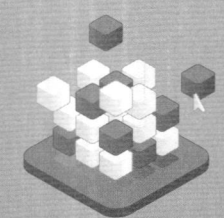

chapter 2
SQL 응용

1. 유용한 기능

이번에는 출력 개수를 조절하는 방법을 확인해 보겠습니다. ORACLE과 MS-SQL은 서로 사용 방법이 다릅니다.

ORACLE
SELECT C1 FROM TAB01 WHERE ROWNUM=숫자
SELECT C1 FROM TAB01 WHERE ROWNUM<=숫자
SELECT C1 FROM TAB01 WHERE ROWNUM<숫자

MS-SQL
SELECT TOP 숫자 C1 FROM TAB01

ORACLE에서는 WHERE 절에 ROWNUM 조건을 명시하고, MS-SQL의 경우 TOP 명령을 통해 출력 개수를 조절합니다.

연습 문제 1

다음과 같이 동일한 결과를 얻기 위해 주어진 두 SQL 구문의 (A)와 (B)에 들어갈 용어를 기술하시오.

성적 테이블

과목명	점수
데이터베이스	100
SQL	90
Query	80

SQL 1. SELECT 과목명, 점수 FROM 성적 테이블 WHERE (A)
SQL 2. SELECT (B) 과목명, 점수 FROM 성적 테이블

> **해설** ORACLE에서는 WHERE 절에 ROWNUM을 비교하여 처리하고 MS-SQL에서는 TOP 명령을 사용합니다.
>
> **정답** A: ROWNUM=3, B: TOP 3

연습 문제 2

주문 정보 테이블에서 총 주문 금액이 100,000 이상인 상위 10개에 상품에 대해 상품 정보 테이블의 단가를 10% 인상하는 SQL 구문으로 적절하지 않은 것을 고르시오.

상품 정보		
상품 ID	상품명	단가

주문 정보			
주문 번호	상품 ID	주문 금액	수량

① UPDATE 상품 정보 SET 단가=단가*1.1
　FROM 상품 정보 AS A,
　(SELECT 상품 ID, SUM(주문 금액) AS 총 금액 FROM 주문 정보
　WHERE ROWNUM=10
　GROUP BY 상품 ID
　HAVING SUM (주문 금액)>=100000
　ORDER BY SUM (주문 금액) DESC) AS B
　WHERE A.상품 ID=B.상품 ID

② UPDATE 상품 정보 SET 단가=단가*1.1
　FROM 상품 정보 AS A,
　(SELECT TOP 10상품 ID, SUM(주문 금액) AS 총 금액 FROM 주문 정보
　GROUP BY 상품 ID
　HAVING SUM (주문 금액)>=100000
　ORDER BY SUM (주문 금액) DESC) AS B
　WHERE A.상품 ID=B.상품 ID

③ UPDATE 상품 정보 SET 단가=단가*1.1 FROM 상품 정보 AS A,
　(SELECT 상품 ID, SUM(주문 금액) AS 총 금액 FROM 주문 정보
　WHERE ROWNUM<11
　GROUP BY 상품 ID
　HAVING SUM (주문 금액)>=100000
　ORDER BY SUM (주문 금액) DESC) AS B
　WHERE A.상품 ID=B.상품 ID

④ UPDATE 상품 정보 SET 단가=단가*1.1 FROM 상품 정보 AS A,
　(SELECT TOP 11>상품 ID, SUM(주문 금액) AS 총 금액 FROM 주문 정보
　GROUP BY 상품 ID
　HAVING SUM (주문 금액)>=100000
　ORDER BY SUM (주문 금액) DESC) AS B
　WHERE A.상품 ID=B.상품 ID

 먼저 상위 10개의 상품이므로 IN-LINE-VIEW 쿼리에 ORDER BY 절을 사용하여 총 주문 금액이 내림차순으로 정렬되도록 했습니다. 그 다음 출력 개수를 10으로 하면 상위 10개의 상품만 출력이 됩니다. ① ~ ③은 ORACEL과 MS-SQL에서 정상적으로 원하는 결과를 얻을 수 있습니다. 하지만 ④의 경우 TOP 명령은 비교연산을 할 수 없습니다.

 ④

SQL 구문의 조건 처리에 대해 확인해 보겠습니다. SQL의 조건 처리는 CASE 구문을 활용하게 됩니다. 프로그래밍 언어에서 사용되는 IF과 동일한 기능을 수행합니다.

SELECT CASE WHEN C1=V1 THEN 결과 END FROM TAB01

조건을 처리하기 위해 CASE로 시작하고 WHEN 뒤에 조건을 명시합니다. 조건이 참(TRUE)일 경우 THEN 뒤에 결과가 실행되는 구조입니다. 마지막 결과 출력 후에는 END를 반드시 작성하셔야 합니다. 기존에 출력된 값을 특별하게 변경할 때 주로 활용됩니다.

연습 문제 3

주문 정보 테이블에서 SELECT 구문 실행 후 다음과 같은 결과를 얻었을 때 (A)에 들어갈 값을 입력하시오.

주문 정보

주문 번호	상품 코드	고객 ID	주문 금액
O-001	P001	M001	18,000
O-003	P003	M002	32,000
O-006	P001	M003	31,000
O-008	P002	M004	25,000

결과

고객 ID	등급
M001	NULL
M002	우수회원
M003	우수회원
M004	NULL

SELECT 고객 ID, CASE WHEN 주문 금액 > (A) THEN '우수고객' EHD AS 등급

 주문 정보 테이블에서 주문 금액을 확인하여 고객의 등급을 처리하는 SQL 구문입니다. CASE WHEN ~ THEN ~ END 구문으로 주문 금액이 30,000 이상인 고객은 우수고객으로 출력하고 별칭을 등급으로 표현했습니다. 중요한 부분은 조건에 부합되지 않는 결과는 NULL로 출력되는 부분입니다.

 30000

조건은 반드시 하나만 명기하지 않습니다. 다중의 조건을 한 번에 처리하는 것도 가능합니다.

SELECT CASE WHEN C1=V1 THEN 결과1 WHEN C2=V2 THEN 결과2 ELSE 결과3 END FROM TAB01

다중의 조건을 처리할 때는 WHEN을 반복 사용하여 처리하고, 마지막 모든 조건에 일치하지 않을 경우 ELSE로 처리하게 됩니다.

연습 문제 4

다음 SQL 구문의 실행 결과로 올바른 것은?

주문 정보

주문 번호	상품 코드	고객 ID	주문 금액
O-001	P001	M001	18,000
O-003	P003	M002	32,000
O-006	P001	M003	31,000
O-008	P002	M004	25,000

SELECT 고객 ID, CASE WHEN 주문 금액 > 30000 THEN '골드'
WHEN 주문 금액 BETWEEN 20000 AND 30000 THEN '실버' ELSE '일반' EHD AS 등급

①
결과

고객 ID	등급
M001	실버
M002	골드
M003	골드
M004	실버

②
결과

고객 ID	등급
M001	일반
M002	골드
M003	골드
M004	실버

③
결과

고객 ID	등급
M001	일반
M002	골드
M003	골드
M004	일반

④
결과

고객 ID	등급
M001	일반
M002	골드
M003	실버
M004	실버

 주문 금액이 30,000보다 크면 골드입니다. M002, M003 고객이 포함됩니다. 다음 조건은 주문 금액이 20,000 이상 30,000 이하의 고객입니다. BETWEEN 연산으로 처리했습니다. M004 고객은 실버입니다. 조건 외 포함되지 않는 고객은 M001로 일반입니다.

 ②

테이블에서 열은 데이터의 속성으로 컬럼을 의미하고 행은 데이터의 실제 값을 의미하게 됩니다. 기본적으로 SQL 구문은 테이블 내 컬럼의 값을 확인하는 구문입니다. 간혹 SQL 구문을 작성할 때 행과 열을 바꿔 출력해야 할 경우가 생깁니다. 이럴 때 사용하는 명령이 바로 PIVOT입니다.

PIVOT (집계(R1) FOR C1 IN (V1, V2))

PIVOT의 가장 기본적인 구문입니다. PIVOT 명령을 통해 선언하고 괄호 안에 내용을 정리합니다. R1은 PIVOT 후 출력될 결괏값을 의미합니다. 일반적으로 집계 내역을 정리합니다. 결괏값 뒤에 FOR 명령을 쓰고 어떤 행을 열로 변환할지 정의해 줍니다. C1은 기준 컬럼, C1이 가지는 값들을 열로 변환하겠다는 의미이고, 다시 IN 명령 뒤에 C1 컬럼 중 V1과 V2값을 열로 변환한다고 괄호로 묶어 선언한 것입니다

S1

년도	건수
2020	20
2021	30
2022	40
2023	50

➡

S2

2020	2021	2022	2023
20	30	40	50

S1은 연도별로 집계된 결과입니다. PIVOT 기본 구문과 비교하여 설명 드리면, R1은 건수가 됩니다. C1은 기준 컬럼으로 연도 값이 열로 변환되는 것이죠. 그리고 2020부터 2023의 모든 값이 열로 변환되었으니 IN 뒤에 괄호로 묶어 표현할 값은 (2001, 2021, 2022, 2023)이 됩니다.

PIVOT (SUM(건수) FOR 연도 IN (2001, 2021, 2022, 2023))

연습 문제 5

SQL 구문을 실행하여 다음과 같이 결과가 출력되었을 때 (A)에 들어갈 PIVOT 쿼리로 가장 알맞은 것은?

판매 정보

판매자	판매 금액	수량
S001	20,000	4
S002	20,000	5
S002	30,000	6
S001	10,000	4
S003	30,000	6
S002	30,000	4
S003	20,000	4
S003	20,000	5

판매자별 판매 금액

S001	S002	S003
30,000	80,000	70,000

SELECT * FROM (SELECT 판매자, 판매 금액 FROM 판매 정보) (A)

① PIVOT (SUM(판매 금액) FOR 판매자 ('S001', 'S002', 'S003'))
② PIVOT (SUM(판매 금액) 판매자 IN ('S001', 'S002', 'S003'))
③ PIVOT (SUM(판매 금액) FOR 판매자 IN (*))
④ PIVOT (SUM(판매 금액) FOR 판매자 IN ('S001', 'S002', 'S003'))

①은 판매자 뒤에 IN이 생략되었습니다. ②은 FOR가 생략되었고 ③은 *을 사용했는데 PIVOT 쿼리를 작성할 때는 정확히 변환 대상을 명시해야 합니다.

 ④

2 계층형 질의

계층형 질의(Hierarchical Query)에 대한 개념부터 정리해 보겠습니다. 계층형 쿼리를 사용하는 경우는 데이터가 상하 관계로 구성된 상황입니다. 동일 테이블에 속한 원소가 계층적인 관계, 즉 상·하위 데이터로 구분될 수 있는 상태를 계층형 데이터라 하고 이를 유연하게 활용하기 위한 쿼리가 바로 계층형 쿼리입니다.

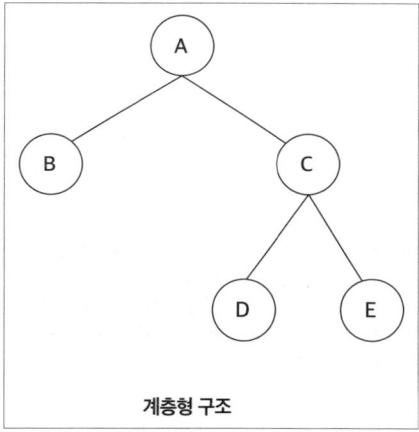

계층형 구조

사번	직속 상사
S001	S000
S002	S001
S003	S002
S004	S003

위 테이블을 살펴보면 사번 S002의 직속 상사는 S001입니다. S003의 상사는 S002입니다. 이처럼 동일 테이블 내 사번과 직속 상사 컬럼은 계층 관계가 형성되어 있습니다. 다른 말로 '순환 관계 모델'이라 합니다. 데이터가 계층 관계를 형성할 때, 가장 기본적으로 활용 가능한 쿼리는 셀프(SELF) 조인입니다.

SELECT * FROM TAB01 AS A, TAB01 B WHERE A.C01=B.C02S

TAB01이라는 하나의 테이블에서 순환 관계로 조인하여 처리하는 가장 기본적인 쿼리 구문입니다.

연습 문제 6

사원정보 테이블을 확인하고 작성된 셀프 조인 구문을 실행하여 다음과 같은 결과가 출력되었을 때 (A)에 들어갈 조건은?

사원 정보

사번	사원명	직속 상사
S001	김우주	S000
S002	김은하	S001
S003	이우주	S002
S004	이은하	S003

결과

사번	사원명
S003	이우주

SELECT B.사번, B.사원명 FROM 사원 정보 AS A, 사원 정보 B
WHERE A.사원명='김은하' (A)

① AND A.사번=B.직속 상사
② AND A.사번=B.사번
③ AND A.직속 상사=B.사번
④ AND A.직속 상사=B.직속 상사

 복잡할 것 같지만 아주 간단한 문제입니다. 먼저 주어진 SQL의 첫 번째 조건에 해당하는 결과를 생각합니다. 사원 정보 A 테이블에서 사원명이 '김은하'인 사람의 결과는 사번 S002와 직속 상사 S001입니다. 최종 결과는 사번이 S003인 이우주 사원이 검색되었습니다. 이우주 사원의 사번은 S003, 직속 상사는 S002입니다. 따라서 김은하 사원과 계층 혹은 순환 관계가 있는 사법은 S002입니다. 이우주 사원의 직속 상사가 김은하 사원이므로 사원 정보 A 테이블의 사번과 사원 정보 B 테이블의 직속 상사 코드가 동일하면 해당 결과를 얻을 수 있는 것입니다. ②를 조건에 대입하면 김은하 사원이 출력되고 ③을 대입하면 김우주 사원이 ④를 대입해도 역시 김은하 사원이 출력됩니다.

 ①

셀프 조인 외 계층 관계가 형성된 테이블을 조회하는 또 다른 방법을 알아보겠습니다. ORACLE 에서 활용하는 구문입니다.

SELECT * FROM TAB01 WHERE C1=V1 START WITH C2=V2 CONNECT BY PRIOR C2=C3

START WITH와 CONNECT BY는 결국 조건을 처리하는 구문입니다. 특별하게 계층형 쿼리에서만 적용되는 조건을 작성할 때 사용합니다. 일반 조건을 처리하는 WHERE 절보다 구문 순서는 뒤에 있지만 실행 순서는 먼저입니다. START WITH 구문은 일종의 시작 지점을 의미합니다.

기준이 되는 부모 데이터 시작 위치이며 생략이 가능합니다. 중요한 구문은 CONNECT BY 입니다. 결과적으로 CONNECT BY 뒤에 조건으로 계층 관계가 형성되는 데이터들입니다. PRIOR는 기준 계층을 지정합니다. PRIOR 뒤에 계층 데이터를 기준으로 상위 데이터를 검색할지 하위 데이터를 검색할지를 결정합니다.

PRIOR 상위 데이터=하위 데이터 → 상위 데이터를 기준으로 하위 데이터 검색
PRIOR 하위 데이터=상위 데이터 → 하위 데이터를 기준으로 상위 데이터 검색

연습 문제 7

사원 정보 테이블을 확인하고 작성된 셀프 조인 구문을 계층형 쿼리로 변경할 때 올바른 것은?

사원 정보

사번	사원명	직속 상사
S001	김우주	S000
S002	김은하	S001
S003	이우주	S002
S004	이은하	S003

SELECT B.사번, B.사원명 FROM 사원 정보 AS A, 사원 정보 B
WHERE A.사원명='김은하' AND A.사번=B.직속 상사

① SELECT 사번, 사원명 FROM 사원 정보
  WHERE ROWNUM=1
  SATRT WITH 사원명='김은하'
  CONNECT BY PRIOR 직속 상사=직속 상사

② SELECT 사번, 사원명 FROM 사원 정보
  WHERE ROWNUM=1
  SATRT WITH 사원명='김은하'
  CONNECT BY PRIOR 사번=사번

③ SELECT 사번, 사원명 FROM 사원 정보
  WHERE ROWNUM=1
  SATRT WITH 사원명='김은하'
  CONNECT BY PRIOR 사번=직속 상사

④ SELECT 사번, 사원명 FROM 사원 정보
  WHERE ROWNUM=1
  SATRT WITH 사원명='김은하'
  CONNECT BY PRIOR 직속 상사=사번

셀프 조인 구문은 사원명이 김우주인 직원을 시작으로 하위 직원을 찾는 쿼리입니다. 이를 계층형 쿼리로 변경하면 시작 위치는 김은하 사원부터 시작되고 해당 사원의 하위 직원이 되므로 PRIOR은 하위 사원 검색 순으로 처리해야 합니다. 즉, 검색된 사번이 직속 상사로 되어 있는 사원의 정보를 찾는 것이죠. 만약 'PRIOR 직속 상사=사원'이 CONNECT BY 조건이 되면 상위 사원을 검색하는 조건이 됩니다. 셀프 조인 쿼리의 결과는 이우주 사원 한 명을 출력하는 쿼리이므로 ROWNUM 으로 출력 개수를 조절합니다.

 ③

EMPLOYEE			EMPLOYEE	
EMP	MGR		EMP	MGR
A			A	
B	A		B	A
C	A		C	A
D	B		D	B
E	B		E	B

셀프(SELF JOIN)

TIP | 계층형 쿼리는 SQL을 처음 시작하는 분들에게 이해하기 쉽지 않은 쿼리입니다. START WITH 는 시작 위치를 지정하는 조건이므로 큰 문제가 없습니다. CONNECT BY 구문에 나온 조건을 유심히 살피고 상하 관계를 파악하는 훈련을 하시면 많은 도움이 됩니다. 엄밀히 따지면 계층형 쿼리는 관계형 DB에서 설계가 잘못된 경우일 수 있습니다. 계층 구조는 정규화 처리하여 테이블로 분리되는 것이 맞습니다.

연습 문제 8

사원 정보 테이블을 확인하고 작성된 계층형 쿼리의 결과는?

사원 정보

사번	사원명	직속 상사
S001	김우주	S000
S002	김은하	S001
S003	이우주	S002
S004	이은하	S003

SELECT 사번, 사원명 FROM 사원 정보
SATRT WITH 사원명='김우주'
CONNECT BY PRIOR 사번=직속 상사

① 1   ② 2   ③ 3   ④ 4

김우주 사원을 시작으로(START WITH) 하위 직원을 검색하는 쿼리입니다. 김우주 사원의 사번이 S001이고 하위 직원이 김은하, 김은하 사원의 하위가 이우주, 이우주 사원의 하위 사원은 이은하 사원입니다.

 ③

그룹 함수

집계 처리를 위한 구문인 GROUP BY 절을 활용할 때 몇 가지 유용한 추가 기능이 있습니다. 단순 GROUP BY 구문을 통한 집계는 기준이 되는 항목별 집계만을 처리합니다.

단순 GROUP BY 집계

GROUP1	SUM
A	100
B	90
C	80

제시된 단순 GROUP BY 집계 내용은 컬럼 GROUP1을 기준으로 총합을 집계 처리한 아주 기본적인 GROUP BY 구문입니다. 다음 예시도 살펴 보겠습니다.

복합 GROUP BY 구문

GROUP1	GROUP2	SUM
A001	A	100
A002	B	90
A003	C	80
A001	D	80
A002	E	100
A003	F	100

복합 GROUP BY 구문을 보시면 GROUP1, GROUP2 두 개의 컬럼이 기준이 되어 집계가 되었습니다. 그런데 집계된 결과를 살펴보면 결국 GROUP2 컬럼, 즉 중복이 존재하지 않는 최소 단위를 기준으로 집계된 것을 알 수 있습니다. A001, A002, A003의 집계 결과는 확인이 안되는 것이죠.

복합 GROUP BY 구문의 SUBTOTAL

GROUP1	GROUP2	SUM
A001	A	100
A001	D	80
SUBTOTAL		180
A002	B	90
A002	E	100
SUBTOTAL		190
A003	C	80
A003	F	100
SUBTOTAL		180

이처럼 우리가 흔히 SUBTOTAL이라고 부르는 GROUP1의 집계를 확인하고 싶을 때 활용되는 함수가 바로 그룹 함수입니다. 그룹 함수를 사용할 때는 두 개 이상의 컬럼을 기준으로 집계 처리할 때 활용됩니다. 하나씩 살펴보도록 하겠습니다.

먼저 소그룹 간의 집계, 즉 SUBTOTAL과 전체 TOTAL을 확인하는 ROLLUP입니다. ROLLUP은 가장 기본이 되는 그룹 함수입니다.

GROUP BY ROLLUP(C01, C02···)

일반적인 GROUP BY 구문

GROUP1	GROUP2	SUM
A001	A	100
A002	B	90
A003	C	80
A001	D	80
A002	E	100
A003	F	100

ROLLUP GROUP BY 구문

GROUP1	GROUP2	SUM
A001	A	100
A001	D	80
A001		180
A002	B	90
A002	E	100
A002		190
A003	C	80
A003	F	100
A003		180
		550

연습 문제 9

주문 테이블에서 다음 SQL의 실행 결과로 정확한 것은?

주문 정보

주문 번호	상품 코드	고객 ID	주문 금액	수량
O-001	P001	M001	22,000	4
O-002	P002	M002	25,000	5
O-003	P003	M001	30,000	6
O-004	P002	M003	17,000	4
O-005	P003	M001	30,000	6
O-006	P001	M002	31,000	4
O-007	P001	M003	20,000	4
O-008	P002	M002	25,000	5

SELECT 상품 코드, 고객 ID, SUM(수량) FROM 주문
WHERE 고객 ID='M001'
GROUP BY ROLLUP(상품 코드, 고객 ID)

①

상품 코드	고객 ID	수량
P001	M001	4
P003	M001	6
P003	M001	6

②

상품 코드	고객 ID	수량
P001	M001	4
P003	M001	6
P003	M001	6
P003		12

③

상품 코드	고객 ID	수량
P001	M001	4
P001		4
P003	M001	6
P003	M001	6
P003		12
		16

④

상품 코드	고객 ID	수량
P001	M001	4
P001		4
P003	M001	6
P003	M001	6
P003		12
		16

 조건이 먼저 확인됩니다. M001 고객의 정보만 출력됩니다. 집계 기준은 상품 코드와 고객 ID 컬럼입니다. ROLLUP 처리되므로 부분 집계도 함께 나옵니다. M001 고객은 P001, P003 총 2개의 상품을 주문했습니다. 따라서 최종 집계는 M001 고객에 대한 상품 P001, P003의 개별 집계 P001, P003 상품에 대한 부분 집계 그리고 최종 집계 총 4가지가 출력됩니다.

 ③

그룹 함수 두 번째는 CUBE입니다. CUBE를 간단하게 이해하면 ROLLUP보다 한 차원 더 상세한 SUBTOTLA을 제공합니다. 집계 기준이 되는 컬럼의 개수가 가지는 경우의 수를 모두 반영하여 SUBTOTAL을 구해줍니다.

GROUP BY CUBE(C01, C02⋯)

일반적인 GROUP BY 구문		
GROUP1	GROUP2	SUM
A001	A	100
A002	B	90
A003	C	80
A001	B	80
A002	C	100
A003	A	100

ROLLUP GROUP BY 구문		
GROUP1	GROUP2	SUM
A001	A	100
A001	B	80
A001		180
A002	B	90
A002	C	100
A002		190
A003	A	100
A003	C	80
A003		180
		550

CUBE GROUP BY 구문		
GROUP1	GROUP2	SUM
A001	A	100
A003	A	100
	A	200
A001	B	80
A002	B	90
	B	170
A002	C	100
A003	C	80
	C	180
A001		180
A002		190
A003		180
		550

예시를 보시면 ROLLUP과 CUBE의 차이가 확연히 구분됩니다. ROLLUP의 경우 GROUP1의 SUBTOTAL만 계산되고 GROUP2의 SUBTOTAL은 계산되지 않습니다. 하지만 CUBE의 경우는 집계 대상이 된 컬럼의 모든 SUBTOTAL을 계산하여 출력합니다. 따라서 ROLLUP의 경우는 컬럼의 순서가 중요하지만 CUBE의 경우에는 컬럼의 순서가 바뀌어도 결과가 동일합니다.

연습 문제 10

주문 테이블에서 다음 SQL의 실행 결과로 정확한 것은?

주문

주문 번호	상품 코드	고객 ID	주문 금액	수량
O-001	P001	M001	22,000	4
O-002	P002	M002	25,000	5
O-003	P003	M001	30,000	6
O-004	P002	M003	17,000	4
O-005	F003	M001	30,000	6
O-006	F001	M002	31,000	4
O-007	F001	M003	20,000	4
O-008	F002	M002	25,000	5

SELECT 상품 코드, 고객 ID, SUM(수량) FROM 주문
WHERE 고객 ID='M001'
GROUP BY CUBE(상품 코드, 고객 ID)

①
상품 코드	고객 ID	수량
P001	M001	4
P003	M001	6
P003	M001	6

②
상품 코드	고객 ID	수량
P001	M001	4
P003	M001	6
P003	M001	6
P003		12

③
상품 코드	고객 ID	수량
P001	M001	4
P001		4
P003	M001	6
P003	M001	6
P003		12
		16

④
상품 코드	고객 ID	수량
P001	M001	4
P003	M001	6
P003	M001	6
	M001	16
P001		4
P003		12
		16

해설 조건이 먼저 확인됩니다. M001 고객의 정보만 출력됩니다. 집계 기준은 상품 코드와 고객 ID 컬럼입니다. CUBE 처리되므로 기준이 된 두 컬럼의 모든 부분 집계(SUBTOTAL)가 출력됩니다.

> **TIP |** CUBE 함수의 경우 컬럼의 결합 가능한 경우의 수를 모두 집계하여 다차원으로 출력하기 때문에 ROLLUP에 비해 연산 시간이 깁니다. ROLLUP에 비해 시스템 연산이 많고 부담을 줄 수 있기 때문에 신중히 사용해야 합니다.

마지막으로 확인한 집계함수는 GROUPING SETS 함수입니다. 집계 대상이 되는 컬럼별로 각각 집계 처리해주는 함수입니다.

GROUP BY GROUPING SETS(C01, C02…)

일반적인 GROUP BY 구문			ROLLUP GROUP BY 구문			CUBE GROUP BY 구문			GROUPING SETS GROUP BY 구문		
GROUP1	GROUP2	SUM	GROUP1	GROUP2	SUM	GROUP1	GROUP2	SUM	GROUP1	GROUP2	SUM
A001	A	100	A001	A	100	A001	A	100		A	200
A002	B	90	A001	B	80	A003	A	100		B	170
A003	C	80	A001		180		A	200		C	180
A001	B	80	A002	B	90	A001	B	80	A001		180
A002	C	100	A002	C	100	A002	B	90	A002		190
A003	A	100	A002		190		B	170	A003		180
			A003	A	100	A002	C	100			
			A003	C	80	A003	C	80			
			A003		180		C	180			
					550	A001		180			
						A002		190			
						A003		180			
								550			

GROUPING SETS 함수를 활용하면 C01과 C02의 집계를 각각 처리하게 되는 것이죠. 쉬운 예를 들자면 아래처럼 두 개의 GROUP BY 구문이 실행된 결과를 UNION ALL한 것과 똑같은 결과를 얻게 됩니다.

SELECT C01, C02, SUM(C03) GROUP BY GROUPING SETS(C01, C02)
=
SELECT C01, SUM(C03) GROUP BY GROUPING SETS(C01)
UNION ALL
SELECT C02, SUM(C03) GROUP BY GROUPING SETS(C02)

실질적으로 GROUPING SETS은 대상 컬럼의 연결된 집계는 구할 수 없는 것이죠. 하지만 여러 컬럼의 집계를 각각 구해야 할 경우 매우 유용하게 사용할 수 있는 함수가 됩니다.

연습 문제 11

주문 테이블에서 다음 SQL의 실행 결과로 정확한 것은?

주문

주문 번호	상품 코드	고객 ID	주문 금액	수량
O-001	P001	M001	22,000	4
O-002	P002	M002	25,000	5
O-003	P003	M001	30,000	6
O-004	P002	M003	17,000	4
O-005	P003	M001	30,000	6
O-006	P001	M002	31,000	4
O-007	P001	M003	20,000	4
O-008	P002	M002	25,000	5

SELECT 상품 코드, 고객 ID, SUM(수량) FROM 주문

WHERE 고객 ID='M001'

GROUP BY CUBE(상품 코드, 고객 ID)

①
상품 코드	고객 ID	수량
P001	M001	4
P003	M001	6
P003	M001	6

②
상품 코드	고객 ID	수량
	M001	16
P001		4
P003		12

③
상품 코드	고객 ID	수량
P001	M001	4
P001		4
P003	M001	6
P003	M001	6
P003		12
		16

④
상품 코드	고객 ID	수량
P001	M001	4
P003	M001	6
P003	M001	6
	M001	16
P001		4
P003		12
		16

 조건이 먼저 확인됩니다. M001 고객의 정보만 출력됩니다. 집계 기준은 상품 코드와 고객 ID 컬럼입니다. GROUPING SETS 처리되므로 기준이 된 두 컬럼을 각각 집계 처리합니다.

 ②

4 WINDOW 함수

RDB는 속성, 그러니까 컬럼의 관계에 따라 비교하고 연산하고 집계 처리를 하는데 매우 유용합니다. 테이블은 열과 행으로 구성되어 있기 때문에 열과 열의 관계를 파악하는데 더 유리하다는 의미가 됩니다. 이는 다시 말하면 행과 행의 관계를 파악하기에는 쉽지 않다는 이야기입니다. 하지만 전혀 불가능한 것은 아닙니다. 이를 해결하기 위한 함수가 바로 윈도우 함수입니다.

윈도우 함수는 행과 행의 관계를 정의하기 위해 제공되는 함수들입니다. 윈도우 함수를 통해서 순위, 합계, 평균, 행 위치 등을 파악할 수 있습니다. 일반적인 집계함수에서 다루는 내용도 포함됩니다. 단, 일반적인 집계함수처럼 윈도우 함수를 사용 시에는 GROUP BY 절과 함께 사용할 수는 없습니다. 대신에 PARTITION이라는 개념이 적용됩니다. GROUP BY 절과 마찬가지로 특정한 기준으로 구분하는 역할을 담당합니다. 그리고 윈도우 함수를 사용하여 처리된 결과는 전체 행의 개수와 동일하다는 점도 기억하기 바랍니다.

역할	함수명	설명
순위함수	RANK	지정된 컬럼 및 PARTITION에 대한 순위를 계산. 동일한 순위는 동일한 값을 갖음
	DENSE_RANK	동일한 순위를 하나의 건수로 계산
	ROW_NUMBER	동일한 순위 결과에 대한 고유의 순위를 부여
집계함수	SUM	지정된 PARTITION의 총합
	AVG	지정된 PARTITION의 평균
	COUNT	지정된 PARTITION의 개수
	MAX	지정된 PARTITION의 최댓값
	MIN	지정된 PARTITION의 최솟값
행 위치 함수 (ORACLE만 지원)	FIRST_VALUE	지정된 PARTITION의 첫 번째 값. MIN함수와 동일한 결과
	LAST_VALUE	지정된 PARTITION의 마지막 값
	LEAD	특정 위치의 행을 호출
	LAG	이전 행의 값

연습 문제 12

다음 윈도우 함수에 대한 설명 중 옳지 않은 것을 고르시오.

① 윈도우 함수를 사용할 때 필요에 따라 GROUP BY 절과 병행 사용이 가능하다.
② 대표적인 윈도우 함수는 RANK, SUM, AVG, COUNT 함수 등이 있다.
③ PARTITION은 특정한 기준에 따라 처리될 구간을 구분하는 역할을 담당한다.
④ 윈도우 함수로 처리된 결과 건수는 변화가 없다.

 윈도우 함수를 사용할 때는 GROUP BY 절과 병행 사용이 불가합니다. 대신 유사한 개념의 PARTITION이 해당 기능을 담당하게 됩니다.

 ①

윈도우 함수의 기본적인 구문은 다음과 같습니다.

**SELECT 윈도우 함수명( ) OVER ([PARTITION BY 컬럼명] [ORDER BY 컬럼명] [WINDOWING 절])
FROM 테이블명**

윈도우 함수를 사용할 때는 반드시 OVER를 함께 사용합니다. 꼭 기억해 주시기 바랍니다. OVER 뒤 괄호 안에 윈도 함수를 위한 조건을 몇 가지 나열하게 됩니다. 첫 번째는 PARTITION BY 명령입니다. PARTITION BY 절은 일반 집계함수의 GROUP BY와 유사한 기능으로 특정 기준 항목을 명시하게 됩니다. ORDER BY 정렬 기준이 됩니다. 마지막으로 WINDOWING 절을 작성하게 되는데 해당 구문은 MS-SQL에서는 제공되지 않고 ORACLE에서만 제공됩니다. WINDOWING 절은 함수로 구하게 될 행의 범위를 설정하는 역할을 담당합니다. 윈도우 함수를 위한 조건은 필요에 따라 생략이 가능합니다.

조건을 지정할 때 PARTITION BY와 ORDER BY를 사용할 때는 PARTITION BY와 ORDER BY를 반드시 작성하고 뒤에 컬럼명이 명시되지만, WINDOWING 절은 WINDOWING이라는 명령은 사용하지 않고 다음의 항목이 직접 작성됩니다.

- BETWEEN A AND B : 윈도우 함수로 처리될 시작(A)과 끝(B) 위치를 지정
- UNBOUNDED PRECEDING : 첫 번째 행부터 윈도우 함수로 처리될 시작임을 명시
- UNBOUNDED FOLLOWING : 마지막 행까지 윈도우 함수로 처리될 끝임을 명시
- CURRENT ROW : 현재 행부터 윈도우 함수로 처리될 시작임을 명시

연습 문제 13

다음 SQL 구문에 대한 설명으로 올바른 것은?

SELECT 사원 코드, 부서, RANK(급여) OVER
(ORDER BY 급여 ROWS
BETWEEN UNBOUNDED PRECEDING AND UNBOUNDED FOLLOWING) 총 급여
FROM 급여 정보

① ORDER BY 급여는 ORDER BY 급여 DESC와 동일하다.
② GROUP BY 절을 활용하여 집계 처리해도 동일한 행의 개수를 가진다.
③ 부서로 구분하여 부서 내 사원별 급여 순위를 확인할 수 있다.
④ 급여 정보 테이블의 첫 번째 행부터 마지막 행까지 사원별 급여 순위를 계산한다.

 윈도우 함수의 아주 기본적인 구문입니다. PARTITION 정보가 없기 때문에 특정한 기준 파티션은 없습니다. 만약 부서 내 사원별 급여 순위를 확인하고자 한다면 'PARTITION BY 부서'가 조건으로 포함되어야 합니다. ORDER BY 절에서 ASC, DESC가 명시되지 않으면 기본은 ASC 입니다. 윈도우 함수의 결과는 GROUP BY 절의 결과와 행의 개수가 다릅니다.

 ④

연습 문제 14

SQL 구문의 실행 결과가 다음과 같다면 (A)에 들어갈 함수로 올바른 것은?

결과		
C1	C2	C3
S004	10,000	1
S001	20,000	2
S002	20,000	2
S007	20,000	2
S008	30,000	3
S003	30,000	3
S005	40,000	4
S006	50,000	5

SELECT C1, C2, (A) ( ) OVER (ORDER BY C2) AS C3
FROM TAB01

① RANK
② ROW_NUMBER
③ DENSE_RANK
④ ROW_NUMBER

 RANK는 중복 값을 동일한 순위를 부여하고 다음 값은 중복 개수를 포함한 순위를 부여합니다. 만약 RANK 함수를 사용했다면 S008의 C3 값은 5가 됩니다. DENSE_RANK는 역시 중복 값은 동일 순위이지만, ROW_NUMBER는 중복 값을 무시하고 순차적으로 순위를 부여합니다. 만약 ROW_NUMBER를 사용했다면 S002는 값이 3이 됩니다. ROW_NUMBER은 출력 개수를 조절하는 코드로 ORDER B 절에 활용됩니다.

 ③

5 단원 점검 문제

01 다음 SQL의 실행 결과 A에 들어갈 값은?

판매 정보		
판매자	연도	수량
S001	2022	4
S002	2020	5
S002	2022	6
S001	2021	4
S003	2020	6
S002	2023	4
S003	2021	4
S003	2023	5

결과		
판매자	2022	2023
S001		
S002		A
S003		

```
SELECT * FROM (SELECT 판매자, 연도, 수량 FROM 판매 정보
WHERE 연도 IN (2022, 2023))
PIVOT (SUM(수량) FOR 연도 IN (2020, 2023))
```

① 9 ② 4 ③ 5 ④ 10

02 사원 정보 테이블을 확인하고 작성된 구문을 실행하여 다음과 같은 결과가 출력되었을 때 (A)에 들어갈 조건은?

사원 정보		
사번	사원명	직속 상사
S001	김우주	S000
S002	김은하	S001
S003	이우주	S002
S004	이은하	S003

결과	
사번	사원명
S001	김우주

```
SELECT 사번, 사원명 FROM 사원 정보
SATRT WITH 사원명='김은하'
CONNECT BY (A)
```

① PRIOR 직속 상사=사번
② PRIOR 직속 상사= 직속 상사
③ PRIOR 사번=사번
④ PRIOR 사번=직속 상사

03 TAB01에 대해 SQL 구문을 실행하여 다음과 같은 결과를 얻었을 때 (A)에 들어갈 명령어를 작성하시오.

TAB01

C01	C02	C03
A001	A	100
A002	B	90
A003	C	80
A001	B	80
A002	C	100
A003	A	100

결과

C01	C02	SUM(C03)
A001	A	100
A001	B	80
A001		180
A002	B	90
A002	C	100
A002		190
A003	A	100
A003	C	80
A003		180
		550

```
SELECT C01, C02, SUM(C03) FROM TAB01
GROUP BY (A)(C01, C02)
```

04 TAB01에 대해 SQL 구문을 실행하여 얻을 수 있는 결과에 대한 설명으로 부적절한 것은?

TAB01

C01	C02	C03
A001	A	100
A002	B	90
A003	C	80
A001	B	80
A002	C	100
A003	A	100

```
SELECT C01, C02, RANK(C03) OVER
(PARTITION BY C02 ORDER BY C02, C03) R01
FROM TAB01
```

① 전체 순위가 아닌 C02내에서의 C01의 순위가 출력된다.
② 1위부터 6위 까지의 순위가 차례로 출력된다.
③ C02가 A이고 C01이 A001이 가장 먼저 출력된다.
④ 동일한 순위를 갖는 결과는 2개의 행이다.

05 아래 SQL의 실행 결과가 다음과 같을 때 (A)에 들어갈 함수는?

```
SELECT C01, C02, C03, (A) () OVER (ORDER BY C03) AS R01
FROM TAB01
```

TAB01

C01	C02	C03	R01
S001	A	1000	1
S002	B	1500	2
S003	C	1500	2
S004	D	2000	4
S005	E	2000	4
S006	F	2500	6
S007	G	3000	7

① RANK　　② DENSE_RANK　　③ PERCENT_RANK　　④ ROW_NUMBER

06 아래 SQL의 구문의 실행 순서를 작성하시오.

```
1. SELECT C01, C02, RANK () OVER (ORDER BY C02) AS R01
2. FROM TAB01
3. WHERE C03=1000 AND ROWNUM>=3
4. ORDER BY C01
```

07 다음 두 구문이 동일한 결과를 가질 때 (A)와 (B)에 들어갈 용어를 차례로 나열한 것은?

```
SQL 1)
SELECT TOP(10) (A) *
FROM TAB01
ORDER BY C03 DESC

SQL 2)
SELECT * FROM
(SELECT C01, C02, C03, (B) ( ) OVER (ORDER BY C03 DESC) AS R01 FROM TAB01)
WHERE R01 <=10
```

① PERCENT, RANK   ② PERCENT, DENSE_RANK
③ WITH TIES, RANK   ④ WITH TIES, DESSE_RANK

08 사원 정보 테이블에 대한 SQL 구문의 실행 결과는?

사원 정보

사번	사원명	직속 상사
S001	김우주	S000
S002	김은하	S001
S003	이우주	S002
S004	이은하	S001

SELECT B.사번, B.사원명
FROM 사원 정보 A, 사원 정보 B
WHERE A.사원명 = 김우주 AND A.사번=B.직속 상사

①

사번	사원명
S001	김우주

②

사번	사원명
S001	김우주
S002	김은하
S003	이우주
S004	이은하

③

사번	사원명
S001	김우주
S002	김은하
S004	이은하

④

사번	사원명
S002	김은하
S004	이은하

09 VEN 테이블에 대한 SQL 구문의 실행 결과는?

VEN

VEN_NO	VEN_NAME	CATEGORY	HQ
V001	STORE1	DRINK	V000
V002	STORE2	BEER	V001
V003	STORE3	SNACK	V002
V004	STORE4	BEER	V001
V005	STORE4	SNACK	V004

SELECT VEN_NO, VEN_NAME, CATEGORY
FROM VEN
START WITH VEN_NAME='STORE1'
CONNECT BY HQ = PRIOR VEN_NO AND CATEGORY<>'BEER'

①

VEN_NO	VEN_NAME	CATEGORY
V001	STORE1	DRINK

②

VEN_NO	VEN_NAME	CATEGORY
V001	STORE1	DRINK
V003	STORE3	SNACK
V005	STORE4	SNACK

③

VEN_NO	VEN_NAME	CATEGORY
V002	STORE2	BEER
V004	STORE4	BEER

④

VEN_NO	VEN_NAME	CATEGORY
V003	STORE3	SNACK
V005	STORE4	SNACK

10 다음 SQL 구문의 실행 결과가 다음과 같을 때 (A)에 들어갈 코드는?

PRODUCT

CODE	V_AMT1	V_AMT2	V_AMT3
P001	100	200	300
P002	200	300	400
P003	300	400	500
P004	400	500	600
P005	500	600	700

```
SELECT CODE, VENDOR, AMT
FROM PRODUCT
UNPIVOT (AMT FOR VENDOR IN (A))
WHERE CODE='P003'
ORDER BY AMT DESC
```

결과

CODE	VENDOR	AMT
P003	V_AMT3	500
P003	V_AMT2	400
P003	V_AMT1	300
P004	400	500
P005	500	600

① V_AMT1, V_AMT2, V_AMT3 ② V_AMT3, V_AMT2, V_AMT1
③ AMT, CODE, VENDOR ④ CODE, VENDOR, AMT

단원 점검 문제 정답 및 풀이

문제 1) 정답 ②

풀이 - PIVOT 테이블에 대한 문제입니다. 2022년과 2023년의 판매 건수를 확인하는 쿼리로 S002의 2023년 총 판매 건수는 4개입니다.

문제 2) 정답 ①

풀이 - 쿼리의 실행 결과는 김은하 사원의 직속 상사를 찾는 구문입니다. 김은하 사원의 직속 상사의 상위 사원을 찾는 구문으로 작성합니다. 만약 PRIOR 사번=직속 상사가 되면 김은하 사원을 시작으로 하위 직원을 찾은 구문이 되어 이우주, 이은하 사원까지 직속 관계가 형성된 모든 사원이 출력됩니다.

문제 3) 정답 ROLLUP

풀이 - 집계 대상이 된 컬럼 C01과 C02 중 C01에 대해 부분 집계(SUBTOTAL)가 이루어진 결과입니다.

문제 4) 정답 ②

풀이 - PARTITION이 명시되어 있습니다. C02를 기준으로 C01의 각각의 순위가 출력됩니다. 따라서 1위부터 6위까지의 전체 순위는 알 수 없습니다. 정렬 기준이 C02와 C03을 기준으로 오름차순이므로 C02의 A PARTITION이 가장 빠른 출력 대상이 되고 그중에서 순위가 가장 빠른 A003이 제일 먼저 출력이 됩니다.

문제 5) 정답 ①

풀이 - 순위함수 중 중복 순위를 포함하여 다음 순위를 부여하는 것은 RANK 입니다.

문제 6) 정답 2 → 3 → 1 → 4

풀이 - 일반적인 SQL 구문의 실행 순서는 FROM → WHERE → GROUP BY → HAVING → SELECT →

ORDER BY 의 순으로 처리됩니다.

문제 7) 정답 ①

풀이 - MS-SQL의 TOP 명령을 사용하여 출력 개수를 조정할 때 PERCENT를 함께 사용하면 백분율로 계산된 수만큼 행이 출력되고, WITH TIES를 사용하면 값이 동일한 결과를 포함해서 반환합니다. 즉, 동일 순위를 포함한다는 의미가 되므로 ORACLE의 RANK와 동일한 결과를 갖습니다.

문제 8) 정답 ④

풀이 - 전형적인 셀프 조인 구문입니다. 문제를 접근하고 푸는 방법은 셀프 조인도 일반 등가 조인 구문처럼 취급하면 간단합니다. 사원명이 김우주인 사원이 매니저로 등록된 사원을 검색하는 문제입니다.

문제 9) 정답 ①

풀이 - CONNECT BY 절에서 CATEGORY<>'BEER'를 명시했습니다. 일단 CATEGORY가 'BEER'인 결과는 제외를 합니다. 중요한 부분은 CONNECT BY 절에서 처리된 조건은 하위 계층 처리에도 영향을 주게 됩니다. CATEGORY가 BEER인 VEN_NO의 HQ가 STORE1이면 STORE1보다 하위 HQ도 출력 대상에서 제외됩니다. VEN_NAME이 STORE1부터 출발하므로 결국 하위 모든 STORE가 제외되는 것이죠. 따라서 STORE1 본인만 출력됩니다.

문제 10) 정답 ②

풀이 - UNPIVOT은 열을 행으로 전환 출력합니다. UNPIVOT의 사용 방법만 알면 어렵지 않습니다. 결과가 열이 그대로 행으로 표현된 것이므로 열의 순서를 차례로 입력하면 해결됩니다. ORDER BY에 따른 정렬 순서를 잘 체크해 주세요. V_AMT3, 2, 1 순으로 정렬됩니다.

모의고사 1회

01 다음 모델링에 대한 설명 중 적절한 것은?

① 데이터베이스 구축 시에는 반드시 개념적 모델링을 기반으로 한다.
② 모델링은 물리 모델링 → 논리 모델링 → 개념 모델링 순으로 진행한다.
③ 논리 모델링에서 지정한 외래키는 물리 모델링에서도 반드시 구현되어야 한다.
④ 모델링의 핵심은 개체, 속성, 관계이다.

02 다음 중 나머지 것들과 성격이 다른 하나는?

① 대출 정보
② 고객 정보
③ 사원 정보
④ 지점 정보

03 다음에서 설명하는 데이터 모델링 단계는?

> 데이터 모델링 과정 중 모델링의 완성도가 가장 높은 단계로 데이터베이스 구축을 위한 스키마 설계 이전 단계를 의미한다.

① 개념적 모델링
② 논리적 모델링
③ 추상적 모델링
④ 물리적 모델링

04 다음 데이터 모델에서 식별 관계를 모두 고르시오.

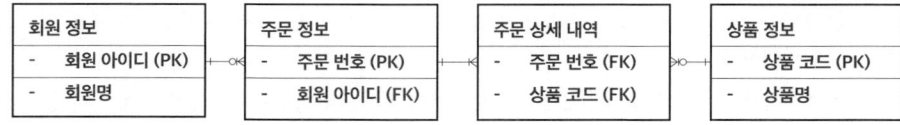

> 가. 회원 정보 - 주문 정보
> 나. 주문 정보 - 주문 상세 내역
> 다. 상품 정보 - 주문 상세 내역

① 가, 나, 다
② 가, 나
③ 나, 다
④ 가, 다

05 다음 데이터 모델에 대한 관계를 설명한 것으로 적절한 것을 고르시오.

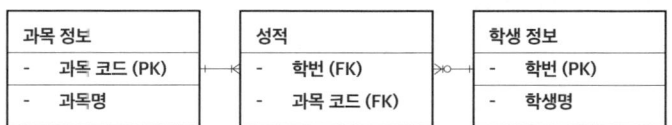

① 학생 정보가 입력되면 성적 정보가 반드시 입력된다.
② 과목 정보가 입력되면 성적도 하나 이상의 정보가 입력되어야 한다.
③ 성적에는 과목 정보와 학생 정보가 중복되어 입력될 수 없다.
④ 과목 정보와 학생 정보는 M:M의 관계다.

06 다음 테이블의 이상 현상에 대한 설명으로 적절하지 않은 것은?

과목 코드	학번	과목명	학생명	학년	학점	담당 교수
A001	202101	데이터베이스	김우주	3	B	김교수
A002	202102	SQL	김은하	4	A	이교수
A003	202103	Query	이우주	3	B	박교수
A002	202104	SQL	이은하	2	C	이교수
A005	202105	Relation	전군	4	A	전교수
A006	202106	Join Query	김우주	2	B	장교수

① 갱신이상 - 김우주 학생의 학점을 A로 수정하면 3학년, 2학년 두 명의 동명이인의 정보가 수정된다.
② 삽입이상 - SQL 과목을 수강하는 새로운 학생 홍길동을 등록하려면 불필요한 과목 정보도 중복 입력해야 한다.
③ 조회이상 - 3학년 학생의 정보를 조회하면 불필요한 과목 정보와 담당 교수 정보가 함께 조회된다.
④ 삭제이상 - 담당 교수인 이교수의 정보를 삭제하면 SQL 과목과 김은하, 이은하 학생의 정보까지 모두 삭제된다.

07 다음 속성에 대한 설명으로 옳은 것을 고르시오.

① 각각의 인스턴스가 가지는 특성을 의미한다.
② 하나의 속성에는 다양한 값이 저장될 수 있다.
③ 엔티티는 오직 한 개의 속성으로 구성된다.
④ 속성은 값을 갖지만 인스턴스를 구분하는 역할은 아니다.

08 다음 중 반정규화에 대한 설명으로 잘못된 것을 고르시오.

① 통계, 중복, 이력 등의 테이블을 추가하여 반정규화를 진행한다.
② 데이터의 입출력이 많아 조회 시 성능이 저하되거나 조인 시 발생하는 성능 저하를 방지하기 위해 수행한다.
③ 속성 값을 호출할 때 속도 등의 성능 저하 문제가 예상될 경우 수행한다.
④ 반정규화 처리되면 데이터 무결성이 일부 깨질 가능성이 있지만 반드시 데이터 무결성을 고려할 필요는 없다.

09 다음 중 SQL 구문이 잘못 짝지어진 것을 고르시오.

① DDL - CREATE, ALTER
② DCL - GRANT, REVOKE
③ DML - SELECT, DROP
④ TCL - COMMIT, ROLLBACK

10 아래 SQL 구문의 (A)와 (B)에 들어갈 명령이 순서대로 나열된 것은?

(A) STAFF (B) NAME VARCHAR(30) NOT NULL

① ALTER COLUMN, ALTER TABLE
② ALTER TABLE, COLUMN
③ ALTER TABLE, ALTER COLUMN
④ ALTER COLUMN, TABLE

11 아래 테이블 TAB01에 다음과 같은 SQL 구문이 모두 수행된 결과는?

```
TAB01
- C01 VARCHAR2(20)
- C02 NUMBER
```

```
ALTER TABLE TAB01 MODIFY C02 DEFAULT 100;
INSERT INTO TAB01 (C01, C02) VALUES ('ABCD',100);
INSERT INTO TAB01 (C01, C02) VALUES ('BCDE',NULL);
INSERT INTO TAB01 (C01) VALUES ('CDEF');
SELECT SUM(C02) FROM TAB01;
```

① 100　　② 200　　③ 300　　④ 400

12 다음 트랜잭션이 모두 실행되고 난 이후의 결괏값으로 올바른 것은?

```
TIME - SESSION 1
START VALUE - 10,000
T01 - UPDATE01 9,000
T02 - ERROR
T03 - UPDATE02 20,000
T04 - COMMIT
```

① 10,000　　② 9,000　　③ 20,000　　④ 39,000

13 TAB01의 SQL 실행 결과가 다음과 같을 때 (A)에 들어갈 구문으로 가장 적절한 것은?

TAB01

C01	C02
2022	4
2020	5
2022	6
2020	4

결과

C01	C02
2020	5

```
SELECT * FROM TAB01 WHERE ( A )
```

① C01=2020　　② C02=5　　③ C01<2022　　④ C02<6

14 다음 SQL 구문의 (A)에 들어갈 함수의 결과가 다른 하나는?

SELECT (A)(3.14) FROM DUAL

① CEIL　　② FLOOR　　③ ROUND　　④ TRUNC

15 SQL 구문의 결과가 다른 하나를 선택하시오.

① SELECT CONCAT('Relationship', 'Database') FROM DUAL
② SELECT 'Relationship' || 'Database' FROM DUAL
③ SELECT 'Relationship' + 'Database'
④ SELECT 'Relationship' & 'Database'

16 TAB01에 SQL1을 수행하고 SQL2를 수행한 결과가 순서대로 나열된 것은?

TAB01
- C01 VARCHAR2(3)
- C02 CHAR(3)

SQL1) INSERT INTO TAB01 (C01, C02) VALUES ('A', 'B')
SQL2) SELECT LEN(C01), LEN(C02) FROM TAB01

① 1, 1　　　　　② 1, 3
③ 3, 3　　　　　④ 3, 1

17 다음 SQL의 수행 결과로 올바른 것은?

[SQL] SELECT LOWER(Relationship Database) FROM DUAL

① Relationship Database　　② RELATIONSHIP DATABASE
③ relationship database　　④ rELATIONSHIP dATABASE

18 주문 정보 테이블에서 연도별 총 주문 횟수가 5회 이상인 고객을 선별하는 SQL로 적절한 것은?

주문 정보		
주문 번호	주문 연도	주문 고객

① SELECT 주문 연도, 주문 고객, COUNT(주문 고객) AS 횟수 FROM 주문 정보
GROUP BY 주문 연도, 주문 고객
HAVING COUNT(주문 고객)>=5

② SELECT 주문 연도, 주문 고객, COUNT(주문 고객) AS 횟수 FROM 주문 정보
WHERE COUNT(주문 고객)>=5
GROUP BY 주문 연도, 주문 고객

③ SELECT 주문 연도, 주문 고객, COUNT(주문 고객) AS 횟수 FROM 주문 정보
HAVING COUNT(주문 고객)>=5

④ SELECT 주문 연도, 주문 고객, COUNT(주문 고객) AS 횟수 FROM 주문 정보
WHERE COUNT(주문 고객)>=5

19 테이블 TAB01에 대해 SQL 구문이 수행된 결과로 정확한 것은?

TAB01	
C01	C02
M001	4
M002	5
M001	6
M002	4

SELECT C01, SUM(C02) AS C02 FROM TAB01 GROUP BY C01

①
C01	C02
M001	4
M002	4

②
C01	C02
M001	6
M002	5

③
C01	C02
M001	5
M002	4.5

④
C01	C02
M001	10
M002	9

20 제시된 SQL의 실행 순서를 차례대로 나열한 것은?

> 1) SELECT C01, COUNT(C01)
> 2) FROM TAB01
> 3) WHERE C02=V01
> 4) GROUP BY C01
> 5) HAVING COUNT(C01)=V02
> 6) ORDER BY C01

① 1) ▶ 2) ▶ 3) ▶ 4) ▶ 5) ▶ 6)
② 2) ▶ 3) ▶ 4) ▶ 5) ▶ 1) ▶ 6)
③ 2) ▶ 3) ▶ 4) ▶ 5) ▶ 6) ▶ 1)
④ 1) ▶ 2) ▶ 3) ▶ 4) ▶ 6) ▶ 5)

21 제시된 SQL과 동일한 결과를 갖는 SQL 구문은?

> SELECT C01, C02 FROM
> (SELECT C01, C02 FROM TAB01 ORDER BY C01 DESC) AS T1
> WHERE ROWNUM<5

① SELECT C01, C02 FROM TAB01
  WHERE TOP(5)
  ORDER BY C01 DESC

② SELECT TOP(5) C01, C02 FROM TAB01
  ORDER BY C01 DESC

③ SELECT C01, C02 FROM TAB01
  WHERE TOP(4)
  ORDER BY C01 DESC

④ SELECT TOP(4) C01, C02 FROM TAB01
  ORDER BY C01 DESC

22 TAB01 테이블에서 C01과 C02는 오름차순, C03은 내림차순으로 조회하는 SQL은?

① SELECT C01, C02, C03 FROM TAB01
   ORDER BY C01, C02 ASC, C03 DESC

② SELECT C01, C02, C03 FROM TAB01
   ORDER BY C01, C02 DESC, C03 ASC

③ SELECT C01, C02, C03 FROM TAB01
   ORDER BY C01, C02, C03 DESC, ASC

④ SELECT C01, C02, C03 FROM TAB01
   ORDER BY C01, C02, C03 ASC, DESC

23 아래 테이블에 대한 SQL 구문의 실행 결과로 정확한 것은?

TAB01

사번	부서	급여
S001	D01	100
S001	D01	200
S002	D02	500
S002	D02	100
S002	D02	300
S003	D03	200
S002	D03	400

```
SELECT 사번, 부서, SUM(급여) AS SAL FROM TAB01
GROUP BY ROLLUP(사번, 부서)
```

①

사번	부서	SAL
S001	D01	300
S002	D02	900
S003	D03	600

②

사번	부서	SAL
	D01	300
	D02	900
	D03	600
S001		300
S002		900
S003		600

③

사번	부서	SAL
S001	D01	300
P001		300
S002	D02	900
S002		900
S003	D03	600
S003		600
		1800

④

사번	부서	SAL
S001	D01	300
S002	D02	900
S003	D03	600
	D01	300
	D02	900
	D03	600
S001		300
S002		900
S003		600
		1800

24 다음 테이블에 대한 SQL 구문의 집계 결과와 동일한 결과를 갖는 SQL 구문은?

TAB01

C1
V1
V2
V3
V5

```
SELECT COUNT(C1) FROM TAB01
GROUP BY C1
```

① SELECT COUNT(*) FROM TAB01
② SELECT COUNT(C1) FROM TAB01
③ SELECT COUNT(*) FROM TAB01
　 GROUP BY C1
④ SELECT COUNT(C1) FROM TAB01
　 ORDER BY C1

25 다음 두 테이블에 대한 SELECT 구문의 출력 건수로 정확한 것은?

TAB01

C1
1
2
3
4
5

TAB02

C2
1
2
3
4

```
SELECT * FROM TAB01
UNION ALL
SELECT * FROM TAB02
```

① 4   ② 5   ③ 20   ④ 9

26 다음 SQL 구문을 순차적으로 실행했을 때 최종 결과로 알맞은 것은?

```
1. CREATE TABLE TAB01 (C01 NUMBER, C02 NUMBER);
2. INSERT INTO TAB01 VALUES (2, 2)
3. INSERT INTO TAB01 VALUES (3, 3)
4. INSERT INTO TAB01 VALUES (4, 4)
5. SAVEPOINT SP01
6. UPDATE TAB01 SET C01=4, C02=4
7. ROLLBACK TO SP01
8. SELECT MIN(C01) + MIN(C02) FROM TAB01
```

① 4   ② 8   ③ 6   ④ 18

27 TAB01에 대해 SQL 구문을 실행하여 다음과 같은 결과를 얻었을 때 SQL 구문의 (A)에 들어갈 나머지 구문으로 적절하지 않은 것은?

TAB01

C01	C02
A001	100
A002	90
A001	80
A002	100
A003	80
S003	D03
S002	D03

결과

C01	C02
A001	100
A001	80

```
SELECT * FROM TAB01 WHERE C01 IN (A)
```

① SELECT C01 FROM TAB01 WHERE C01='A001'
② SELECT C01 FROM TAB01 WHERE C01<>'A001'
③ SELECT C01 FROM TAB01 WHERE C01 IN ('A001')
④ SELECT C01 FROM TAB01 WHERE C01 LIKE '%A001%'

28 다음 SQL 구문에 대한 설명으로 정확한 것을 고르시오.

> SELECT * FROM TAB01 WHERE C01 LIKE '%A'

① 테이블 TAB01에서 컬럼 C01의 값이 A인 결과 출력
② 테이블 TAB01에서 컬럼 C01의 값 중 A가 포함된 모든 결과 출력
③ 테이블 TAB01에서 컬럼 C01의 값 중 첫 단어가 A로 시작되는 결과를 모두 출력
④ 테이블 TAB01에서 컬럼 C01의 값 중 마지막 단어가 A로 끝나는 결과를 모두 출력

29 다음 보기의 JOIN 구문에 대한 설명 중 적절하지 않은 것을 고르시오.

① 두 개 이상의 테이블을 연결 또는 결합하여 데이터를 출력하는 것을 JOIN이라 한다.
② 동등 조인은 연결될 테이블 간에 칼럼 값들이 서로 정확하게 일치하는 경우 사용한다.
③ OUTER JOIN은 JOIN 구문의 가장 기본으로 특별한 명시가 없으면 OUTER JOIN을 의미한다.
④ SELF JOIN은 하나의 테이블에서 이루어지며, 테이블명이 같기 때문에 별칭 사용이 필수이다.

30 다음 테이블을 확인하고 작성된 SQL 구문의 실행 결과로 정확한 것은?

DEPT	
D_C01	D_C02
D001	MARKETING
D002	SALES
D003	RESEARCH
D004	FINANCE

STAFF	
C01	C02
S_C01	D_C01
S001	D001
S002	D003
S003	D002
S004	D004

PAY	
S_C01	AMOUNT
S001	200
S002	300
S003	100
S004	400

> SELECT AMOUNT FROM PAY A,
> (SELECT S_C01 FROM STAFF WHERE D_C01 IN
> (SELECT D_C01 FROM DEPT WHERE D_C02='SALES')) B
> WHERE A.S_C01=B.S_C01

① 200
② 300
③ 100
④ 400

31 다음 중 집합연산자에 대한 설명으로 잘못된 것은?

① 집합연산자는 대표적으로 합집합, 교집합, 차집합을 표현하여 출력할 수 있다.

② INTERSECT는 교집합을 의미하며 중복된 행을 출력한다.
③ UNION은 합집합으로 모든 행을 출력한다.
④ MINUS는 차집합으로 중복된 행을 제거하고 나머지 값을 하나로 합쳐 출력한다.

32 다음 중 윈도우 함수에 대한 설명으로 잘못된 것은?

① GROUP BY 구문과 윈도우 함수는 병행 사용이 어렵다.
② GROUP BY 구문과는 다르게 윈도우 함수를 사용하면 출력 개수가 줄어든다.
③ 집계 처리 시 WINDOW 절을 사용하여 레코드 범위를 지정한다.
④ 윈도우 함수와 GROUP BY 구문은 비슷한 개념으로 활용된다.

33 다음 두 테이블에 대해 작성된 SQL 구문의 결과로 정확한 것은?

MEMBER	
M_CODE	AMT
D001	200
D002	300
D001	500
D002	300

GRADE		
G_CODE	MIN_A	MAX_A
VVIP	700	1000
VIP	500	700
GOLD	300	500
SILVER	100	300

```
SELECT A.M_CODE, B.G_CODE FROM
(SELECT M_CODE, SUM(AMT) AS T_AMT FROM MEMBER GROUP BY M_CODE) AS A,
GRADE B WHERE A.T_AMT BETWEEN B.MIN_A AND B.MAX_A
```

①
M_CODE	G_CODE
D001	VVIP
D002	VIP

②
M_CODE	G_CODE
D001	VIP
D002	VIP

③
M_CODE	G_CODE
D001	VIP
D002	GOLD

④
M_CODE	G_CODE
D001	GOLD
D002	SILVER

34 다음과 같이 두 개의 테이블에 대해 작성된 SQL 구문과 동일한 결과를 갖는 SQL 구문은?

TAB01
C1
1
2
3
4

TAB02
C2
1
3
5
7

SELECT C1 FROM TAB01
WHERE C1 EXISTS (SELECT C2 FROM TAB02)

① SELECT C1 FROM TAB01
　WHERE C1 NOT EXISTS (SELECT C2 FROM TAB02)
② SELECT C1 FROM TAB01
　WHERE C1 NOT IN (SELECT C2 FROM TAB02)
③ SELECT C1 FROM TAB01
　WHERE C1 IN (SELECT C2 FROM TAB02)
④ SELECT C1 FROM TAB01
　WHERE C1 = (SELECT C2 FROM TAB02)

35 다음 설명 중 적절하지 않은 것은?

① JOIN이 명시되면 조건은 ON 절을 이용한다.
② SQL 구문에서 가장 일반적인 조건 처리는 WHERE 절이다.
③ GROUP BY 집계 후 조건은 HAVNIG 절을 사용한다.
④ 집계 처리 시 WHERE 절과 HAVING 절을 함께 사용할 수 없다.

36 다음 중 순위를 정하는 함수와 관계가 없는 것은?

① RANK
② DENSE_RANK
③ ORDER BY
④ ROW_NUMBER

37 다음 두 테이블에 대한 SQL의 수행 결과로 정확한 것은?

TAB01
C1
1
2
3
4

TAB02
C2
1
3
5
7

```
SELECT COUNT(*) FROM
(
SELECT A.C1, B.C2 FROM TAB01 A INNER JOIN TAB02 B ON (A.C1 = B.C2)
UNION
SELECT A.C1, B.C2 FROM TAB01 A LEFT OUTER JOIN TAB02 B ON (A.C1 = B.C2)
)
```

① 2　　② 4　　③ 5　　④ 6

38 MEMBER_ORDER 테이블에 새로운 데이터를 입력하는 SQL 구문에서 (가)에 들어갈 코드로 적절한 것은?

MEMBER	
ID	NAME

ORDER		
NUMBER	ID	AMT

MEMBER_ORDER		
NAME	TOTAL_AMT	TOTAL_COUNT

```
INSERT INOT MEMBER_ORDER SELECT A.NAME, SUM(B.AMT), (가)
FROM MEMBER AS A, ORDER AS B
WHERE A.ID=B.ID
GROUP BY A.NAME
```

① COUNT(A.NAME)　　② COUNT(A.ID)
③ COUNT(B.ID)　　　 ④ COUNT(*)

39 주어진 SQL 구문을 실행하여 다음과 같은 결과를 얻었을 때 (A)에 들어갈 수 있는 적절한 코드는?

TAB01

C01	C02
M001	4
M002	5
M003	6
M004	7

SELECT C01, C02 FROM TAB01 WHERE (A)

① RANK(4)
② TOP 4
③ ROWNUM=4
④ ROW_NUMBER(4)

40 다음 SQL 구문의 실행 결과로 올바른 것은?

ORDER

NUMBER	PRODUCT	MEMBER_ID	AMT
O-001	P001	M001	18,000
O-002	P003	M002	32,000
O-003	P001	M003	31,000
O-004	P002	M004	25,000

SELECT MEMBER_ID,
CASE WHEN AMT > 30000 THEN 'GOLD'
WHEN AMT BETWEEN 20000 AND 30000 THEN 'SILVER'
ELSE 'GENERAL' EHD AS GRADE

①

결과

고객 ID	등급
M001	SILVER
M002	GOLD
M003	GOLD
M004	SILVER

②

결과

고객 ID	등급
M001	GENERAL
M002	GOLD
M003	GOLD
M004	SILVER

③

결과

고객 ID	등급
M001	GENERAL
M002	GOLD
M003	GOLD
M004	GENERAL

④

결과

고객 ID	등급
M001	GENERAL
M002	GOLD
M003	SILVER
M004	SILVER

41 다음 설명에 해당하는 데이터 모델링을 서술하시오.

> 데이터 모델링 과정에서 가장 먼저 진행하며 개체를 정의하고 개체 간 관계를 설정하게 된다. 현실 세계의 데이터를 파악하고 분석하는 단계이므로 추상화 수준이 가장 높은 과정이다.

42 다음 데이터 모델이 위반한 정규형을 작성하시오.

> 성적 정보
> - 성적 코드 (PK)
> - 과목 코드 (PK)
> - 성적
> - 과목명

43 아래 SQL 구문이 차례로 실행된 결과를 기술하시오.

> CREATE TABLE TAB01 (C1 NUMBER NOT NULL)
> INSERT INTO TAB01 (C1) VALUES (3)
> INSERT INTO TAB01 (C1) VALUES (5)
> INSERT INTO TAB01 (C1) VALUES (3)
> UPDATE TAB01 SET C1=6 WHERE C1=5
> SELECT AVG(C1) FROM TAB01

44 TAB01에 대해 작성된 SQL1 구문과 동일한 결과를 얻을 수 있도록 SQL2 구문의 (A)에 들어갈 코드를 완성하시오. (IN 연산자를 반드시 활용할 것)

TAB01

C1	C2
A	가
B	나
C	다
D	라

> SQL 1) SELECT * FROM TAB01 WHERE C1 IN ('A', 'B') AND C2 IN ('다', '라')
>
> SQL 2) SELECT * FROM TAB01 WHERE (A)

45. TAB01에대해 SQL 구문을 실행 후 출력 결과를 차례대로 나열하시오.

TAB01

C1	C2
1	10.24
2	10.54
3	11.01
4	11.69
5	12.18

```
SELECT C1 FROM TAB01 ORDER BY ROUND(C2) DESC
```

46. SQL 구문의 실행 결과가 다음과 같을 때 (A)에 들어갈 윈도우 순위 함수를 서술하시오.

결과

C1	C2	C3
S004	10,000	1
S001	20,000	2
S002	20,000	2
S007	20,000	2
S008	30,000	3
S003	30,000	3
S005	40,000	4
S006	50,000	5

```
SELECT C1, C2, (A) ( ) OVER (ORDER BY C2) AS C3 FROM TAB01
```

47. TAB01의 SQL 실행 결과가 다음과 같은 때 (A)에 들어갈 코드를 서술하시오.

TAB01

주문 번호	상품 코드	고객 ID	주문 금액	수량
O-001	P001	M001	22,000	4
O-002	P002	M002	25,000	5
O-003	P003	M001	30,000	6
O-004	P002	M003	17,000	4
O-005	P003	M001	30,000	6
O-006	P001	M002	31,000	4
O-007	P001	M003	20,000	4
O-008	P002	M002	25,000	5

결과

상품 코드	고객 ID	수량
P001	M001	4
P001		4
P003	M001	6
P003		6
P003		12
		16

```
SELECT 상품 코드, 고객 ID, SUM(수량) FROM 주문
WHERE 고객 ID='M001'
GROUP BY (A)
```

48 다음 설명 중 (A)에 들어갈 코드를 서술하시오.

> 계층형 질의(Hierarchical Query)를 사용하는 경우는 데이터가 상하 관계로 구성된 상황이다. 동일 테이블에 속한 원소가 계층적인 관계, 즉 상·하위 데이터로 구분될 수 있는 상태를 계층형 데이터라 하고 이를 유연하게 활용하기 위한 쿼리가 바로 계층형 질의이다. 이때 기준이 되는 부모 데이터 시작 위치를 지정할 수 있는 구문을 (A)라 하며 생략이 가능하다.

49 테이블 TAB01에 대해 SQL1과 동일한 결과를 갖기 위한 SQL2의 (A)에 들어갈 함수를 작성하시오.

TAB01

C01	C02
A001	F
A002	M
A003	M
A004	F

> SQL 1) SELECT C02 FROM TAB01 GROUP BY C02
>
> SQL 2) SELECT (A)(C02) FROM TAB01

50 두 SQL 구문의 실행 결과가 동일하도록 (A)에 들어갈 코드를 작성하시오.

> SQL 1) SELECT T1.C01, T2.C01 FROM TAB01 AS T1, TAB02 AS T2
> WHERE T1.C01=T2.C01
>
> SQL 2) SELECT * FROM TAB01 AS T1 (A) TAB02 AS T2

[모의고사 1회] 정답 및 풀이

문제 1) 정답 ④

풀이 - 모델링은 객체와 속성 그리고 관계를 설정하는 것이 핵심적인 활동입니다. 이를 모델링의 3요소라 합니다. 실제 데이터베이스를 구축할 때는 물리적 모델링을 참고하여 진행되고 모델링의 순서는 개념, 논리, 물리적 모델링의 순입니다. 논리적 모델링에서 외래키를 지정해도 물리적 모델링에서 반드시 구현할 필요는 없는 선택 사항입니다.

문제 2) 정답 ①

풀이 - 엔티티(entity)는 사람, 장소, 물건, 특정 사건, 개념 설명 등 정확히 개체화 될 수 있는 대상을 나타냅니다. 위 보기 내용에서 고객, 사원, 지점 정보는 개체에 대한 정보로 엔티티로 볼 수 있지만 대출 정보는 특정한 개체로 분리하기 힘들기 때문에 완벽한 엔티티로 볼 수 없습니다.

문제 3) 정답 ②

풀이 - 먼저 데이터 모델링의 순서는 개념->논리->물리적 모델링 순입니다. 모델링 과정에서 가장 완성도가 높은 단계는 논리적 모델링 단계입니다. 데이터베이스를 구축하기 위한 물리적 모델링의 스키마 설계 바로 전 단계입니다.

문제 4) 정답 ①

풀이 - 데이터 모델링에서 식별과 비식별 관계를 구분하는 가장 빠른 방법은 연결선이 점선인지 실선인지를 구분하는 것입니다. 제시된 모델링을 확인해 보면 회원 정보와 주문 정보, 주문 정보와 주문 상세 내역 그리고 상품 정보와 주문 상세 내역 모두 실선으로 연결된 것을 알 수 있습니다. 따라서 모두 식별 관계입니다.

문제 5) 정답 ④

풀이 - 과목 정보와 성적은 1:N, 학생 정보와 성적도 1:N의 관계입니다. 따라서 성적을 중심으로 과목 정보와 학생 정보는 M:M의 관계가 됩니다. 1:N의 관계는 N에 중복된 값이 저장될 수 있으므로 성적에는 과목 정보와 학생 정보가 중복되어 값이 저장될 수 있습니다. 반대로 과목 정보나 학생 정보가 입력될 때 반드시 성적 정보가 입력될 필요는 없습니다.

문제 6) 정답 ③

풀이 - 정규화 처리가 되지 않은 테이블에서 발생하는 이상 현상은 삽입, 갱신 그리고 삭제이상 현상입니다. 조회 이상은 이상 현상과 아무 상관이 없습니다. 삽입이상은 데이터 입력 시 불필요한 정보를 함께 입력하는 문제를 의미하고, 갱신이상과 삭제이상은 정보를 수정 혹은 삭제할 때 불필요한 정보가 함께 수정되거나 삭제되는 이상 현상을 나타냅니다.

문제 7) 정답 ①

풀이 - 인스턴스의 집합인 엔티티가 가지는 공통적인 특성을 속성이라 합니다. 각각의 엔티티는 다양한 속성을 가질 수 있습니다. 이러한 속성은 엔티티를 구분해 주고 엔티티가 가지는 의미를 설명할 수 있습니다. 속성에는 인스턴스가 가지는 실제의 값이 저장되며 하나의 속성에 하나의 값이 저장됩니다. 중복되거나 2개 이상의 값을 저장하지 않습니다.

문제 8) 정답 ④

풀이 - 반정규화는 기본적으로 데이터를 조회할 때 물리적인 입출력량이 많아서 성능이 저하되거나 테이블 간의 거리가 멀어 조인으로 인한 성능 저하가 예상될 때 수행하게 됩니다. 또한 컬럼(속성)의 값을 연산하여 조회할 때 역시 성능 저하가 예상되면 반정규화를 진행합니다. 반정규화 작업을 진행할 때는 데이터 무결성에 대한 고려가 우선되어야 합니다. 반정규화를 위한 통계, 중복, 이력 등의 테이블을 추가함으로써 진행합니다.

문제 9) 정답 ③

풀이 - DDL(Data Definition Language)의 대표적인 구문은 CREATE, ALTER, DROP 입니다. DCL(Data Control Language)은 GRANT, REVOKE, TCL(Transaction Control Language)은 COMMIT, ROLLBACK 입니다. DML(Data Manipulation Language)은 SELECT, UPDATE, INSERT, DELETE이며 DROP은 DDL 구문입니다.

문제 10) 정답 ③

풀이 - DDL(Data Definition Language) 구문에서 테이블과 컬럼을 수정하는 명령은 ALTER 입니다. 순서에 따라 테이블이 나오고 그 다음 컬럼을 지정하게 됩니다. 따라서 ALTER TABLE 명령이 먼저 나오고 그 뒤에 ALTER COLUMN이 나열됩니다.

문제 11) 정답 ②

풀이 - 먼저 DDL 구문 작성 시 ALTER COLUMN 명령은 ORACLE의 경우 MODIFY로 사용 가능합니다. 첫 번째 구문에서 C02 컬럼에 기본 값으로 100이 자동 생성되도록 했습니다. 이는 이후 모든 INSERT 구문 처리 시 C02 값이 특별히 입력되지 않을 경우 자동으로 100이 들어가게 됩니다. 전체 INSERT 구문은 총 3개입니다. 이 중에서 값이 입력되지 않는 INSERT 구문은 총 1개입니다. 나머지 하나의 구문은 100을 입력합니다. 따라서 총 200이 입력되는 것입니다. NULL은 값입니다.

문제 12) 정답 ①

풀이 - 트랜잭션의 원자성과 관련된 문제입니다. 첫 번째 UDATE 구문은 오류가 발생하고 두 번째 UPDATE 구문은 정상 실행되었지만 앞서 UPDATE 구문이 오류였기에 전체가 실행되지 않은 상태로 남아야 합니다. 그래서 값은 그대로 10,000이 됩니다.

문제 13) 정답 ②

풀이 - 조건문을 완성하는 문제입니다. 결과를 먼저 확인하면 어렵지 않은 문제입니다. C01 컬럼의 값은 중복된 값이 있기 때문에 일치하거나(=) 혹은 크거나 작은 비교연산의 결과로 2개의 행이 나옵니다. 결국 C02 컬럼에서 조건이 처리되는데 해당 값이 5인 결과를 조건으로 처리하면 똑같은 결과를 얻을 수 있습니다.

문제 14) 정답 ①

풀이 - 숫자함수에 대한 문제입니다. CEIL 함수는 인자보다 크거나 같은 정수를 반환합니다. CEIL(3.14)의 결과는 4입니다. FLOOR는 반대로 인자보다 작거나 같은 정수를 반환합니다. FLOOR(3.14)의 결과는 3입니다. ROUND 함수는 반올림함수로 ROUND(3.14)의 반올림 값은 3입니다. 마지막 TRUNC는 소수점 이하를 버리고 반환하는 함수로 역시 결과가 3이 됩니다.

문제 15) 정답 ④

풀이 - 보기에 주어진 SQL 구문은 ①과 ②는 ORACLE, ③과 ④는 MS-SQL에서 작성된 것입니다. ORACLE에서 문자를 연결하는 방법은 CONCAT과 연결자 '||'입니다. MS-SQL에서는 문자 연결자 '+'를 사용하고 '&'는 사용하지 않습니다.

문제 16) 정답 ②

풀이 - 문자형 자료 유형에 대한 문제입니다. VARCHAR와 CHAR의 차이를 명확히 이해하고 있다면 어렵지 않은 문제입니다. VARCHAR는 가변 문자 유형입니다. 입력되는 값의 최대치를 정하고 최대치에 못 미치면 길이가 줄어 듭니다. C01의 경우 VHRCHAR(3)으로 최대 문자 3개(영문 기준)를 입력할 수 있지만 실제 입력은 'A'하나만 입력되어 길이가 1이 됩니다. 하지만 CHAR의 경우는 최대치가 입력되지 않아도 그 길이가 줄지 않습니다. C02는 CHAR(3)으로 실제 입력이 'A' 하나이지만 길이는 그대로 3이 됩니다.

문제 17) 정답 ③

풀이 - 문자함수 중 주어진 인자를 대상으로 소문자를 대문자로 변경하는 함수는 UPPER, 소문자를 대문자로 변경하는 함수는 LOWER입니다.

문제 18) 정답 ①

풀이 - 집계 후 조건 처리에 대한 문제입니다. GROUP BY를 사용한 후 조건을 줄 때는 HAVING 명령을 사용합니다. 보기에서 ③과 ④는 집계를 위한 GROUP BY 절이 생략되어 잘못된 코드입니다. ②는 일반 조건 WHERE 절로 되어 있기 때문에 틀립니다.

문제 19) 정답 ④

풀이 - SUM 함수의 용도를 이해하면 크게 어렵지 않은 문제입니다. SUM은 총 합을 구하는 함수입니다. ①은 최솟값, ②는 최댓값 그리고 ③은 평균입니다.

문제 20) 정답 ②

풀이 - SELECT 구문의 실행 순서는 대상 객체를 가장 먼저 호출(FROM)합니다. 그리고 1차적인 일반 조건(WHERE)을 대입하여 대상 범위를 좁혀 갑니다. 그 다음 집계 대상(GROUP BY)을 선정하고 집계 후 조건(HAVING)으로 2차 대상 범위를 조정하고 출력(SELECT)을 합니다. 그리고 가장 마지막으로 정렬(ORDER BY) 순서를 결정하게 됩니다.

문제 21) 정답 ④

풀이 - ORACLE 구문을 MS-SQL 구문으로 변경하는 문제입니다. 출력의 개수를 조정하는 명령은 ORACLE에서 ROWNUM이고 MS-SQL에서는 TOP 입니다. ROWNUM의 비교 연산자를 유심히 보면 5보다 작은 결과입니다. 즉, 4개의 행이 출력되어야 합니다. MS-SQL에서 TOP(4)가 되어야 맞습니다. 그리고 TOP 명령의 위치는 SELECT 뒤, 출력 대상 컬럼 바로 앞에 위치합니다.

문제 22) 정답 ②

풀이 - 정렬순서를 지정할 때 내림차순은 ASC, 오름차순은 DESC 입니다. 복수의 컬럼을 활용하여 정렬할 때는 정렬 기준에 따라 쉼표로 컬럼을 묶어 처리합니다. 작성 순서는 매우 중요한 부분으로 문제에서 오름차순이 먼저 나왔으므로 오름차순 처리 후 내림차순을 처리합니다.

문제 23) 정답 ③

풀이 - ROLLUP을 통한 집계는 기준 컬럼을 결합한 결과와 먼저 선언된 컬럼의 SUBTOTAL(부분 집계)을 출력합니다. ①은 일반 GROUP BY, ②는 GROUPING SETS, ④는 CUBE의 결과입니다.

문제 24) 정답 ①

풀이 - COUNT는 집계함수입니다. 집계 처리를 위해서는 기본적으로 GROUP BY 절을 활용해야 합니다. 그러나 COUNT 함수 사용 시 집계 대상이 특정 컬럼이 아닌 전체(*)를 대상으로 할 때는 굳이 GROUP BY 절을 사용하지 않아도 됩니다.

문제 25) 정답 ④

풀이 - 컬럼의 개수가 동일할 때 처리할 수 있는 UNION ALL의 결과는 결합된 두 테이블의 행의 개수를 더한 만큼 출력됩니다.

문제 26) 정답 ①

풀이 - ROLLBACK된 SAVEPOINT의 위치를 정확히 파악하면 됩니다. 6번에서 모든 컬럼의 값을 4로 변경했지만 ROLLBACK을 통해 이전 단계인 원래의 INSERT 트랜잭션으로 복구했습니다. 따라서 각 컬럼의 최솟값은 그대로 2가 되며 두 수의 합은 4입니다.

문제 27) 정답 ②

풀이 - 서브쿼리(SUBQUERY)와 연산자에 관한 문제입니다. 결과가 C01의 값이 A001인 내역만 출력됩니다. 서브쿼리가 들어갈 A의 결과는 A001만 포함되어야 합니다. ②를 제외한 모든 보기의 연산자 '=', 'IN', 'LIKE'는 A001을 결과로 출력하므로 원하는 결과를 얻을 수 있습니다.

문제 28) 정답 ④

풀이 - LIKE 연산자는 '%'의 위치에 따라 결과가 달라집니다. %가 맨 앞에 하나만 있을 경우 찾는 문구가 맨 마지막에 정확히 일치한 경우, %가 맨 뒤에 하나만 존재하면 찾는 문구가 맨 앞에 정확히 일치해야 하는 경우, 그리고 %가 양 끝에 모두 존재하면 위치 상관없이 찾는 문구가 포함된 결과를 출력합니다.

문제 29) 정답 ③

풀이 - 가장 기본적인 JOIN 구문은 INNER JOIN 입니다. SQL 작성 시 JOIN에 대한 특별한 명시가 없으면 기본적으로 내부 JOIN인 INNER JOIN을 의미하게 됩니다.

문제 30) 정답 ③

풀이 - 최종 두 개의 테이블이 INNER JOIN된 결과를 확인하는 SQL 입니다. 연결된 두 테이블은 PAY와 STAFF의 일부 정보를 담은 임시 테이블 B입니다. STAFF 테이블에서 생성되는 임시 테이블의 내용은 DEPT 테이블의 D_C02가 SALES인 D_C01을 확인하고 STAFF 테이블에서 해당 코드의 S_C01을 출력합니다. 결국 STAFF에서 DEPT가 SALES인 S_C01은 S003이 되고 S003의 PAY는 100이 됩니다.

문제 31) 정답 ④

풀이 - MINUS는 차집합을 의미하지만 먼저 조회된 결과를 기준으로 다음 조회된 결과에서 중복된 내용을 제거 후 첫 번째 조회 결과를 출력합니다.

문제 32) 정답 ②

풀이 - GROUP BY 구문의 경우 대상을 묶음으로 처리하여 처리하기 때문에 결과가 줄어들 수 있지만 윈도우 함수의 경우 행의 순서에 따라 집계를 처리하기 때문에 결과가 기존과 동일합니다.

문제 33) 정답 ①

풀이 - 두 개의 테이블을 조인해서 하나의 결과로 출력하는 문제입니다. 임시 테이블 A는 MEMBER 테이블에서 M_CODE를 기준으로 AMT의 총합을 구한 결과입니다. 여기서 구해진 총합의 별칭 T_AMT가 B 테이블인 GRADE의 MIN_A와 MAX_A의 사이에 포함된 G_CODE를 M_CODE와 함께 출력한 구문입니다. D001은 총합이 700이므로 VVIP, D002은 총합이 600이므로 VIP입니다.

문제 34) 정답 ③

풀이 - EXISTS 연산자는 서브쿼리의 결과가 존재하면 참, 존재하지 않으면 거짓을 의미합니다. 주어진 SQL을 실행하면 TAB01의 C1 컬럼에 TAB02의 C2 컬럼의 값이 존재하는 결과만 출력하는 구문이 되므로 IN으로 변경하여 작성해도 동일한 결과를 갖습니다. 반대로 결과가 존재하지 않는 구문은 NOT EXISTS 입니다.

문제 35) 정답 ④

풀이 - SQL 구문의 가장 일반적인 조건은 WHERE 절입니다. 집계를 위한 GROUP BY 구문에서는 집계 후 HAVING을 사용하며 WHERE 절과 HAVING 절이 하나의 구문 안에서 함께 사용이 가능합니다. 단, 집계 후에는 반드시 HAVING이 되고 집계 전에는 WHERE 절이 사용됩니다. INNER, OUTER JOIN을 명시하며 ON을 사용하여 조건을 처리합니다.

문제 36) 정답 ③

풀이 - 일단 ORDER BY는 함수가 아닙니다. ORDER BY는 정렬 순서를 결정할 때 활용하는 구문입니다. RANK는 순위를 결정하는 대표적인 윈도우 함수로 중복된 순위는 동일하게 표현하고 그 다음 순위는 중복된 값들의 개수 이후의 순번이 부여됩니다. DENSE_RANK는 중복된 순위에 동일한 값을 부여하지만 다음 순위는 중복된 값들이 갖는 순위 바로 다음 순번이 부여됩니다. ROW_NUMBER는 중복을 무시하고 차례대로 순위를 부여합니다.

문제 37) 정답 ④

풀이 - INNER JOIN의 결과와 OUTER JOIN의 결과를 UNION한 결과의 총 개수를 구하는 문제입니다. 첫 번째 INNER JOIN의 결과는 두 테이블에서 공통적으로 포함된 값을 기준으로 출력됩니다. 1, 3이 같으므로 2개의 결과가 출력되고 OUTER JOIN은 LEFT 테이블이 기준으로 총 4개의 결과가 출력됩니다. 따라서 두 JOIN 구문의 UNION된 결과는 6개가 됩니다.

문제 38) 정답 ①

풀이 - 집계 기준이 되는 GROUP BY 절을 유심히 보면 A.NAME으로 되어 있습니다. 따라서 집계함수 COUNT에 포함될 수 있는 컬럼은 NAME이 유일합니다.

문제 39) 정답 ③

풀이 - ORACLE에서 조건절의 출력 개수를 조절하는 코드는 ROWNUM입니다. 결과가 총 4개이므로 ROWNUM=4가 들어가야 합니다. MS-SQL의 출력 개수를 조절하는 코드는 TOP이 맞지만 조건절이 아닌 출력 대상 컬럼 앞에 명시합니다. 위 SQL 구문을 MS-SQL 구문으로 변경하면 'SELECT TOP 4 C01, C02 FROM TAB01'입니다. ①과 ④는 순위를 집계하는 윈도우 함수입니다.

문제 40) 정답 ②

풀이 - CASE WHEN은 대표적인 SQL의 조건 분기 구문입니다. WHEN 뒤에 조건을 명시하고 THEN 뒤에 결과로 출력될 내용을 작성해 줍니다. 주문 금액이 30,000보다 크면 GOLD이므로 MEMBER_ID에 M002, M003가 포함됩니다. 다음 조건은 주문 금액이 20,000 이상 30,000 이하의 MEMBER_

ID이며 BETWEEN 연산으로 처리했습니다. M004는 SILVER이고 조건 외 포함되지 않는 M001은 GENERAL입니다.

문제 41) 정답 개념적 모델링

풀이 - 개념적 모델링은 엔티티 간의 관계를 정의하게 됩니다. 현실 세계의 데이터를 개념적으로 파악하고 개체 타입, 속성 등을 엔티티를 중심으로 모델링하는 단계입니다. 개념적 모델링 과정에서는 객체, 속성, 식별자, 관계가 정의됩니다.

문제 42) 정답 제 2 정규형

풀이 - 과목 코드와 과목명은 별도의 테이블로 분리하는 것이 맞습니다. 이유는 일반 속성들은 식별자에 모두 종속되어야 하며 과목 코드를 확인하면 과목명을 알 수 있기 때문입니다. 결과적으로 성적 정보 테이블에는 과목 코드만 존재하고 과목 코드와 과목명은 분리하여 별도의 테이블로 구성하는 것이 좋습니다. 제 3정규형부터는 모든 속성이 개별로 종속성이 없습니다.

문제 43) 정답 3

풀이 - TAB01은 숫자형의 컬럼 C1으로 생성되었습니다. 차례대로 3번의 INSERT 구문이 실행되었습니다. 각각 3, 5, 3이 입력됩니다. 그 후 C1의 값이 5인 레코드를 6으로 변경했습니다. 따라서 AVG함수로 TAB01의 C1에 입력된 값의 평균을 구하면 3이 됩니다.

문제 44) 정답 (C1, C2) IN (('A', '다'), ('B', '라'))

풀이 - 특수 연산자 IN에 대해 단순 연산을 복합 연산으로 변경하는 문제입니다. IN 연산자는 복수의 컬럼을 연결해서 처리 가능합니다. 이때 나열된 컬럼의 순서를 지켜 조건을 차례로 작성하셔야 합니다. 값이 여러 개일 때는 괄호로 묶어 처리합니다.

문제 45) 정답 5, 4, 3, 2, 1

풀이 - ROUND 함수는 대표적인 반올림 함수입니다. 자릿수 관련 인자가 전달되지 않았으므로 소수점 이하 첫째 자리에서 반올림 처리합니다. 정렬 기준이 DESC, 즉 내림차순이므로 가장 높은 수부터 출력됩니다.

문제 46) 정답 DENSE_RANK

풀이 - RANK는 중복 값은 동일 순위를 부여하고 다음 값은 중복 개수를 포함한 순위를, DENSE_RANK는 역시 중복값은 동일 순위이지만 다음 값은 중복값을 무시하고 순차적으로 부여합니다. ROW_NUMBER는 중복값을 무시하고 순차적으로 순위를 부여합니다. 결과를 보시면 중복 순위 이후 순차적으로 다음 순위가 부여되었으므로 DENSE_RANK 함수를 사용해야 합니다.

문제 47) 정답 ROLLUP(상품 코드, 고객 ID)

풀이 - 가장 먼저 출력되는 기준 컬럼을 확인해야 합니다. SQL 구문과 결과에서 확인되는 것처럼 상품 코드와 고객 ID가 기준입니다. 따라서 GROUP BY 뒤에 집계 대상 컬럼은 반드시 상품 코드와 고객 ID가 명시되어야 합니다. 두 번째, 결과를 보시면 단순 집계뿐 아니라 상품 코드 기준의 소그룹 간 부분 집계도 진행되었습니다. 부분 집계 처리를 하는 그룹 함수는 ROLLUP 입니다. 그리고 상품 코드가 부분집계 처리되므로 상품 코드가 고객 ID보다 먼저 명시되어야 합니다.

문제 48) 정답 START WITH

풀이 - START WITH와 CONNECT BY는 계층형 질의에서 조건을 처리하는 구문입니다. 일반 조건을 처리하는 WHERE 절보다 구문 순서는 뒤에 있지만 실행 순서는 먼저입니다. START WITH 구문은 일종의 시작 지점을 의미하고 기준이 되는 부모 데이터 시작 위치를 명시합니다.

문제 49) 정답 DISTINCT

풀이 - DISTINCT는 중복을 제거하는 대표적인 함수입니다. SQL1에서 집계 처리를 위한 GROUP BY C02의 결과는 C02를 중복 제거한 결과와 동일합니다. 단, DISTINCT를 사용할 경우 중복 제거는 가능하지만 집계는 불가능합니다.

문제 50) 정답 NATURAL JOIN

풀이 - NATURAL JOIN은 동일한 이름을 가진 컬럼을 기준으로 값을 비교하여 역시 동일한 값을 가진 결과를 출력합니다.

모의고사 2회

01 다음은 무엇에 대한 설명인지 고르시오.

> 데이터 모델링 과정 중 개념적 모델링 과정에서 정의되는 것으로 엔티티, 관계 그리고 식별자와 함께 정의된다.

① 기본키
② 속성
③ 스키마
④ 외래키

02 다음 보기 중 의미가 다른 하나를 고르시오.

① 계산된 컬럼 추가
② 테이블 독립 분할
③ 테이블 수직 분할
④ 테이블 수평 분할

03 데이터 모델링 과정 중 추상화 수준이 가장 높은 단계는?

① 구조적 모델링 단계
② 개념적 모델링 단계
③ 논리적 모델링 단계
④ 물리적 모델링 단계

04 데이터 모델링 과정의 고려 대상이 아닌 것은?

① 일관성   ② 유연성   ③ 추상성   ④ 중복성

05 다음 설명이 나타내는 것으로 (A)에 들어갈 용어는?

> (A)는 실제 데이터베이스에 저장된 데이터를 사용자에게 어떤 방법으로 전달하는지 명시한다. 데이터베이스는 하나이지만 사용자는 여럿일 수 있기 때문에 (A)는 1개 이상을 정의할 수 있다.

① 개념 스키마 ② 논리 스키마
③ 내부 스키마 ④ 외부 스키마

06 다음 중 트랜잭션에 대한 설명으로 적절하지 않은 것은?

① 원자성 : 트랜잭션에서 오류가 하나라도 있으면 오류가 없는 트랜잭션을 우선 수행하고 오류가 난 트랜잭션은 수정 후 실행하여 모두 완료 상태로 남아야 한다.
② 일관성 : 트랜잭션 실행 이전의 데이터베이스 상태가 정상적이라면 트랜잭션이 수행되고 난 이후의 데이터베이스 상태도 정상적이어야 한다.
③ 고립성 : 트랜잭션은 명령의 순서에 따라 순차적으로 진행되므로 특정 트랜잭션을 수행하는 중에 다른 트랜잭션이 영향을 주거나, 이미 실행된 트랜잭션이 이후 진행될 트랜잭션에 영향을 주는 등 비정상적인 결과를 만들면 안 된다.
④ 지속성 : 연속성이라 하며 성공적으로 트랜잭션이 수행되면 해당 트랜잭션에 의해 변경된 내용은 데이터베이스 내에 영구적으로 남아야 한다.

07 다음 데이터 모델링의 설명으로 옳은 것은?

① 성적에는 과목 정보와 학생 정보가 중복 입력될 수 없다.
② 과목 정보와 학생 정보는 M:M의 관계다.
③ 과목 정보가 입력되어도 성적에 정보가 입력될 필요는 없다.
④ 학생 정코가 입력되면 성적에 정보를 반드시 입력해야 한다.

08 다음 데이터 모델에서 학생 정보를 입력 시 반드시 학과 코드를 입력해야 하는 데이터 모델을 모두 고르시오.

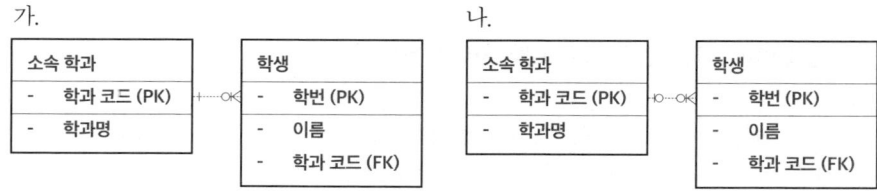

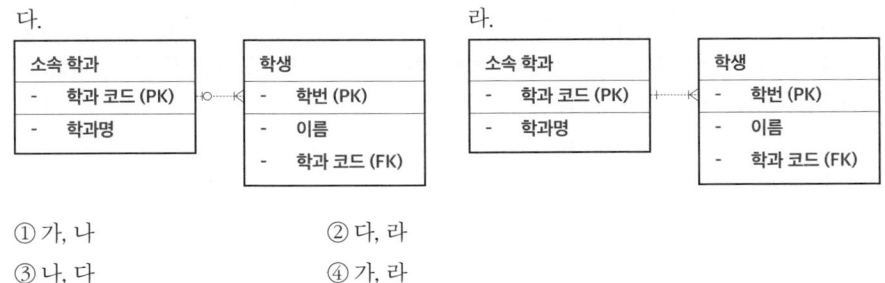

① 가, 나
② 다, 라
③ 나, 다
④ 가, 라

09 다음 중 정규화 처리가 되지 않은 주문 정보 테이블에서 발생할 수 있는 이상 현상에 대한 설명으로 잘못된 것은?

주문 정보						
상품 코드	상품명	고객 ID	고객명	주문 금액	색상	
P001	셔츠	M001	김우주	20,000	화이트	
P002	팬츠	M002	김은하	25,000	블루	
P003	데님	M003	김우주	30,000	그레이	
P002	팬츠	M004	이은하	20,000	블루	
P005	니트	M005	김우주	30,000	레드	
P006	가디건	M006	박은하	20,000	그린	

① 주문 금액 20,000원 이상의 정보를 조회하면 불필요한 상품 정보와 고객 정보가 함께 조회된다.
② 색상값인 블루의 정보를 삭제하면 팬츠 상품과 김은하, 이은하 고객의 정보까지 모두 삭제된다.
③ 김우주 고객의 주문 금액을 수정하면 셔츠와 데님, 니트를 구매한 동명이인의 정보도 수정된다.
④ 새로운 고객 홍길동을 등록하려면 불필요한 상품 정보도 중복 입력해야 한다.

10 다음 데이터 모델에서 모든 고객명과 주문 금액을 확인하는 SQL 구문으로 적절한 것은?

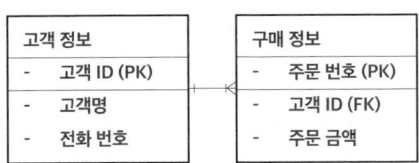

① SELECT * FROM 고객 정보 A, 구매 정보 B
② SELECT A.고객명, B.주문 금액 FROM 고객 정보 A, 구매 정보 B
③ SELECT * 금액 FROM 고객 정보 A, 구매 정보 B
　　WHERE A.고객 ID=B.고객 ID
④ SELECT A.고객명, B.주문 금액 FROM 고객 정보 A, 구매 정보 B
　　WHERE A.고객 ID=B.고객 ID

11 다음 데이터 모델을 확인하고 주문 수량과 상품 단가를 곱하여 총 주문 금액을 산출하고자 한다. 만약 주문 수량이 아직 없을 경우 총 주문 금액이 0으로 계산되는 SQL 구문으로 가장 적절한 것은?

주문 정보
- 주문 번호 (PK)
- 주문 수량
- 상품 단가

① SELECT NVL(주문 수량, 0) * 상품 단가 AS 총 주문 금액 FROM 주문 정보
② SELECT NVL(주문 수량, 0) * NVL(상품 단가, 0) AS 총 주문 금액 FROM 주문 정보
③ SELECT 주문 수량 * NVL(상품 단가, 0) AS 총 주문 금액 FROM 주문 정보
④ SELECT 주문 수량 * 상품 단가 AS 총 주문 금액 FROM 주문 정보

12 다음 보기 중 에러가 발생하는 SQL 구문은?

① SELECT * FROM TAB01 AS T1
② SELECT TAB01.* FROM TAB01
③ SELECT T1.* FROM TAB01 AS T1
④ SELECT TAB01.* FROM TAB01 AS T1

13 테이블 TAB01에 대한 SQL 구문의 실행 결과는?

TAB01	
C1	C2
1	1
NULL	2
3	NULL

SELECT (C1 * 2) + (C2 * 2) AS R1 FROM TAB01

①
R1
4
4
6

②
R1
4
6
8

③
R1
4
NULL
NULL

④
R1
NULL
NULL
NULL

14 다음 보기 중 결과가 다른 SQL 구문은?

① SELECT EXTRACT(YEAR, SYSDATE) FROM DUAL
② SELECT RIGHT(SYSDATE), 4) FROM DUAL
③ SELECT LEFT(SYSDATE), 4) FROM DUAL
④ SELECT SUBSTR(SYSDATE), 1, 4) FROM DUAL

15 테이블 TAB01에 대한 SQL의 실행 결과로 정확한 것은?

TAB01

C01	C02
1	4
2	5
3	6

```
SELECT CASE WHEN C01*C02 = 10 THEN 'A'
WHEN CASE C01+C02 = 9 THEN 'B'
ELSE 'C' END AS R01 FROM TAB01
```

①
R01
A
B
C

②
R01
A
B
A

③
R01
C
A
B

④
R01
B
A
B

16 아래의 SQL과 동일한 결과를 출력하는 SQL을 고르시오.

```
SELECT * FROM TAB01
WHERE C1 < 100 OR C1 > 500
```

① SELECT * FROM TAB01
　WHERE C1 NOT BETWEEN 100 AND 500
② SELECT * FROM TAB01
　WHERE C1 EXIST (100, 500)
③ SELECT * FROM TAB01
　WHERE C1 IN (100, 500)
④ SELECT * FROM TAB01
　WHERE C1 NOT IN (100, 500)

17 제시된 SQL이 순서대로 수행되었을 때 보기의 SQL 결과가 다른 하나를 선택하시오.

CREATE TABLE TAB01 (C1 NUMBER NOT NULL, C2 NUMBER, C3 VARCHAR(2) NOT NULL);
INSERT INTO TAB01 (C1, C2, C3) VALUES (1, 2, 'A')
INSERT INTO TAB01 (C1, C2, C3) VALUES (3, NULL, 'B')
INSERT INTO TAB01 (C1, C2, C3) VALUES (4, 5, 'C')

① SELECT COUNT(C1) AS R1 FROM TAB01
② SELECT COUNT(C2) AS R1 FROM TAB01
③ SELECT COUNT(C3) AS R1 FROM TAB01
④ SELECT COUNT(*) AS R1 FROM TAB01

18 ORDER 테이블에 대한 SQL의 실행 결과 오류가 발생하는 구문은?

ORDER
- P_CODE (PK) VARCHAR2(20)
- M_ID (FK) VARCHAR2(10)
- AMT FLOAT
- CATE_CODE (FK) VARCHAR2(8)

① SELECT CATE_CODE, SUM(AMT) FROM ORDER
   GROUP BY CATE_CODE
② SELECT SUM(AMT) FROM ORDER
   GROUP BY CATE_CODE
③ SELECT CATE_CODE, P_ID FROM ORDER
   GROUP BY CATE_CODE
④ SELECT CATE_CODE, COUNT(*) FROM ORDER
   GROUP BY CATE_CODE

19 SQL 구문의 실행 결과로 정확한 것은?

TAB01	
C1	C2
A	가
B	나
C	다
D	라

TAB02	
C3	C4
1	가
5	나
7	다
4	라

SELECT A.C1 FROM TAB01 A, TAB02 B
WHERE A.C2=B.C4 AND (B.C3 > 4 AND A.C2 IN ('가', '나'))

① A   ② B   ③ C   ④ D

20 SQL 구문의 실행 결과로 정확한 것은?

TAB01
C1
100
200
300
400
500

TAB02
C1
100
300
500
700
100
300

SELECT SUM(T2.C1) FROM TAB01 AS T1 NATURAL JOIN TAB02 AS T2

① 900   ② 1000
③ 1200   ④ 1300

21 아래 두 테이블에 대한 SQL 구문의 실행 결과로 정확한 것은?

TAB01
C1
A
B
C
D

TAB02
C1
A
C
D

```
SELECT C1 FROM TAB01
WHERE C1 NOT EXISTS (SELECT C1 FROM TAB02)
```

① A   ② B   ③ C   ④ D

22 아래 두 테이블에 대한 SQL 구문의 실행 결과로 (A)와 (B), (C)에 각각 들어갈 값은?

TAB01

C1	C2
M001	100
M002	300
M001	200

TAB02

C3	C4
M002	200
M002	100
M003	200

```
SELECT C1, SUM(C2) AS R1 FROM
(SELECT C1, C2 FROM TAB01
UNION ALL
SELECT C3, C4 FROM TAB02) T1
GROUP BY C1
```

결과

C1	C2
M001	(A)
M002	(B)
M003	(C)

① A - 100, B - 300, C - 200   ② A - 300, B - 300, C - 200
③ A - 100, B - 200, C - 200   ④ A - 300, B - 600, C - 200

23 SQL1과 SQL2가 동일한 결과를 얻기 위해 (A)와 (B)에 들어갈 코드가 정확히 나열된 것은?

```
SQL1)
SELECT C1 FROM TAB01
(A)
SELECT C2 FROM TAB02

SQL2)
SELECT DISTINCT(C1) FROM TAB01
WHERE C1 (B) (SELECT C1 FROM TAB02)
```

① A - MINUS, B - NOT EXISTS ② A - MINUS, B - EXISTS
③ A - UNION, B - NOT EXISTS ④ A - UNION, B - EXISTS

24. TAB01에 대해 다음과 같은 결과를 얻을 수 있도록 SQL 구문 (A)에 들어갈 코드로 정확한 것은?

TAB01

C01	C02	C03
A001	A	100
A002	B	90
A003	C	80
A001	B	80
A002	C	100
A003	A	100

결과

C01	C02	R01
A001	A	100
A003	A	100
	A	200
A001	B	80
A002	B	90
	B	170
A002	C	100
A003	C	80
	C	180
		550

```
SELECT C01, C02, SUM(C03) AS R01 FROM TAB01
GROUP BY ROLLUP (A)
ORDER BY C01, C02
```

① (C02)   ② (C01)   ③ (C01, C02)   ④ (C02, C01)

25. 다음 ROLLUP에 대한 설명 중 틀린 것을 고르시오.

① ROLLUP은 가장 기본적인 그룹함수이다.
② 두 개 이상의 컬럼을 기준으로 집계 처리할 때 활용한다.
③ SUBTOTAL과 전체 TOTAL을 확인할 수 있다.
④ 집계 기준이 되는 컬럼의 개수가 가지는 경우의 수를 모두 반영하여 SUBTOTAL을 구한다.

26. 다음 중 성격이 다른 하나를 선택하시오.

① ROLLUP   ② ROLLBACK   ③ CUBE   ④ GROUPING SETS

27 TAB01에 대한 SQL 구문의 실행 결과가 다음과 같을 때 (A)에 들어갈 코드로 정확한 것은?

TAB01

C01	C02	C03
A001	A	100
A002	B	90
A003	C	80
A001	B	80
A002	C	100
A003	A	100

결과

C01	C02	R01
A001	A	100
A001	B	80
A002	B	90
A002	C	100
A003	C	80
A003	A	100
	A	200
	B	170
	C	180

```
SELECT C1, C2, SUM(C03) AS R01 FROM TAB01
GROUP BY GROUPING SETS (A)
```

① ((C01, C02), C02)　　② (C01, C02)
③ ((C01, C02), C01)　　④ (C02, C01)

28 아래 결과를 출력하기 위한 SQL 구문으로 적절한 것은?

TAB01

ID	BONUS	RANK
A001	100	1
A002	100	1
A003	90	2
A004	90	2
A005	80	3
A006	70	4

① SELECT ID, BONUS, RANK ( ) OVER (ORDER BY BONUS) AS RANK FROM TAB01

② SELECT ID, BONUS, DENSE_RANK ( ) OVER (ORDER BY BONUS) AS RANK FROM TAB01

③ SELECT ID, BONUS, PERCENT_RANK ( ) OVER (ORDER BY BONUS) AS RANK FROM TAB01

④ SELECT ID, BONUS, ROW_NUMBER ( ) OVER (ORDER BY BONUS) AS RANK FROM TAB01

29 아래 테이블에 대한 SQL의 실행 결과로 출력될 행의 개수를 선택하시오.

ORDER				
ORD_NUM	P_CODE	M_ID	AMT	EA
O-001	P001	M001	22,000	4
O-002	P002	M002	25,000	5
O-003	P003	M001	30,000	6
O-004	P002	M003	17,000	7
O-005	P003	M004	30,000	6
O-006	P001	M002	31,000	4
O-007	P001	M003	20,000	4
O-008	P002	M005	25,000	5

SELECT M_ID, SUM(AMT) AS A_AMT, SUM(EA) AS S_EA FROM ORDER
GROUP BY M_ID
HAVING (SUM(AMT) BETWEEN 30000 AND 50000) AND SUM(EA) >= 10
ORDER BY SUM(EA) DESC

① 1   ② 2   ③ 3   ④ 4

30 ORDER 테이블에 대한 SQL 구문의 실행 결과로 적절한 것은?

ORDER		
P_CODE	M_ID	EA
P001	M001	4
P002	M002	5
P003	M001	6
P002	M003	4
P003	M001	6
P001	M002	4
P001	M003	4
P002	M003	5

SELECT * FROM
(SELECT P_CODE, M_ID, EA FROM ORDER
WHERE P_CODE IN ('P001', 'P002'))
PIVOT (SUM(EA) FOR P_CODE IN ('P001', 'P002'))
ORDER BY P_CODE, M_ID

①
M_ID	P001	P002
M001	4	
M002		5
M003	4	9

②
M_ID	P001	P002
M001	4	
M002	4	5
M003		9

③
M_ID	P001	P002
M001	4	
M002	4	5
M003	4	9

④
M_ID	P001	P002
M001	4	
M002	4	5
M003	4	4

31 아래 두 테이블에 대한 수행 결과가 다른 SQL 구문을 선택하시오.

CATEGORY
C_CODE	C_NAME
C001	BAKERY
C002	DRINK
C003	SNACK
C004	BEER

PRODUCT
P_CODE	P_NAME	C_CODE
P001	REAL BEER	C004
P002	SWEET SNACK	C003
P003	NEW 7UP	C002
P004	YOUNG COLA	C002
P005	THIN CHIPS	C003
P006	ROLL CAKE	C001

① SELECT C_NAME FROM CATEGORY A,
　 (SELECT C_CODE FROM PRODUCT GROUP BY C_CODE) B
　 WHERE A.C_CODE=B.C_CODE

② SELECT C_NAME FROM CATEGORY
　 WHERE CODE IN (SELECT C_CODE FROM PRODUCT GROUP BY C_CODE)

③ SELECT C_NAME FROM CATEGORY
　 WHERE CODE EXISTS (SELECT C_CODE FROM PRODUCT GROUP BY C_CODE)

④ SELECT C_NAME FROM PRODUCT A LEFT OUTER JOIN CATEGORY B
　 ON A.C_CODE=B.C_CODE

32 주어진 MS-SQL 구문(위)과 ORACLE 구문(아래)이 모두 동일한 결과를 갖기 위한 (A) 코드는?

```
SELECT TOP 3 C1 FROM TAB01
SELECT C1 FROM TAB01 WHERE (A)
```

① DISTINCT(3)　　　　② NEWID(3)
③ ROWNUMBER<=3　　④ ROWNUM<=3

33 다음 중 JOIN 구문에 대한 설명으로 잘못된 것은?

① OUTER JOIN은 연결되는 테이블 중에 행의 개수가 많은 테이블을 기준으로 한다.
② NATURAL JOIN은 연결되는 테이블 간에 동일한 이름의 컬럼이 존재할 때 사용 가능하다.
③ CROSS JOIN은 연결되는 테이블의 행의 개수를 곱한 결과이다.
④ INNER JOIN은 연결되는 테이블 간의 관계된 키를 기준으로 한다.

34 다음 두 테이블에 대한 아래 SQL 구문의 실행 결과 건수(행의 개수)를 차례대로 나열한 것은?

TAB01

C1	C2	C3
B	123	BCD
C	345	DEF
D	567	FGH
E	789	HIJ

TAB02

C1	C2	C3
A	10	AA
B	20	BB
C	30	CC

1. SELECT * FROM TAB01 A CROSS JOIN TAB02 B
2. SELECT * FROM TAB01 A INNER JOIN TAB02 B
   ON A.C1=B.C1
3. SELECT * FROM TAB01 A LEFT OUTER JOIN TAB02 B
   ON A.C1=B.C1

① 7, 2, 4
② 7, 3, 4
③ 12, 2, 4
④ 12, 3, 3

35 계층형 테이블 STAFF에 대한 SQL 수행 결과가 다음과 같을 때 (A)에 들어갈 코드는?

STAFF

EP_ID	MG_ID	DEPT
S001		MARKETING
S002	S001	MARKETING
S003	S001	MARKETING
S004	S003	RESEARCH
S005	S003	RESEARCH

결과

EP_ID	MG_ID	STEP	DEPT
S001		0	MARKETING
S002	S001	1	MARKETING
S003	S001	0	MARKETING
S004	S003	1	RESEARCH
S005	S003	1	RESEARCH

SELECT EP_ID, MG_ID, (A) AS STEP, DEPT
FROM STAFF
START WITH MG_ID IS NULL
CONNECT BY PRIOR (EP_ID=MG_ID)

① CONNECT_BY_ISCYCLE　② CONNECT_BY_ISLEAF
③ CONNECT_BY_ROOT　④ SYS_CONNECT_BY_PATH

36 다음 SQL 구문에 대한 설명으로 적절한 것은?

```
SELECT A.* FROM STAFF A, STAFF B
WHERE 1=1
AND A.MANAGER = B.EMPLOYEE
AND B.SALARY >= ANY A.SALARY;
```

① 어떤 매니저보다도 급여가 높은 사원
② 어떤 매니저보다도 급여가 낮은 사원
③ 어떤 사원보다도 급여가 낮은 매니저
④ 어떤 사원보다도 급여가 높은 매니저

37 다음 설명이 의미하는 것은?

1. 원본에서 필요한 정보를 뽑아 생성한 가상의 개념이다.
2. 복잡한 쿼리를 자주 사용할 경우 생성하여 사용한다.
3. 사용자는 해당 정보를 확인할 수 없다.
4. 가상의 개념이므로 실제의 데이터를 갖지 않는다.

① TABLE　② COLUMN
③ VIEW　④ TEMP

38 DEPT, EMPLOYEE 테이블의 SQL 실행 결과는?

DEPT	
D_CODE	D_NAME
10	RESEARCH
20	SALES
30	MARKETING
40	HR
S005	S003

EMPLOYEE		
D_CODE	ROLE	PAY
10	MANAGER	3000
30	STAFF	1000
10	STAFF	2000
10	DIRECTOR	5000
10	STAFF	1000
30	MANAGER	4000
30	STAFF	2000

```
SELECT D_NAME, JOB, SUM(PAY) AS R_PAY
FROM DEPT A, EMPLOYEE B
WHERE A.D_CODE = B.D_CODE
GROUP BY CUBE(D_NAME, JOB)
```

①

D_NAME	ROLE	R_PAY
RESEARCH	MANAGER	3000
RESEARCH	STAFF	3000
RESEARCH	DIRECTOR	5000
MARKETING	MANAGER	4000
MARKETING	STAFF	3000

②

D_NAME	ROLE	R_PAY
	MANAGER	7000
	STAFF	6000
	DIRECTOR	5000
RESEARCH		11000
MARKETING		7000

③

D_NAME	ROLE	R_PAY
	MANAGER	7000
	STAFF	6000
	DIRECTOR	5000
RESEARCH		11000
RESEARCH	MANAGER	3000
RESEARCH	STAFF	3000
RESEARCH	DIRECTOR	5000
MARKETING		7000
MARKETING	MANAGER	4000
MARKETING	STAFF	3000

④

D_NAME	ROLE	R_PAY
RESEARCH	MANAGER	3000
RESEARCH	STAFF	3000
RESEARCH	DIRECTOR	5000
RESEARCH		11000
MARKETING	MANAGER	4000
MARKETING	STAFF	3000
MARKETING		17000

39 다음 SQL 중 DCL 구문은?

① GRANT   ② SELECT   ③ COMMIT   ④ ALTER

40 아래의 실행 계획 순서를 바르게 나열한 것은?

```
1. SELECT
2. NESTED LOOP JOIN
3. NESTED LOOP JOIN
4. TABLE ACCESS (FULL)
5. TABLE ACCESS (BY INDEX ROWID)
6. INDEX (RANGE SCAN)
7. TABLE ACCESS (BY INDEX ROWID)
8 INDEX (RANGE SCAN)
```

① 2-6-5-8-3-7-4-1　　② 4-3-5-6-8-7-1-2　　③ 5-6-4-3-7-8-2-1　　④ 4-6-5-3-8-7-2-1

41 다음에서 설명하는 것은 무엇을 의미하는지 서술하시오.

> 정보의 손실이 발생하는 삭제이상, 정보 입력에 문제가 발생하는 삽입이상 그리고 데이터가 일치하지 않는 갱신이상 현상을 제거하는 과정을 의미한다. 논리적 모델링에서 스키마로 변환되는 과정이다.

42 부서별 연간 총 보너스를 확인할 때 상반기, 하반기 보너스를 더하여 구하고자 한다. 상·하반기 보너스를 받지 않은 경우도 있을 때, 다음 SQL 구문의 (A)에 들어갈 수식을 완성하시오.

보너스
- 사번 (PK)
- 부서
- 상반기 보너스
- 하반기 보너스

> SELECT 부서, (A) AS 총 보너스 FROM 보너스
> GROUP BY 부서

43 다음 SQL 구문의 실행 결과를 작성하시오.

> STR1 = 'ABCDEFG'
> SELECT LENGTH(SUBSTR(STR1, 2, 5) + LENGTH(RIGHT(STR1, 3) AS R1 FROM DUAL

44 제시된 테이블에 대한 SQL 구문의 실행 결과를 작성하시오.

TAB01
C1
200
NULL
300

> SELECT * FROM TAB01 WHERE NOT (C1 > 300)

45 SQL 구문의 실행 결과를 기술하시오.

TAB01
C1
100
200
300
400
500

TAB02
C2
100
300
500
700

```
SELECT COUNT(*) FROM TAB01 A LEFT OUTER JOIN TAB02 B ON A.C1=B.C1
```

46 SQL1과 SQL2 두 구문이 동일한 결과를 얻기 위해 (A)에 들어가는 연산자를 기술하시오.

```
SQL1) SELECT PRODUCT_ID, TOTAL_AMT FROM
(SELECT PRODUCT_ID, TOTAL_AMT,
RANK () OVER (PARTITION BY PRODUCT_ID ORDER BY TOTAL_AMT) AS RK
FROM SALES) AS T1

SQL2) SELECT PRODUCT_ID, TOTAL_AMT FROM SALES
WHERE (PRODUCT_ID, TOTAL_AMT) (A)
(SELECT PRODUCT_ID, MAX(TOTAL_AMT) FROM SALES GROUP BY PRODUCT_ID,
TOTAL_AMT)
```

47 아래 두 테이블에 대한 SQL 구문의 실행 결과를 기술하시오.

TAB01
C1
100
200
300
400

TAB02
C2
100
300
500

```
SELECT C1 FROM TAB01
WHERE C1 = (SELECT COUNT(*)*100 FROM TAB02)
```

48 다음 두 테이블에 대한 아래 SQL 구문의 실행 결과를 작성하시오.

TAB01

C1	C2
A	1
	2
B	3
C	4

TAB02

C1	C2
A	5
	6
B	7

```
SELECT SUM(A.C2) AS R1 FROM TAB01 A, TAB02 B
WHERE A.C1<>B.C1
```

49 다음 설명이 의미하는 것을 기술하시오.

1. 사용할 때는 반드시 괄호에 묶어 처리한다.
2. SELECT, FROM, WHERE 절 어디에도 사용 가능하다.
3. 비교연산자와 함께 사용이 가능하다.
4. 임시 테이블로 지정하면 메인 쿼리에서 컬럼 활용이 가능하다.

50 어떤 SQL 구문의 실행 결과가 다음과 같을 때 GROUP BY 뒤에 들어갈 코드를 작성하시오.
(1은 값이 있는 것을 의미하고 0은 값이 없는 것임)

C1	C2	COUNT
1	1	1
1	0	1
1	1	1
1	0	1

[모의고사 2회] 정답 및 풀이

문제 1) 정답 ②

풀이 - 개념적 모델링 과정에서는 엔티티, 관계, 식별자 그리고 속성을 정의합니다. 기본키와 외래키, 스키마는 논리적 모델링 단계입니다.

문제 2) 정답 ②

풀이 - 반정규화 기법과 관련된 문제입니다. 반정규화 기법은 크게 3가지입니다. 계산된 컬럼 추가, 테이블 수직 분할, 그리고 테이블 수평 분할이 해당됩니다. 계산된 컬럼 추가는 별도의 프로그램을 통해 계산, 변환, 조정 등을 진행하고 컬럼에 추가하는 방법을 의미합니다. 테이블 수직 분할은 하나의 테이블에 담긴 컬럼을 분할하여 두 개 이상의 새로운 테이블로 나누는 작업을 의미합니다. 마지막 테이블 수평 분할은 수직 분할과 달리 컬럼이 아닌 값에 따라 테이블을 분할하는 작업을 의미합니다.

문제 3) 정답 ②

풀이 - 일단 구조적 모델링은 모델링 과정에 포함되지 않습니다. 가장 추상화 수준이 높은 단계는 개념적 모델링 단계입니다.

문제 4) 정답 ③

풀이 - 데이터 모델링 과정에서는 데이터의 일관성과 유일성 그리고 중복성을 충분히 고려합니다.

문제 5) 정답 ④

풀이 - 먼저 스키마는 데이터베이스의 구조(관계, 개체, 속성)와 제약 조건 등에 대해 포괄적인 내용을 설명하는 것을 의미합니다. 개념 스키마는 데이터베이스의 전체적인 논리적 구조를 설명합니다. 데이터의 속성과 관계의 정의, 그리고 제약 조건 등을 명시합니다. 일반적으로 스키마는 개념 스키마를 지칭합니다. 내부 스키마는 실제의 물리적 공간에 데이터를 어떤 방식으로 저장할지 설명합니다. 물리적 공간의 크기와 할당, 그리고 저장 방법 등을 명시합니다. 마지막으로 외부 스키마는 실제 데이터베이스에 저장된 데이터를 사용자에게 어떤 방법으로 전달하는지가 명시됩니다. 데이터베이스는 하나이지만 사용자는 여럿일 수 있기 때문에 외부 스키마는 1개 이상을 정의할 수 있습니다. 논리 스키마는 의미가 없는 용어입니다.

문제 6) 정답 ①

풀이 - 원자성은 트랜잭션에서 정의한 과정은 모든 실행이 정상적으로 완료된 상태이거나 하나라도 오류가 있을 시 모두 실행되지 않은 상태로 남아야 한다는 특성입니다.

문제 7) 정답 ②

풀이 - 과목 정보와 성적은 1:N, 학생 정보와 성적도 1:N의 관계입니다. 따라서 성적을 중심으로 과목 정보와 학생 정보는 M:M의 관계가 됩니다. 과목 정보와 학생 정보는 성적에 중복되어 저장될 수 있습니다. IE 표기에서 자식 엔티티에 작은 동그라미가 위치하면 부모 엔티티의 정보 입력과 상관없이 필요 시에만 정보를 입력할 수 있습니다.

문제 8) 정답 ②

풀이 - 문제 7과 비슷한 유형으로 필수와 선택 관계에 대한 질문입니다. 가장 빠른 방법은 O의 유무를 먼저 파악하는 것입니다. 선택 관계를 의미하기 때문입니다. 다음으로 O의 위치를 파악합니다. O가 위치한 엔티에 정보가 입력되어도 O가 없는 엔티티는 반드시 상대 엔티티의 속성을 입력할 필요가 없습니다. 예를 들어, 보기 '가'의 경우 O가 학생 엔티티에 있습니다. 즉, 학생 엔티티의 정보가 입력되어도 소속 학과 엔티티에 학생 엔티티 속성이 반드시 입력될 필요가 없다는 의미입니다.
반대로 소속 학과 엔티티에 O가 없다는 의미는 학생 엔티티에 정보가 입력되면 반드시 소속 학과 엔티티 속성이 입력되어야 한다는 얘기가 됩니다. 이런 개념을 잘 생각하고 보기를 확인하면 '나'의 경우 두 엔티티 모두 선택 관계이므로 어느 엔티티에 정보가 들어와도 상대의 속성을 반드시 입력할 필요가 없습니다. '다'는 '가'의 반대의 개념이고, '라'는 선택 관계가 아예 존재하지 않기 때문에 서로의 정보가 입력될 때 반드시 상대의 속성이 입력되는 필수 관계입니다.

문제 9) 정답 ①

풀이 - 이상 현상에서 조회이상이란 용어는 없습니다. 특정 정보 삭제 시 다른 정보도 삭제되는 삭제이상, 특정 정보 수정 시 불필요한 정보의 수정이 발생하는 갱신이상 그리고 신규 데이터 입력 시 불필요한 정보도 입력되어야 하는 삽입이상이 이상 현상의 3가지입니다.

문제 10) 정답 ④

풀이 - ①과 ②는 조건이 없기 때문에 정답에서 제외됩니다. JOIN 구문은 조건이 명시되어야 합니다. 문제에서 고객명과 주문 금액을 확인하기 때문에 *를 통한 모든 조회는 해당하지 않습니다.

문제 11) 정답 ①

풀이 - 아직 값이 확정되지 않은 값을 연산할 때는 NVL 함수를 사용하여 NULL 값을 특정한 값으로 변환합니다. 문제에서 아직 결정되지 않은 컬럼은 주문 수량이므로 주문 수량 컬럼에 대해서 NVL 처리를 합니다. 그리고 주문 수량이 아직 없을 경우는 총 주문 금액이 0이 되어야 하므로 NVL 함수로 변환할 값은 0이 되어야 합니다. 상품 단가는 NVL 처리를 할 필요가 없습니다.

문제 12) 정답 ④

풀이 - 테이블에서는 출력 대상이나 조건을 처리할 때 별칭을 활용해야 합니다. 특히 복수의 테이블은 반드시 별칭 활용을 하는 것이 좋습니다. ④의 경우 별칭을 지정하고 출력 대상 컬럼에 별칭 대신 기존 테이블명을 사용했기 때문에 오류입니다.

문제 13) 정답 ③

풀이 - NULL은 아직 값이 확정되지 않은 상태를 나타내는 값입니다. NULL과의 연산 결과는 언제나 NULL 입니다. C1 컬럼의 2행, C2 컬럼의 3행이 각각 NULL 입니다. 결과적으로 2행과 3행의 연산 결과는 NULL 입니다.

문제 14) 정답 ②

풀이 - ②를 제외한 모든 보기의 SQL 구문은 시스템 날짜에서 연도를 호출합니다. RIGHT 함수는 오른쪽에서 끊어 호출하므로 연도가 나오지 않습니다.

문제 15) 정답 ③

풀이 - 연산 결과에 따라 출력을 달리하는 문제입니다. 1행부터 차례로 조건에 대입해 봅니다. 1*4=4이고 10이 아니므로 다음 조건으로 넘어 갑니다. 1+4=5이고 9가 아니므로 그 외 출력 조건인 C가 됩니다. 두 번째 행 2*5=10이므로 A가 출력됩니다. 다른 조건은 검토 대상이 아닙니다. 마지막 3*6=18이므로 10이 아닙니다. 다음 조건에서 3+6=9입니다. 따라서 B가 출력됩니다.

문제 16) 정답 ①

풀이 - 주어진 SQL 구문은 100보다 작거나 500보다 큰 결과를 출력합니다. BETWEEN 100 AND 500으로 처리하면 100보다 크거나 같고 500보다 작거나 같은 결과를 출력합니다. 하지만 NOT이 포함되면 100보다 크거나 같고 500보다 작거나 같은 결과가 아닌 값을 출력합니다. 결과적으로 100보다 작은 값과 500보다 큰 값이 출력됩니다. ②, ③은 정확히 100과 500인 결과만 출력하고 ④는 100과 500이 아닌 모든 값을 출력합니다.

문제 17) 정답 ②

풀이 - SQL을 포함한 Database에서 NULL은 매우 중요한 값입니다. NULL도 값입니다. 아직 정확히 정해지지 않은 값을 의미합니다. 따라서 NULL은 연산이나 집계도 할 수 없습니다. NULL 값이 포함된 C2 컬럼은 값이 모두 포함된 다른 컬럼과 COUNT 집계 결과가 다릅니다.

문제 18) 정답 ③

풀이 - GROJP BY 절을 활용한 집계 처리를 할 때는 반드시 GROUP BY에 명시된 컬럼만 출력 대상이 됩니다. 명시된 기준 컬럼을 대상으로 숫자 유형의 종속 컬럼을 집계 처리할 수 있습니다. 단, COUNT 함수의 경우 *를 사용합니다. ③은 GROUP BY 절에 CATE_CODE만 명시되어 있지만 출력 대상에 P_ID가 포함되어 오류가 발생합니다. ②의 경우처럼 GROUP BY 절에 명시되어도 반드시 출력 대상에 포함하지 않을 수 있습니다. 단순히 집계만 처리해도 괜찮습니다.

문제 19) 정답 ③

풀이 - 조건의 연산 순서를 차례로 적용해 보면 답이 보입니다. 가장 먼저 INNER JOIN을 위해 두 테이블에 동일한 값이 들어간 조건(A.C2=B.C4)을 대입했습니다. 출력 대상은 C1이므로 첫 번째 조건에서는 A, B, C, D 모두 해당됩니다. 그 다음 AND 조건입니다. 양쪽이 모두 참일 때 결과가 출력됩니다. AND를 기준으로 오른쪽 조건은 다시 두 개로 분리됩니다. 첫 번째 조건(B.C3 > 4)인 경우는 C4 컬럼의 '나, 다' 입니다. 두 번째 조건(A.C2 IN ('가', '나'))은 명확합니다. C1 컬럼의 B와 C만 해당됩니다. 이 두 조건의 참인 결과는 C4 컬럼의 '나'이고 최종적으로 두 테이블의 공통의 값은 '나'이므로 C1의 최종 출력은 B가 됩니다.

문제 20) 정답 ④

풀이 - NATURAL JOIN은 특별히 조건을 명시하지 않아도 JOIN되는 테이블 간의 동일한 값을 찾아 결과를 반환합니다. TAB01과 TAB02에 공통으로 포함된 값은 100, 300, 500입니다. 출력 결과는 100, 100, 300, 300, 500입니다. 총합은 1300입니다.

문제 21) 정답 ②

풀이 - EXISTS 연산자는 존재하는 대상을 찾는 연산자입니다. NOT이 붙어 반대로 존재하지 않는 대상을 찾습니다.

문제 22) 정답 ④

풀이 - UNION으로 테이블을 결합할 때는 결합되는 테이블의 컬럼 개수가 먼저 동일해야 합니다. TAB01과 TAB02는 컬럼 개수가 두 개로 동일합니다. UNION ALL 해서 모든 행을 결합하면 TAB01 3개 행, TAB02 3개 행으로 총 6개의 행이 출력됩니다. M001이 2개, M002가 3개, M003가 1개입니다. 이 결과를 임시 테이블 T1으로 하고 C1을 기준으로 집계합니다. C2 컬럼의 SUM 값은 쉽게 구할 수 있습니다.

문제 23) 정답 ①

풀이 - MINUS 연결은 쉽게 말해 차집합입니다. SQL1에서 TAB01에서 TAB01과 TAB02의 값 차이에 해당하는 결과를 출력합니다. 동일한 결과를 갖는 방법이 바로 EXISTS를 활용하는 것으로 존재하지 않는 내용을 확인해야 하므로 NOT EXISTS를 사용하게 됩니다.

문제 24) 정답 ①

풀이 - 기본적인 ROLLUP GROUP BY 구문의 결과를 확인하는 문제입니다. ROLLUP을 확인할 때는 SUBTOTAL이 집계된 컬럼을 먼저 찾으면 됩니다. 결과에서 SUBTOTAL은 C02를 기준으로 진행되었습니다. 따라서 ROLLUP 시 가장 먼저 명시되는 컬럼은 C02가 됩니다.

문제 25) 정답 ④

풀이 - ④는 그룹 함수 중 CUBE에 대한 설명입니다.

문제 26) 정답 ②

풀이 - ①, ③, ④는 대표적인 그룹 함수입니다. ②는 대표적인 DCL (Data Control Language) 코드입니다.

문제 27) 정답 ①

풀이 - C01 컬럼을 기준으로 두 개의 분류로 집계가 된 것을 알 수 있습니다. 따라서 GROUPING SETS에 포함되는 인자는 2개 입니다. 아래의 실행 결과를 확인해 보면 C02는 확실히 별개의 집계가 된 것을 알 수 있습니다. 여기까지 완성해 보면 GROUPING SETS(?, C02)입니다. 상단 부분의 집계는 C01과 C02가 묶음으로 처리된 것이 확인됩니다. 최종적으로 GROUPING SETS((C01, C02), C02)으로 집계함수가 완성되어야 합니다.

문제 28) 정답 ②

풀이 - 윈도우 함수 중 순위 함수에 대한 문제입니다. 동일 순위 상관없이 이어서 순위가 부여되는 함수는 DENSE_RANK입니다.

문제 29) 정답 ①

풀이 - M_ID로 집계 처리한 결과를 먼저 살펴봅니다. M_ID는 총 5개입니다. 일단 5개의 행이 결정되었습니다. 다음은 집계 조건을 확인합니다. 총 5개 중에 첫 번째 조건인 AMT의 총합이 30,000과 50,000 사이에 존재하는 M_ID는 M003과 M004 입니다. 그리고 두 번째 조건에서 EA 총합이 10보다 크거나 같은 M_ID는 M003이 유일합니다.

문제 30) 정답 ③

풀이 - 문제가 어려워 보이지만 의외로 간단하게 결과를 확인할 수 있습니다. P001과 P002를 기준으로 EA의 총 합을 M_ID 기준으로 집계하면 됩니다. M001과 M002의 경우 P001과 P002에 각각 하나씩 존재하므로 값을 그대도 반영하면 되고, M003의 경우 P002에서 두 개의 행이 존재하므로 두 행의 합인 9가 나와야 합니다.

문제 31) 정답 ④

풀이 - ①, ②, ③은 동일한 결과가 출력됩니다. 하지만 ④의 경우 PRODUCT 기준의 LEFT OUTER JOIN이기 때문에 C_NAME 자체가 출력될 수 없습니다.

문제 32) 정답 ④

풀이 - DISTINCT는 중복을 제거하는 함수로 SELECT 뒤에 사용됩니다. NEWID는 무작위로 출력해주는 명령이며 ORDER BY 절에 활용됩니다. ROWNUMBER는 순위와 관련된 윈도우 함수입니다.

문제 33) 정답 ①

풀이 - OUTER JOIN은 LEFT, RIGHT, FULL을 명시하여 기준이 되는 테이블을 지정하여 JOIN 합니다.

문제 34) 정답 ③

풀이 - INNER JOIN은 KEY값이 동일한 결과를 출력합니다. 두 테이블의 컬럼 C1의 공통 값은 B와 C이므로 결과는 2개의 행입니다. OUTER JOIN은 기준이 되는 테이블의 행의 개수를 체크하면 결과 행을 알 수 있습니다. 주어진 SQL 구문에서 LEFT OUTER JOIN, 즉 왼쪽 테이블 기준이 되므로 TAB01의 행의 개수가 출력 결과입니다. CROSS JOIN은 두 테이블의 행의 개수의 곱이 결과가 됩니다.

문제 35) 정답 ②

풀이 - 계층형 SQL에서 별칭 STEP의 결과로 나온 0과 1의 원인 코드를 찾는 문제입니다. CONNECT_BY_ISCYCLE는 중복 참조를 확인하는 것으로 부모 노드가 자식 노드를 갖고 해당 자식 노드가 부모 노드의 부모 노드가 되는 경우입니다. 즉, 중복 참조되는 자식 노드가 있으면 1이고 없으면 0입니다. CONNECT_BY_ISLEAF는 간단하게 자신이 부모 노드, 즉 자식 노드가 있으면 1, 없으면 0을 반환합니다. CONNECT_BY_ROOT는 최상위 노드를 찾는 코드이고 하위 레벨의 컬럼까지 모두 표시해주는 명령입니다.

문제 36) 정답 ④

풀이 - 먼저 ANY의 개념은 '어떠한 경우에도'라고 해석이 가능합니다. 주어진 SQL에서 >= ANY는 뒤의 조건보다 어떠한 경우에도 큰 것을 의미하게 됩니다. 첫 번째 조건의 A.MANAGER=B.EMPLOYEE는 매니저인 사원을 의미합니다. 두 번째 조건인 B.SALARY >= ANY A.SALARY는 별칭 A 테이블의 어떠한 급여보다도 높은 별칭 B 테이블의 급여입니다. 이 두 조건을 모두 만족해야 하므로 다시 해석하면 매니저 중에서 어떠한 사원보다도 급여가 높은 매니저를 찾는 쿼리가 됩니다.

문제 37) 정답 ③

풀이 - 원본 테이블에서 필요한 정보를 뽑아 생성된 가상의 테이블을 VIEW라고 합니다. VIEW는 가상의 테이블이므로 사용자는 정보를 확인할 수 없으며 실제의 데이터를 갖지 않게 됩니다.

문제 38) 정답 ③

풀이 - ①은 일반 GROUP BY 집계이고 ④는 ROLLUP 입니다. ②는 특별한 집계 처리 내역으로 볼 수 없습니다.

문제 39) 정답 ①

풀이 - SELECT는 DML, COMMIT은 TCL, ALTER는 DDL 구문입니다.

문제 40) 정답 ④

풀이 - 입력된 구문의 실행 순서는 먼저 검색 대상이 된 모든 테이블에 접근합니다. 다음으로 첫 번째 조인 구문에 대해 인덱스를 기준으로 검색 범위를 탐색합니다. 범위 내 인덱스에 따라 첫 번째 조인문과 연결된 테이블에 접근하고 첫 번째 중첩 조인을 수행합니다. 그리고 두 번째 조인에 대한 범위를 탐색하고 마찬가지로 범위 내 인덱스를 기준으로 테이블에 접근 후, 두 번째 중첩 조인문을 실행하고 출력합니다.

문제 41) 정답 정규화

풀이 - 정규화 과정은 논리적 모델링에서 실제의 스키마로 변환하는 과정에서 나타나는 다양한 이상 현상을 제거해 나가는 작업입니다.

문제 42) 정답 SUM(NVL(상반기 보너스, 0)) + SUM(NVL(하반기 보너스, 0))

풀이 - 상·하반기 보너스를 받지 않은 사원도 존재하기 때문에 NVL 함수로 값을 변경합니다. 그리고 부서별로 확인하므로 보너스의 총합을 구하는 SUM 함수도 작성되어야 합니다. 총합 이전에 NVL 처리가 먼저 이루어진다는 점도 기억해 주세요.

문제 43) 정답 7

풀이 - 문자열 길이 조절 함수인 LEFT, RIGHT 그리고 SUBSTR의 활용 방법을 알면 쉽게 풀 수 있는 문제입니다. SUBSTR은 특정 구간을 잘라 보여주는 함수이고 RIGHT 함수는 오른쪽에서 문자를 잘라 보여주는 함수입니다. SUBSTR(STR1, 2, 5)의 결과는 BCDE이고 길이는 4입니다. RIGHT(STR1, 3)의 결과는 'EFG'이고 길이는 3입니다.

문제 44) 정답 200

풀이 - SQL 구문에서 NOT은 반대의 개념이라고 생각하시면 됩니다. 조건에서 괄호 안에 C1값이 300보다 큰 결과이지만 앞에 NOT이 등장해서 반대로 C1이 300보다 작은 결과를 출력하게 됩니다. 다시 말씀드리면 NOT은 뒤에 나오는 결과의 반대로 처리합니다.

문제 45) 정답 5

풀이 - OUTER JOIN은 LEFT, RIGHT의 기준 테이블을 중심으로 비교하여 출력됩니다. 동일한 값은 당연히 출력되고 동일한 값이 없으면 NULL이 출력됩니다. 최종 출력 개수를 묻는 문제이므로 기준이 된 테이블이 무엇인지 확인하면 답을 쉽게 찾을 수 있습니다. LEFT OUTER JOIN이므로 TAB01의 행의 개수인 5개가 출력됩니다.

문제 46) 정답 IN

풀이 - SQL1 구문은 RANK 함수를 활용한 순위 집계입니다. 제품별 총 판매 금액에 대한 순위를 뽑고 그 결과를 임시 테이블로 지정하여 제품과 총 금액이 높은 순으로 출력되게 한 구문입니다. SQL2 구문 역시 동일한 결과가 출력되는데 이유는 조건에서 제품별로 총 판매 금액의 최댓값이 포함된 결과를 출력하므로 제품별 판매 금액이 가장 높은 순으로 출력됩니다.

문제 47) 정답 300

풀이 - TAB02의 행의 개수는 3이고 여기에 100을 곱하면 300이므로 TAB01의 C1 컬럼에서 300이 출력됩니다.

문제 48) 정답 12

풀이 - 비 등가 조인(Non Equal Join)에 대한 문제입니다. 비 등가 조인은 CROSS JOIN 후 값이 다른 결과를 구하면 됩니다. NULL은 연산이 불가하니 제외하고 TAB01의 C1의 값은 총 3개입니다. A, B, C 각각의 값을 TAB02의 C1에 대입해서 값이 다른 결과를 찾고 SUM을 하면 됩니다. 조건에 부합된 결과는 TAB01 A - TAB02 B, TAB01 B - TAB02 A, TAB01 C - TAB02 A, TAB01 C - TAB02 B 총 4개입니다. 따라서 TAB01의 C2의 값은 1, 3, 4, 4이고 총합은 12가 됩니다.

문제 49) 정답 서브쿼리(SUBQUERY)

풀이 - 서브쿼리는 임시 테이블로 지정할 때 메인 쿼리 내에서 서브쿼리의 컬럼을 충분히 사용할 수 있습니다. 서브쿼리는 괄호로 묶어 사용하고 SELECT, FROM, WHERE 절에서 사용 가능합니다.

문제 50) 정답 ROLLUP(C1, C2)

풀이 - 결과에서 C1과 C2의 결합된 집계와 C1의 부분 집계가 진행된 것을 알 수 있습니다.

모의고사 3회

01 다음 엔티티에 대한 설명 중 잘못된 것은?

① 유형 엔티티 - 특정하게 지정할 수 있는 사물을 지칭하며 회원, 학생, 구매자 등이 해당된다.
② 개념 엔티티 - 물리적 사물이 아닌 개념적으로 정의되고 구분되며 부서 정보, 과목 정보 등이 해당된다.
③ 행위 엔티티 - 사물이나 개념의 활동 내역을 의미하며 구매 정보, 수강 정보 등이 해당된다.
④ 사건 엔티티 - 지정된 유형이나 개념 등에 의해 발생된 정보를 의미하며 급여 정보, 생산 정보 등이 해당된다.

02 다음 용어의 설명이 나타내는 것은?

> 엔티티를 릴레이션으로 할 때 포함된 모든 속성은 반드시 원자값을 가져야 한다. 속성 내 저장될 수 있는 값들의 집합을 의미한다.

① 도메인(DOMAIN)
② 엔티티(ENTITY)
③ 속성(ATTRIBUTE)
④ 인스턴스(INSTANCE)

03 다음 중 개념적 스키마에 대한 설명으로 정확한 것은?

① 물리적 공간의 크기와 할당, 저장 방법 등을 명시
② 저장된 데이터를 사용자에게 전달하는 방법 등을 명시
③ 데이터베이스 생성 후 데이터의 활용 범위와 가능성 등을 명시
④ 데이터의 속성과 관계의 정의, 제약 조건 등을 명시

04 다음 설명 중 옳지 않은 것을 고르시오.

① 엔티티 내 하나의 속성은 하나 이상의 속성 값을 가진다.
② 엔티티 내 인스턴스는 다른 엔티티의 인스턴스와 관계를 가진다.
③ 엔티티는 한 개 이상의 속성을 가진다.
④ 엔티티는 한 개 이상의 인스턴스 집합이다.

05 다음 ERD와 설명에 대해 3차 정규화를 만족하는 최종 엔티티의 개수는?

성적
학번
과목 코드 (PK)
교수 코드
교수명
과목명
평가 학점

1. 교수 코드와 교수명은 학번에 종속적
2. 과목명과 평가 학점은 과목 코드에 종속적
3. 교수 코드와 교수명은 속성 간 종속적 관계

① 1개   ② 2개   ③ 3개   ④ 4개

06 다음 중 반정규화에 대한 설명으로 부적절한 것은?

① 테이블 JOIN은 조회 시간이 길기 때문에 JOIN을 최소화하기 위해 반정규화를 검토한다.
② 테이블 접근 프로세스가 많고 특정 범위를 반복적으로 조회하는 경우 반정규화를 검토한다.
③ 대량의 데이터에서 특정 구간을 반복 처리하여 성능이 보장되지 못할 때 반정규화를 검토한다.
④ 통계 정보를 필요로 할 때 통계 테이블 생성을 통해 반정규화를 검토한다.

07 분산 데이터베이스의 특성 중 저장 장소 명시와 관련된 특성은?

① 분할 투명성   ② 위치 투명성
③ 병행 투명성   ④ 중복 투명성

08 다음 중 엔티티로 보기 어려운 것은?

① 학생   ② 교수   ③ 성적   ④ 과목

09 다음 데이터 모델에 대한 설명으로 적절한 것은?

회사		
회사명	주소	전화번호
A소프트	서울	02-123-4567

① '회사'는 속성이다.
② '회사명'과 'A 소프트'는 관계가 설정되어 있다.
③ 'A소프트, 서울, 02-123-4567'는 엔티티이다.
④ '회사명, 주소, 전화번호'는 속성을 나타낸다.

10 다음 데이터 모델에 대한 설명으로 적절한 것을 고르시오.

회원 정보
- 아이디 (PK)
- 회원명
- 가입 일자

구매 정보
- 상품명
- 구매 금액
- 아이디 (FK)

① 회원 정보가 입력되면 반드시 구매 정보가 입력될 필요는 없다.
② 구매 정보에 입력된 회원은 반드시 회원 정보에 인스턴스가 존재할 필요가 없다.
③ 회원 정보와 구매 정보는 특별히 관계가 없다.
④ 아이디는 구매 정보의 식별자이다.

11 다음 중 SQL의 종류와 명령어가 정확하게 짝지어진 것은?

① DDL - SELECT
② DML - ALTER
③ DCL - GRANT
④ TCL - REVOKE

12 트랜잭션의 4가지 속성 중 다음에서 설명하는 속성은?

> 데이터베이스의 내용은 트랜잭션이 실행되기 전과 실행 후에도 오류가 없어야 한다.

① 원자성   ② 일관성   ③ 고립성   ④ 지속성

13 테이블 TAB01의 실행 결과가 다음과 같을 때 (A)에 들어갈 조건 코드는?

TAB01	
C01	C02
100	100
NULL	200
NULL	NULL

결과	
C01	C02
NULL	200
NULL	NULL

SELECT C01, C02 FROM TAB01 WHERE (A)

① C01=NULL ② C01 < > NULL
③ C01 IS NULL ④ C01 IS NOT NULL

14 테이블 TAB01의 실행 결과가 다음과 같을 때 (A)에 들어갈 수 없는 정렬 코드는?

TAB01	
C01	C02
A01	10
A02	20
A03	30
A04	40

결과	
C01	C02
A01	10
A02	20
A03	30
A04	40

SELECT C01, C02 FROM TAB01 ORDER BY (A)

① C01 ② C01 ASC
③ C02 ASC ④ C02 DESC

15 SQL 구문의 FUNCTION자리에 쓰이는 함수 중 결과가 다른 하나는?

SELECT FUCTION(5.32) FROM DUAL

① ROUND ② FLOOR
③ CEIL ④ ROUND

16 SQL 구문 실행 결과가 다른 하나를 고르시오.

① SELECT 'DATABASE' + 'MANAGEMENT'
② SELECT 'DATABASE' & 'MANAGEMENT'
③ SELECT 'DATABASE' || 'MANAGEMENT' FROM DUAL
④ SELECT CONCAT('DATABASE', 'MANAGEMENT') FROM DUAL

17 다음 테이블에 대한 SQL 구문의 순차적 실행 결과로 올바른 것은?

TAB01	
C1	CHAR(10)
C2	CHAR(5)

```
INSERT INTO TAB1 VALUES ('A', 'DD')
INSERT INTO TAB1 VALUES ('B', '')
INSERT INTO TAB1 VALUES ('C', 'EE')
SELECT SUM(LENGTH(COL1)), SUM(LENGTH(COL2)) FROM TAB01
```

① 7   ② 40   ③ 5   ④ 10

18 다음 테이블에 대한 SQL 구문의 실행 결과는?

TAB01

CO1	CO2
A01	10
NULL	20
A03	30
NULL	40

```
SELECT COALESCE(CO1, CO2) AS R01 FROM TAB01
```

①

R01
NULL
NULL
NULL

②

R01
100
200
NULL

③

R01
200
200
NULL

④

R01
NULL
200
NULL

19 테이블 TAB01에서 주문 일자 기준 3회 이상의 주문 대상을 조회하는 SQL의 (A)에 들어갈 조건을 고르시오.

주문 정보
- 주문 번호
- 상품 코드
- 아이디
- 주문 일자

```
SELECT 상품 코드, 아이디, COUNT(*) FROM TAB01
GROUP BY 상품 코드, 아이디
(A)
```

① CONNECT BY COUNT(*) >= 3   ② WHERE COUNT(*) >= 3
③ ON COUNT(*) >= 3   ④ HAVING COUNT(*) >= 3

20 ORACLE에서 작성된 SQL 구문을 MS-SQL 구문으로 가장 적절하게 변경한 것은?

> SELECT C1, C2 FROM TAB01
> WHERE ROWNUM < 10
> ORDER BY C2 DESC

① SELECT TOP(10) C1, C2 FROM TAB01
　WHERE ROWNUM < 10
　ORDER BY C2 DESC

② SELECT TOP(9) C1, C2 FROM TAB01
　WHERE ROWNUM < 10
　ORDER BY C2 DESC

③ SELECT TOP(10) C1, C2 FROM TAB01
　ORDER BY C2 DESC

④ SELECT TOP(9) C1, C2 FROM TAB01
　ORDER BY C2 DESC

21 보기의 SQL 구문과 동일한 결과를 갖는 SQL 구문을 선택하시오.

> SELECT * FROM EMP A, DEPT B
> WHERE A.DEPTNO = B.DEPTNO AND B.DNAME = 'SALES'

① SELECT * FROM EMP A INNER JOIN DEPT B
　ON A.DEPTNO = B.DEPTNO
　WHERE 1=1 AND B.DNAME ='SALES'

② SELECT * FROM EMP A INNER JOIN DEPT B
　ON (A.DEPTNO = B.DEPTNO AND B.DNAME ='SALES')
　WHERE 1=1

③ SELECT * FROM EMP A RIGHT OUTER JOIN DEPT B
　ON (A.DEPTNO = B.DEPTNO AND B.DNAME ='SALES')
　WHERE 1=1

④ SELECT * FROM EMP A LEFT OUTER JOIN DEPT B
　ON (A.DEPTNO = B.DEPTNO AND B.DNAME ='SALES')
　WHERE 1=1

22 집합연산자와 그 의미의 연결이 적절하지 않은 것을 선택하시오.

① UNION - 부분 합집합　　② UNION ALL - 전체 합집합
③ INTERSECT - 여집합　　④ MINUS - 차집합

23 아래 두 테이블에 대한 SQL 구문의 실행 결과는?

TAB01

C01	C02
1	2
1	3
1	4

TAB02

C01	C02
1	3
3	5
5	7

```
SELECT C01, C02 FROM TAB01
UNION ALL
SELECT C01, C02 FROM TAB02;
```

①
결과
C01	C02
1	2
1	4

②
결과
C01	C02
1	3

③
결과
C01	C02
1	2
1	3
1	4
3	5
5	7

④
결과
C01	C02
1	2
1	3
1	4
1	3
3	5
5	7

24 테이블 MNG에 대한 SQL 구문의 실행 결과 5와 4가 출력되었다. (A)와 (B)에 들어갈 코드는?

MNG

S_ID	M_ID	DEPT
A		SALES
B	A	SALES
C	A	SALES
D	C	MKT
E	C	MKT

```
SELECT COUNT(S_ID), COUNT(M_ID) FROM MNG
WHERE 1=1
START WITH (A)
CONNECT BY (B)
```

① A - M_ID IS NOT NULL, B - PRIOR S_ID = M_ID
② A - M_ID IS NULL, B - PRIOR S_ID = M_ID
③ A - M_ID IS NOT NULL, B - PRIOR M_ID = S_ID
④ A - M_ID IS NULL, B - PRIOR M_ID = S_ID

25 테이블 TAB01의 컬럼 DEPT_ID에는 아래와 같은 값이 차례로 입력되어 있다. 주어진 SQL 구문의 실행 결과를 차례대로 출력한 것은?

DEPT_ID : 10, 20, NULL, 30, 40, NULL, 50, 60, 70, 80, 90, 100

```
SELECT DEPT_ID FROM TAB01 A
WHERE A.DEPT_ID <= ALL (30,50);
```

① 10, 20
② 10, 20, 30
③ 10, 20, 30, 40
④ 10, 20, 30, 40, 50

26 아래 두 테이블에 대한 각각의 SQL 구문의 실행 결과가 잘못된 것은?

TAB01

C1	C2
10	A
20	B
30	C
40	D

TAB02

C1	C2
10	E
30	G
40	D

① SELECT * FROM TAB01
   WHERE C1 IN (SELECT C1 FROM TAB02)

C1	C2
10	A
30	C

② SELECT * FROM TAB01 A
　WHERE C1 EXISTS
　(SELECT 'X' FROM TAB02 B
　WHERE A.C1 = B.C1)

C1	C2
10	A
30	C

③ SELECT * FROM TAB01
　WHERE C1 NOT IN (SELECT C1 FROM TAB02)

C1	C2
20	B
40	D

④ SELECT * FROM TAB01 A
　WHERE C1 NOT EXISTS
　(SELECT 'X' FROM TAB02 B
　WHERE A.C1 = B.C1)

C1	C2
20	B
40	D

27 다음 VIEW에 대한 설명으로 적절하지 않은 것은?

① 실제 데이터를 활용하므로 물리적인 관리가 가능하다.
② 사용자에게 정보를 감출 수 있다.
③ 복잡한 쿼리를 단순하게 작성할 수 있다.
④ 테이블 구조가 변경되면 뷰를 사용하는 응용 프로그램도 변경된다.

28 식별자에 대한 설명으로 맞지 않는 것은?

① 주 식별자를 구성하는 속성의 수는 유일성을 만족하는 최소의 수다.
② 지정된 주 식별자의 값은 필요 시 자유롭게 변경 가능하다.
③ 주 식별자가 지정되면 반드시 값이 존재해야 한다.
④ 주 식별자는 모든 인스턴스를 유일하게 구분해야 한다.

29 SQL의 실행 결과 아래와 같은 결과가 나왔을 때 (A)에 들어갈 코드는?

SELECT D_NAME, ROLE, SUM(PAY) AS R_PAY
FROM TAB01
GROUP BY (A)

D_NAME	ROLE	R_PAY
	MANAGER	7000
	STAFF	6000
	DIRECTOR	5000
RESEARCH		11000
RESEARCH	MANAGER	3000
RESEARCH	STAFF	3000
RESEARCH	DIRECTOR	5000
MARKETING		7000
MARKETING	MANAGER	4000
MARKETING	STAFF	3000

① ROLLUP(D_NAME, ROLE) ② CUBE(D_NAME, ROLE)
③ GROUPING SETS(D_NAME, ROLE) ④ HAVING(D_NAME, ROLE)

30 TAB01에 대한 SQL 수행 결과가 다음과 같을 때 (A)에 들어갈 코드는?

TAB01		
C01	C02	C03
A	A001	1500
B	A001	1500
C	A001	1000
D	A001	500
E	B002	1000
F	B002	1000
G	C003	500
H	D004	1000

SELECT * FROM
(SELECT C02, C03, (A) OVER (PARTITION BY C02 ORDER BY C03) R_NO FROM TAB01)
WHERE MOD(R_NO, 2)=1

결과		
C02	C03	R_NO
A001	500	1
A001	1500	3
B002	1000	1
C003	500	1
D004	1000	1

① RANK ② DENSE_RANK
③ ROWNUM ④ ROW_NUMBER

31 다음과 같이 테이블이 존재할 때 가장 효율적으로 인덱스를 사용하는 조건절은?

```
TAB01
C1   NUMBER              INDEX C1
C2   VARCHAR2(10)
```

① WHERE C1 < > 10 ② WHERE C1 LIKE '%10%'
③ WHERE C1 = 10 ④ WHERE C1 IS NOT NULL

32 다음 중 HASH JOIN에 대한 설명으로 부적절한 것은?

① HASH JOIN을 위해서 우선적으로 SORT 작업이 필수다.
② 기본적으로 크기가 작은 테이블은 MEMORY에서 선행 테이블로 사용한다.
③ NON EQUAL JOIN(비 동등)은 불가능 하다.
④ HASH JOIN 대상 테이블이 모두 INDEX가 필요하지는 않다.

33 다음 SQL 구문이 순차적으로 실행된 후 TAB01 전체 행의 개수는?

```
INSERT INTO TAB01 (C1, C2) VALUES (1, 2)
SAVEPOINT SP1
INSERT INTO TAB01 (C1, C2) VALUES (3, 4)
SAVEPOINT SP2
ROLLBACK TO SAVEPOINT SP1
INSERT INTO TAB01 (C1, C2) VALUES (5, 6)
SAVEPOINT SP3
INSERT INTO TAB01 (C1, C2) VALUES (1, 2)
```

```
SAVEPOINT SP4
ROLLBACK TO SAVEPOINT SP3
```

① 4 ② 3 ③ 2 ④ 1

34 TAB01에 대한 SQL 구문의 실행 결과는?

TAB01

C01	C02
100	1000
200	900
300	800

```
SELECT MIN(C01) + MAX(TO_CHAR(C02)) AS R1 FROM TAB01
```

① 1100 ② 1300
③ 1200 ④ 1000

35 TAB01에 대한 SQL 구문의 실행 결과가 다음과 같을 때 (A)에 들어갈 코드는?

TAB01

C01	C02	C03
KOR	A001	1000
KOR	A001	2000
KOR	A002	5000
KOR	A002	3000
JAP	B001	100
JAP	B001	200
JAP	B003	500
USA	C001	10000
USA	C001	20000
USA	C003	5000

결과

C01	C02	C03	R_SUM
USA	C003	5000	5000
USA	C001	10000	15000
USA	C001	20000	35000
JAP	B001	100	100
JAP	B001	200	300
JAP	B003	500	800
KOR	A001	1000	1000
KOR	A001	2000	3000
KOR	A002	3000	6000
KOR	A002	5000	11000

```
SELECT C01, C02,
SUM (C03) OVER (PARTITION BY C01 ORDER BY C03 (A)) AS R_SUM
FROM TAB01
ORDER BY C01, C02
```

① RANGE UNBOUNDED PRECEDING
② RANGE BETWEEN UNBOUNDED PRECEDING AND CURRENT ROW

③ RANGE UNBOUNDED FOLLOWING
④ RANGE BETWEEN CURRENT AND UNBOUNDED FOLLOWING

36 다음 SQL 구문의 실행 결과로 정확한 것은?

> SELECT REGEXP_SUBSTR('가나라', '가나|다라') AS R1
> REGEXP_SUBSTR('가나라', '가(나|다)라') AS R2

① R1 - 가나다, R2 - 가나다
② R1 - 가나라, R2 - 가나라
③ R1 - 가나, R2 - 나라
④ R1 - 가나, R2 - 가나라

37 아래 실행 순서에서 4번 명령이 DISK FAIL로 실행되지 않았다면 트랜잭션은 무엇이 위배되었는지 고르시오.

> 1. UPDATE SQL1
> 2. COMMIT 1
> 3. UPDATE SQL2
> 4. COMMIT 2

① 원자성 ② 일관성 ③ 고립성 ④ 지속성

38 다음 SQL 구문에 대한 설명으로 적절한 것은?

> SELECT * FROM TAB01
> WHERE C1 LIKE 'A%'

① C1 컬럼이 A 또는 a로 시작하는 모든 행
② C1 컬럼이 A로 시작하는 모든 행
③ C1 컬럼이 A로 끝나는 모든 행
④ C1 컬럼이 A 또는 a로 끝나는 모든 행

39 아래의 사원 정보 테이블에서 작성된 계층형 쿼리를 셀프 조인 쿼리로 변경하고자 할 때 정확한 것은?

사원 정보

사번	사원명	직속 상사
S001	김우주	S000
S002	김은하	S001
S003	이우주	S002
S004	이은하	S003

SELECT 사번, 사원명 FROM 사원 정보
WHERE ROWNUM=1
SATRT WITH 사원명='김은하'
CONNECT BY PRIOR 사번=직속 상사
SELECT 사번, 사원명 FROM 사원 정보

① SELECT B.사번, B.사원명 FROM 사원 정보
　WHERE A.사원명='김은하' AND A.사번=B.직속 상사
② SELECT B.사번, B.사원명 FROM 사원 정보
　WHERE A.사원명='김은하' OR A.사번=B.직속 상사
③ SELECT B.사번, B.사원명 FROM 사원 정보 AS A, 사원 정보 B
　WHERE A.사원명='김은하' AND A.사번=B.직속 상사
④ SELECT B.사번, B.사원명 FROM 사원 정보 AS A, 사원 정보 B
　WHERE A.사원명='김은하' OR A.사번=B.직속 상사

40 다음 중 WINDOW FUCNCTION에 대한 설명으로 적절한 것은?

① GROUP BY 구문과 WINDOW FUCNCTION은 병행 사용이 가능하다.
② WINDOW FUCNCTION을 사용하면 결과 건수가 줄어든다.
③ PARTITION과 GROUP BY 구문은 의미적으로 완전히 다르다
④ 집계 WINDOW FUCNCTION을 사용할 때 WINDOW절과 함께 사용하면 대상 범위를 지정할 수 있다.

41 다음에서 설명하는 데이터 모델링 과정을 서술하시오.

> 이 과정에서는 엔티티 간의 관계를 정의한다. 현실 세계의 데이터를 파악하고 개체 타입, 속성 등을 엔티티를 중심으로 모델링한다. 데이터 모델링 과정 중에서 추상화 수준이 가장 높다.

42 다음 식별자에 대한 설명에서 (A)와 (B)에 들어갈 용어를 작성하시오.

> (A) - 엔티티 내에서 인스턴스를 설명하고 공통적으로 가지는 특성
> (B) - 엔티티 간의 관계에 따라 생성되는 연결 키(KEY)

43 다음 설명이 의미하는 것을 기술하시오.

> 로우 길이가 너무 길어서 데이터 블록 하나에 데이터가 모두 저장되지 않고 두 개 이상의 블록에 걸쳐 하나의 로우가 저장되어 있는 현상

44 테이블 정보가 다음과 같을 때 아래의 SQL 구문이 차례로 수행된 후의 결과를 작성하시오.

> TAB01
> - C01 VARCHAR2(20)
> - C02 NUMBER

> INSERT INTO TAB01 (C01, C02) VALUES ('ABC', NULL);
> INSERT INTO TAB01 (C01, C02) VALUES ('DEF', 2);
> ALTER TABLE TAB01 MODIFY C02 DEFAULT 10;
> INSERT INTO TAB01 (C01, C02) VALUES ('HGK', NULL);
> INSERT INTO TAB01 (C01) VALUES ('LMN');
> SELECT SUM(C02) FROM TAB01;

45 다음 SQL 구문이 차례로 수행되고 난 후의 결과를 기술하시오.

> CREATE TABLE TAB01 (C1 NUMBER, C2 NUMBER) ;
> INSERT INTO TAB01 VALUES (1,1);
> INSERT INTO TAB01 VALUES (2,2);

```
CREATE TABLE TAB02 (R1 VARCHAR2(10), R2 VARCHAR2(10));
ROLLBACK;
SELECT COUNT(*) FROM TAB01;
```

46 다음 SQL 구문의 결괏값을 구하시오.

```
SELECT ABS(-2)+FLOOR(4.5)+TRUNC(5.8)+ROUND(3.8) FROM DUAL;
```

47 테이블 TAB01과 TAB02에 대한 SQL 구문의 실행 결과를 기술하시오.

TAB01

C01	C02
A01	10
A02	20
A03	30
A04	40
A05	50

TAB02

C01	C02
A01	60
A03	70
A05	80
A07	90
A09	100

```
SELECT COUNT(*) FROM
(
SELECT A.C01, B.C03 FROM TAB01 A INNER JOIN TAB02 B
ON A.C01 = B.C01
UNION
SELECT A.C01, B.C03 FROM TAB01 A LEFT OUTER JOIN TAB02 B
ON A.C01 = B.C01
)
```

48 DCL 구문에서 OBJECT의 권한이나 ROLE을 부여할 때 사용하는 명령어와 부여된 권한을 회수하는 명령어는 각각 무엇인지 기술하시오.

49 프로그래밍 등에 사용되는 중첩 반복문과 유사한 개념으로 수행되는 JOIN 구문을 무엇이라 하는지 기술하시오.

50 아래 테이블에 대한 SQL 구문의 실행 결과를 기술하시오.

PAY		
ID	DEPT	AMT
S001	D01	100
S002	D01	200
S003	D02	500
S004	D02	100
S005	D02	300
S006	D02	200
S007	D02	400

```
SELECT COUNT(*) AS R_CNT FROM
(SELECT ID, DEPT, AMT FROM PAY
WHERE DEPT='D02'
ORDER BY AMT DESC OFFSET 3 ROWS)
```

[모의고사 3회] 정답 및 풀이

문제 1) 정답 ③

풀이 - 엔티티의 3가지 종류는 크게 유형, 개념, 사건 엔티티로 구분합니다. 행위 엔티티는 포함되지 않으며 행위는 곧 사건을 지칭합니다.

문제 2) 정답 ①

풀이 - 도메인(DOMAIN)은 엔티티 내의 속성들이 가질 수 있는 원자값들의 집합을 의미합니다.

문제 3) 정답 ④

풀이 - 먼저 스키마는 데이터베이스의 구조(관계, 개체, 속성)와 제약 조건 등 대해 포괄적인 내용을 설명하는 것을 의미합니다. 크게 개념 스키마, 내부 스키마, 외부 스키마로 구분합니다. 먼저 개념 스키마는 데이터베이스의 전체적인 논리적 구조를 설명합니다. 데이터의 속성과 관계의 정의, 제약 조건 등을 명시합니다.
일반적으로 스키마는 개념 스키마를 지칭합니다. 내부 스키마는 실제의 물리적 공간에 데이터를 어떤 방식으로 저장할지 설명합니다. 물리적 공간의 크기와 할당, 저장 방법 등을 명시합니다. 반면, 외부 스키마는 실제 데이터베이스에 저장된 데이터를 사용자에게 어떤 방법으로 전달하는지가 명시됩니다. 데이터베이스는 하나이지만 사용자는 여럿일 수 있기 때문에 외부 스키마는 1개 이상을 정의할 수 있습니다.

문제 4) 정답 ①

풀이 - 모든 속성에는 단일한 속성 값을 가져야 합니다. 만약 하나의 속성에 두 개 이상의 속성 값을 가지면 정규화 대상이 됩니다.

문제 5) 정답 ③

풀이 - 1차 정규화는 하나의 속성 값이 하나의 값만을 갖도록 합니다. 2차 정규화는 식별자에 종속되지 않는 속성을 제거합니다. 3차 정규화는 2차 정규화를 만족하고 식별자를 제외한 일반 속성 간 종속 관계를 제거합니다. 주어진 성적 엔티티는 1차 정규화가 완료되었다고 가정할 때 식별자에 종속되지 않는 속성을 분리하는 2차 정규화가 선행됩니다.

성적
학번 (PK)
과목 코드 (FK)
교수 코드
교수명

과목
과목 코드 (PK)
과목명
평가 학점

다음으로 속성 간 종속 관계인 교수정보를 분리하여 3차 정규화를 진행합니다.

성적
학번 (PK)
과목 코드 (FK)
교수 코드 (FK)

과목
과목 코드 (PK)
과목명
평가 학점

교수
교수 코드 (PK)
교수명

문제 6) 정답 ①

풀이 - 너무 많은 테이블을 조인해야 할 경우 기술적 한계가 있을 때 반정규화를 검토합니다. 조인 구문을 사용하지 않기 위해서 반정규화를 진행하는 것은 아닙니다.

문제 7) 정답 ②

풀이 - 분산 데이터베이스의 특성을 살펴보면 분할 투명성은 단편화라 하며 사용자는 하나의 논리적 릴레이션이 여러 단편으로 분할되어 저장된 시스템을 인식할 필요가 없음을 말합니다. 위치 투명성은 사용자가 이용하는 데이터의 저장 장소를 명시할 필요가 없고, 데이터가 위치와 상관없이 동일한 명령을 사용하여 데이터에 접근할 수 있어야 한다는 의미입니다. 지역사상 투명성은 지역적 데이터베이스 시스템과 물리적 데이터베이스 간의 사상이 보장되어 각 지역 시스템의 이름과 무관하게 사용 가능한 것을 말합니다. 중복 투명성은 데이터베이스 객체가 여러 시스템에 중복되어 존재해도 사용자와는 무관하게 데이터의 일관성이 유지되는 것입니다. 장애 투명성은 데이터베이스가 분산되어 있는 각 위치의 시스템이나 통신에 이상이 발생해도 데이터의 무결성은 보장됨을 말합니다. 마지막으로 병행 투명성은 여러 사용자의 응용 프로그램이 동시에 분산 데이터베이스에 대한 트랜잭션을 수행하는 경우에도 결과에 이상이 없음을 말합니다.

문제 8) 정답 ③

풀이 - 엔티티는 저장이 되는 어떤 것(THING)을 의미합니다. 사람, 장소, 물건, 개념, 사건 등이 해당되며 업무 처리와 관리에 필요한 관심사가 될 수 있습니다. 성적은 행위와 결과에 대한 정보입니다.

문제 9) 정답 ④

풀이 - 주어진 모델의 엔티티명은 회사입니다. 회사명, 주소, 전화번호는 속성을 의미하고 A소프트, 서울, 02-123-4567은 인스턴스가 됩니다. 관계는 엔티티 사이에 발생합니다.

문제 10) 정답 ①

풀이 - 두 엔티티는 아이디를 기준으로 비식별 관계입니다. 부모 엔티티인 회원 정보의 표기가 점선으로 되어 있기 때문에 회원 정보가 입력되어도 반드시 구매 정보가 입력될 필요는 없습니다. 하지만 반대로 구매 정보가 입력되기 위해서는 반드시 회원 정보가 존재해야 합니다.

문제 11) 정답 ③

풀이 - SELECT는 DML, ALTER는 DDL, REVOKE는 DCL입니다.

문제 12) 정답 ②

풀이 - 트랜잭션이 실행되기 전의 데이터베이스 내용에 오류가 없다면, 트랜잭션이 실행된 이후에도 데이터베이스의 내용에 오류가 있으면 안 되는 특성이 일관성입니다.

문제 13) 정답 ③

풀이 - 다양한 방법이 있을 수 있습니다. 가장 간단한 방법은 C01의 출력 결과 NULL 값만 호출되므로 IS NULL이 가장 빠릅니다.

문제 14) 정답 ④

풀이 - DESC는 내림차순 정렬입니다.

문제 15) 정답 ③

풀이 - ROUND는 전달된 인자를 반올림하여 반환하고 FLOOR는 전달된 인자보다 작거나 같은 정수를 반환합니다. TRUNC의 경우 전달된 인자를 절삭하고 반환하며, CEIL은 인자보다 크거나 같은 정수를 반환합니다. 따라서 모두 5를 반환하지만 CEIL만 6을 반환합니다.

문제 16) 정답 ①

풀이 - 문자열을 결합하는 연산자 혹은 함수의 경우 ORACLE은 CONCAT 함수나 '||' 연산자를 사용하고 MS-SQL의 경우는 '&' 연산자를 사용합니다.

문제 17) 정답 ②

풀이 - 자료 유형 CHAR는 고정 길이를 갖는 문자 유형입니다. 실제 입력된 값이 정해진 길이에 미치지 못해도 전체 길이는 줄지 않습니다. 따라서 C1은 무조건 길이가 10이 되고 C2는 무조건 5가 됩니다.

문제 18) 정답 ②

풀이 - COALESCE는 전달된 인자(주로 컬럼)들 중 NULL이 아닌 값을 반환합니다. TAB01에서 C01과 C02를 전달받아 NULL이 아닌 결과는 첫 행은 100, 두 번째 행은 200입니다. 만약 전달된 인자가 모두 NULL이면 NULL을 반환합니다.

문제 19) 정답 ④

풀이 - 집계 결과에 대한 조건을 처리할 때는 언제나 HAVING을 사용하여 처리합니다.

문제 20) 정답 ④

풀이 - ROWNUM < 10의 의미는 9개까지 출력을 한다는 것입니다. 따라서 TOP(9)이 맞습니다. TOP을 사용하여 표현되는 MS-SQL 구문에서 ROWNUM은 인식되지 않습니다.

문제 21) 정답 ①

풀이 - 보기의 SQL 구문은 EMP 테이블과 DEPT 테이블의 공통된 컬럼 DEPTNO를 비교하여 출력한 결과로 INNER JOIN으로 변경이 가능합니다. 단, JOIN 조건은 DEPTNO를 비교하는 것이고 DNAME='SALES'는 JOIN 조건이 아닌 일반조건으로 분리하여 처리된다는 점만 기억하시면 됩니다.

문제 22) 정답 ③

풀이 - INTERSECT는 연결하는 두 테이블의 교집합을 의미합니다.

문제 23) 정답 ④

풀이 - ①은 MINUS의 결과, ②는 INTERSECT의 결과, ③은 UNION의 결과입니다.

문제 24) 정답 ②

풀이 - 계층형 쿼리이지만 결과는 아주 간단합니다. 결국 S_ID와 M_ID의 건수를 확인한 쿼리입니다. M_ID의 경우 출발 지점은 당연히 NULL이 포함된 행부터 진행되고 S_ID가 M_ID와 같은 결과를 출력하면 됩니다. DEPT 컬럼은 결과에 전혀 영향을 주지 않습니다.

문제 25) 정답 ②

풀이 - 복수의 행을 비교할 때 활용되는 ALL명령은 서브쿼리 혹은 주어진 값에 모두 만족한 결과일 때 참입니다. 문제에서 <= ALL(30, 50)이므로 30보다도 작거나 같고 50보다도 작거나 같아야 합니다. 결국 30보다 작거나 같은 결과를 검색하는 SQL 구문이 됩니다.

문제 26) 정답 ③

풀이 - NOT IN 연산자는 비교 대상의 값 중 하나라도 NULL이 존재하면 모든 조건이 참이 되어 전체 결과가 0이 됩니다.

문제 27) 정답 ④

풀이 - 원본 테이블 구조가 변경되어도 뷰와 연결된 응용 프로그램에는 영향을 주지 않습니다. 한 가지 유의할 것은, 뷰는 물리적 공간은 없지만 실제의 데이터를 다룹니다. 그래서 뷰를 수정, 삭제하면 원본도 영향을 받게 됩니다.

문제 28) 정답 ②

풀이 - 주 식별자가 지정되면 자주 변경할 수 없습니다. 만약 변경하게 되면 이전의 정보가 엉키게 됩니다.

문제 29) 정답 ②

풀이 - 결과를 보면 D_NAME에 대한 집계와 ROLE에 대한 집계가 각각 수행되었고, D_NAME+ROLE의 집계도 별도로 수행되었습니다. 두 컬럼이 가지는 경우의 수에 대해 모두 집계가 이루어졌으므로 CUBE가 정답입니다.

문제 30) 정답 ④

풀이 - SQL 구문에서 마지막 조건이 핵심입니다. MOD(R_NO, 2) = 1, 이것은 집계 결과에서 홀수만 출력하는 조건입니다. C02 컬럼의 값 중에서 B002를 보시면 C03의 값이 1000으로 중복됩니다. 이때 윈도우 함수로 순위를 준다면 RANK일 경우는 동시에 1이 나오니 결과에도 포함이 되어 맞습니다. DENSE_RANK도 마찬가지입니다. 이것은 동일한 순위를 부여하지 않는 윈도우 함수가 정답이라는 반증이 됩니다.

문제 31) 정답 ③

풀이 - 비교연산자 사용 시 부정 비교(<>)는 인덱스를 사용할 수 없습니다. LIKE 연산은 문자형 연산자입니다. C10 숫자형 컬럼인데 문자로 변환해서 진행되므로 효율이 떨어집니다. IS NULL이나 IS NOT NULL은 인덱스 컬럼의 모든 값을 SCAN하게 됩니다.

문제 32) 정답 ①

풀이 - ①을 제외하고 모두 HASH JOIN에 대한 설명입니다. SORT 작업이 우선되는 것은 SORT MERGE JOIN입니다.

문제 33) 정답 ③

풀이 - SAVEPOINT로 저장점이 지정된 위치와 ROLLBACK 시점을 판단하는 문제입니다. 1번 INSERT 구문 실행 후 SP1, 2번 실행 후 SP2로 저장점을 지정했습니다. 그리고 ROLLBACK하여 SP1으로 돌립니다. 따라서 두 번째 INSERT 구문은 취소됩니다. 그리고 저장 위치 SP1과 SP2는 사라집니다. ROLLBACK이 수행되면 이전의 저장 위치는 무용합니다. 세 번째, 네 번째도 동일합니다.

문제 34) 정답 ④

풀이 - TO_CHAR 함수는 데이터를 문자 유형으로 변환하는 함수입니다. 숫자 유형일 때 C02의 MAX 값은 1000이 되지만 문자 유형이 된 C02의 MAX 값은 오른쪽 문자부터 비교하여 가장 높은 9가 선택되고 900이 됩니다. 따라서 정답은 900과 C01의 최솟값 100의 합인 1000입니다.

문제 35) 정답 ②

풀이 - UNBOUNDED는 제한 없이 해당 파티션의 끝까지를 의미합니다. PRECEDING은 현재 행부터 앞의 행들까지를 나타냅니다. 그래서 UNBOUNDED PRECEDING 윈도우 함수의 시작 위치가 첫 번째 행임을 의미하게 됩니다. FOLLOWING은 현재 행에서 뒤쪽을 의미합니다. UNBOUNDED FOLLOWING은 윈도우의 마지막이 마지막 행이라는 의미가 됩니다. CURRENT ROW는 의미 그대로 현재의 행까지를 나타냅니다. RANGE는 연산 시 범위를 의미하며 ROW는 연산 시 행 단위로 진행합니다. BTWEEN ~ AND의 표현은 윈도우의 시작과 끝을 지정하게 됩니다. ②와 ④가 헷갈릴 수 있는데, ④의 경우 시작 위치가 CURRENT로 현재 행은 아닙니다.

문제 36) 정답 ④

풀이 - 정규 표현식에 대한 문제입니다. 정규 표현식의 패턴 종류 중 '|'는 OR의 의미입니다. '가나|다라'는 '가나'이거나 '다라'를 찾는 것입니다. '가(나|다)라'는 '가나라' 혹은 '가다라'를 찾는 것이죠.

문제 37) 정답 ①

풀이 - 모든 실행이 정상 처리되었다면 최종 결과는 UPDATE SQL2 입니다. 하지만 해당 구문은 COMMIT 되지 못했으므로 UPDATE SQL1이 최종 결과가 됩니다. 모든 작업이 오류 없이 전부 처리되거나 전부 처리되지 않아야 하는 원자성이 위배됩니다. 원자성을 유지하기 위해서는 UPDATE SQL1, UPDATE SQL2를 모두 작성 후 COMMIT 명령을 한번만 해주면 해결됩니다.

문제 38) 정답 ②

풀이 - '%'는 어떤 문자라는 의미로 해석하시면 빠릅니다. LIKE는 비슷한 결과를 찾는 특수 연산자입니다. LIKE 'A%'는 A로 시작되고 뒤에는 어떤 문자가 와도 상관없다는 의미를 갖습니다.

문제 39) 정답 ③

풀이 - 사원명이 김우주인 직원을 시작으로 하위 직원을 찾는 구문입니다. 사원명 김우주와 사번=직속상사의 논리 연산은 AND가 되어야 합니다. ①과 ②는 SELF 조인의 기본적인 테이블 지정 오류가 있어 고려 대상이 아닙니다.

문제 40) 정답 ④

풀이 - WINDOW FUCNCTION은 의미적으로 GROUP BY 구문과 유사합니다. 하지만 병행 사용은 불가합니다. WINDOW FUCNCTION은 GROUP BY 구문과 다르게 결과 건수가 줄지는 않습니다.

문제 41) 정답 개념적 모델링

풀이 - 개념적 모델링은 엔티티(Entity, 개체) 간의 관계를 정의하는 모델입니다. 현실 세계의 데이터를 개념적으로 파악하여 개체 타입, 속성 등을 엔티티를 중심으로 모델링합니다. 개념적 모델링 과정에서는 엔티티, 어트리뷰트(attribute, 속성), 식별자, 관계(relationship)가 정의됩니다.

문제 42) 정답 A - 내부 식별자, B - 외부 식별자

풀이 - 인스턴스를 유일하게 식별해주는 속성을 식별자라고 합니다. 내부 식별자는 엔티티 내부에서 선택되며 외부 식별자는 관계에 따라 선택합니다.

문제 43) 정답 로우 체이닝 (Row Chaining)

풀이 - 너무 많은 컬럼은 로우 체이닝(Row Chaining) 현상과 로우 마이그레이션(Row Migration) 현상을 자주 일으킵니다. 로우 마이그레이션은 데이터 블록에서 수정이 발생하면 수정된 데이터를 해당 데이터 블록에서 저장하지 못하고 다른 블록의 빈 공간을 찾아 저장하는 현상을 의미합니다. 로우 체이닝과 로우 마이그레이션 현상이 발생하여 많은 블록에 데이터가 저장되면 데이터베이스 메모리에서 디스크와 입출력이 불필요하게 많이 발생하여 성능이 저하됩니다.

문제 44) 정답 12

풀이 - 가장 기본적인 SQL 구문입니다. 출력 결과는 CO2 값만 확인하면 됩니다. 두 번째 INSERT 구문에서 CO2에 2가 입력되었고 ALTER 구문에서 CO2에 기본 값을 10으로 수정했습니다. CO2와 관련된 INSERT 구문은 총 3개(1, 2, 5번 구문)가 수행되었지만 CO2에 영향을 주는 INSERT구문은 2가 입력된 두 번째 구문과 기본 값이 수정되고 입력되는 세 번째 구문뿐입니다.

문제 45) 정답 2

풀이 - 핵심은 ROLLBAK 구문에 있습니다. 원칙적으로 COMMIT 명령이 없기 때문에 ROLLBACK이 등장하기 이전의 모든 구문은 실행이 되면 안됩니다. 하지만 DML 이후 DDL 구문이 나오면 암묵적으로 DML구문은 자동 COMMIT 됩니다. 따라서 TAB02를 생성하기 이전 2개의 INSERT 구문은 수행이 된

것입니다.

문제 46) 정답 15

풀이 - ABS는 절댓값을 구하는 함수입니다. ABS(-2)의 결과는 2, FLOOR(4.5)의 결과는 4, TRUNC(5.8)은 5, ROUND(3.8) 4입니다. 이를 모두 더하면 15가 됩니다.

문제 47) 정답 5

풀이 - 두 테이블의 INNER JOIN 결과는 C01을 기준으로 A01, A03, A05가 출력됩니다. LEFT OUTER JOIN의 결과는 A01, A02, A03, A04, A05 모두 출력됩니다. 두 결과를 UNION 하면 결국 TAB01의 행의 개수와 동일하게 출력됩니다. UNION은 동일 결과는 반복 출력되지 않고 UNION ALL일 때는 중복 결과도 함께 출력됩니다. 만약 위 구문에서 UNION ALL 한다면 결과는 8이 됩니다.

문제 48) 정답 GRANT, REVOKE

풀이 - 권한 부여는 GRANT, 권한 회수는 REVOKE입니다. 대표적인 DCL 구문입니다.

문제 49) 정답 NESTED LOOP JOIN

풀이 - NESTED LOOP JOIN은 2개 이상의 테이블에서 하나의 집합을 기준으로 순차적으로 상대방 ROW를 결합하여 원하는 결과를 조합해 가는 방식입니다. 대상 데이터가 많지 않은 경우에 유리합니다.

문제 50) 정답 2

풀이 - ORDER BY 절을 작성할 때 출력할 행의 개수를 조절하는 ROW LIMITING 구문이 있습니다. ORDER BY 절 뒤에 작성하게 되며, 첫 번째로 OFFSET은 생략할 행의 개수를 지정합니다. FETCH는 출력될 행의 개수나 백분율을 지정하게 됩니다. ONLY는 지정된 행의 개수나 백분율만큼 행을 출력합니다. 마지막으로 WITH TIES는 마지막 행에 대한 동일 순위를 포함한 결과를 출력합니다. 문제에서 OFFSET 3 ROWS를 활용하여 3개의 행을 건너뛴다는 의미가 됩니다. D002의 총 개수는 5개이고 3개를 건너뛰면 2개가 됩니다.

부록

SQLD 요약 정리

01 | 데이터 모델링의 이해
02 | 데이터 모델과 성능
03 | SQL 기본
04 | SQL 활용

chapter 1
데이터 모델링의 이해

SQLD에서 반드시 알아야 할 내용을 간략하게 용어 중심으로 설명하겠습니다. 부록에 정리한 내용은 반드시 본문에서 깊이 있게 학습해야 합니다.

1 데이터 모델링

(1) 데이터 모델링의 3단계

　1) **개념적 모델** - 엔티티(Entity, 개체) 간의 관계를 정의하는 모델
　2) **논리적 모델** - 개념적 모델링을 통해 정의된 내용을 바탕으로 실제의 스키마로 변환(Mapping, 매핑)하는 과정
　3) **물리적 모델** - 논리적 모델링 단계에서 정의된 다양한 스키마 정보를 물리적 공간인 DBMS(Database Management System)의 특성 정보로 변환·정의하는 과정

2 스키마

(1) 스키마의 종류

　1) **개념 스키마** - 데이터베이스 전체의 논리적 구조를 정의한 것
　2) **내부 스키마** - 데이터베이스 전체의 논리적 구조를 정의한 것
　3) **외부 스키마** - 물리적 저장 장치에 데이터를 저장하는 방식을 정의한 것

3 데이터 모델링의 3요소

엔티티(Entity), 속성(Attributes), 관계(Relationship)

4 데이터 모델링의 특징

추상화, 단순화, 명확화

5 식별 관계와 비식별 관계

―――――――― 식별 관계
·········· 비식별 관계

6 엔티티

업무에 필요하고 유용한 정보를 저장하고 관리하기 위한 집합적인 어떤 것(Thing).

(1) 특징
   1) 반드시 업무에 필요하고 관리되어야 하는 것
   2) 유일하게 식별 가능한 식별자가 존재
   3) 업무 프로세서에 의해 이용 가능
   4) 반드시 하나 이상의 속성이 존재
   5) 필요에 따라 다른 엔티티와 관계를 형성

(2) 종류
   1) **유형 엔티티** - 물리적인 형태가 존재 (예: 사원, 학생, 상품)
   2) **개념 엔티티** - 개념적인 정보로 구분(예: 부서, 과목, 카테고리)
   3) **사건 엔티티** - 업무를 수행한 결과(예: 주문, 성적, 급여 정보)

※ 엔티티의 이름을 지정할 때는 그 의미를 파악할 수 있는 고유한 이름으로 정의

7 속성

엔티티의 실제 값인 인스턴스가 가지는 성격 혹은 특성

(1) 특징
   1) 한 개의 엔티티는 두 개 이상의 인스턴스 집합

2) 한 개의 엔티티는 두 개 이상의 속성을 보유

  3) 한 개의 속성은 한 개의 속성 값을 보유

  4) 한 개 이상의 속성일 경우 정규화 필요

 (2) 엔티티 구성 방식에 따른 분류

  1) **PK(Primary Key)** - 기본키, 엔티티 내 다른 속성을 유일하게 식별

  2) **PK(Primary Key)** - 외래키, 관계에 따라 상속된 속성

  3) **일반 속성** - PK 또는 FK를 제외한 모든 속성

  4) **도메인** - 속성에 대한 데이터 타입과 크기 등의 제약 사항

8 관계

엔티티 간의 논리적 연관성에 따라 연결된 관계 집합

관계의 차수는 1:1, 1:M, M:N의 관계로 표현

예) 학생(엔티티) - 수강한다(관계) - 과목(엔티티)

9 식별자

엔티티 내에서 인스턴스를 구분하는 유일한 값

(1) 특징

  1) **유일성** - 주 식별자는 모든 인스턴스를 유일하게 구분

  2) **최소성** - 주 식별자를 구성하는 속성의 수는 유일성을 만족하는 최소의 수

  3) **불변성** - 지정된 주 식별자의 값은 자주 변경 불가

  4) **존재성** - 주 식별자가 지정되면 반드시 값이 존재해야 함

(2) 종류

  1) **주 식별자** - 엔티티 내 유일한 값이며 다른 엔티티와 참조 관계 형성

  2) **보조 식별자** - 구분자일 수 있으나 대표성은 없으며, 타 엔티티와 참조 관계 형성 불가

  3) **내부 식별자** - 엔티티 내에서 스스로 생성

4) 외부 식별자 - 다른 엔티티와의 관계로 형성

5) 단일 식별자 - 하나의 속성으로 구성

6) 복합 식별자 - 두 개 이상의 속성으로 결합하여 구성

7) 본질 식별자 - 업무상 필요에 의해 생성

8) 인조 식별자 - 인위적으로 생성

9) 관계 주 식별자 - 자식 엔티티에서 부모 엔티티의 주 식별자를 상속하여 주 식별자로 활용

10) 관계 비식별이자 - 부모 엔티티의 속성을 자식 엔티티에서 일반 속성으로 활용

chapter 2 데이터 모델과 성능

1. 성능 데이터 모델링

DB 성능 향상을 목적으로 설계 시 정규화, 반정규화, 테이블의 통합, 분할, 조인 구조, PK, FK 등 성능과 관련한 사항이 모델링 작업부터 반영되도록 하는 것

(1) 특징
1) 성능 저하에 따른 재 작업 비용을 최소화
2) 데이터의 증가에 따른 확장성과 비용 감소

2. 정규화

데이터를 분리하고 각 데이터가 종속된 테이블에 적절하게 배치하는 활동

1) **제 1 정규화** - 하나의 속성 값이 하나의 값만을 갖도록 하는 것
2) **제 2 정규화** - 식별자에 종속되지 않는 속성을 제거하는 것
3) **제 3 정규화** - 2차 정규화를 만족하고 식별자를 제외한 일반 속성 간 종속 관계를 제거하는 것

※ 함수적 종속이란 데이터들이 특정 값에 의해 종속되는 현상을 의미. 예를 들어 '학번'에는 학생의 나이, 학년, 학과 등의 정보가 포함됨. 즉 나이와 학년, 학과 등은 학번에 종속되는 데이터

3. 반정규화

정규화된 엔티티나 속성, 관계에 대해 시스템의 성능 향상을 고려하고 개발과 운영 환경의 단순화를 위해 중복·통합·분리 등을 수행하는 데이터 모델링의 기법으로, 데이터 조회 시 디스크 I/O 양이 많거나 경로가 너무 멀어 조인으로 인한 성능 저하가 예상되는 경우 반정규화를 수행

(1) 반정규화를 수행하는 경우

1) 자주 사용되는 테이블에 접근하는 프로세스의 수가 많고 항상 일정한 범위만 조회하는 경우
2) 테이블에 대량의 데이터가 있고 대량의 데이터 범위를 자주 처리하는 경우
3) 처리 위를 일정하게 줄이지 않으면서 성능을 보장할 수 없는 경우
4) 테이블 간에 지나치게 많은 조인이 이루어져 데이터를 조회하는 작업이 기술적으로 어려울 경우
5) 통계 프로세스에 의해 통계 정보를 필요로 할 때 별도의 통계 테이블을 생성하는 경우

(2) 반정규화의 적용 방법 - 다른 방법으로 유도 검토

1) VIEW 사용
- 지나치게 많은 조인을 해야 할 경우
- 데이터를 조회하는 작업이 기술적으로 어려울 경우
- VIEW가 성능을 향상시키지는 않음

2) 클러스터링
- 대량의 데이터 처리나 부분 처리에 의해 성능이 저하되는 경우
- 클러스터링 혹은 인덱스 조정
- 대부분의 작업이 조회일 경우 클러스터링 적용

3) 파티셔닝
- 대량의 데이터를 PK의 성격에 따라 부분적인 테이블로 분리
- 파티셔닝 키에 의해 물리적 저장 공간 분리

4) 캐시
- 응용 애플리케이션에서 로직을 활용하는 방법을 변경함으로써 성능을 향상

(3) 테이블의 반정규화

1) 테이블 분할
① **수직 분할** - 디스크 I/O를 분산 처리하기 위해 테이블을 컬럼 단위로 1:1 분리
② **수평 분할** - 디스크 I/O 및 데이터 접근의 효율성을 높이고 성능을 향상하기 위해 행 단위로 테이블을 분리

2) 테이블 추가

① **중복** - 업무가 다르거나 서버가 다른 경우 중복 테이블 생성

② **통계** - 통계 처리를 미리 계산한 테이블 생성

③ **이력** - 메인 테이블에 존재하는 레코드를 중복하는 이력 테이블 생성

④ **부분** - 집중되는 컬럼을 분리하여 별도의 테이블 생성

(4) **컬럼 반정규화** - 중복 컬럼 추가, 파생 컬럼 추가, 이력 테이블 컬럼 추가

(5) **관계 반정규화** - 중복 관계 추가, 로우 체이닝, 로우 마이그레이션

4 분산 DB

물리적으로 분산된 DB를 가상의 시스템으로 하나의 DB처럼 활용
논리적으로 동일한 DB이지만 물리적으로 네트워크를 활용하여 분산된 데이터를 집합

(1) 분산 DB의 투명성 종류

1) **분할 투명성** - 단편화라고 하며 사용자는 하나의 논리적 릴레이션이 여러 단편으로 분할되어 저장된 시스템을 인식할 필요가 없음

2) **지역사상 투명성** - 지역적 데이터베이스 시스템과 물리적 데이터베이스 간의 사상이 보장되어 각 지역 시스템의 이름과 무관하게 사용 가능

3) **위치 투명성** - 사용자가 이용하는 데이터의 저장 장소를 명시할 필요가 없고 데이터가 위치와 상관없이 동일한 명령을 사용하여 데이터에 접근할 수 있음

4) **중복 투명성** - 데이터베이스 객체가 여러 시스템에 중복되어 존재해도 사용자와는 무관하게 데이터의 일관성이 유지됨

5) **장애 투명성** - 데이터베이스가 분산되어 있는 각 위치의 시스템이나 통신에 이상이 발생해도 데이터의 무결성은 보장됨

6) **병행 투명성** - 여러 사용자의 응용 프로그램이 동시에 분산 데이터베이스에 대한 트랜잭션을 수행하는 경우에도 결과에 이상이 없음

※ 장점 - 지역 자치성, 신뢰성, 가용성, 효용성, 융통성, 빠른 응답 속도, 비용 절감, 사용자 요구 반영

※ 단점 - 비용 증가, 오류의 잠재성 증대, 설계 관리의 복잡성, 불규칙한 응답 속도, 통제의 어려움, 데이터 무결성 위협

(2) 분산 DB의 적용 기법

   1) **테이블 위치 분산** - 수평[행(ROW) 단위], 수직(컬럼) 분할

   2) **테이블 복제 분산** - 부분 복제, 광역 복제

   3) **테이블 요약 분산** - 분석 요약, 통합 요약

chapter 3
SQL 기본

1 SQL

관계형 데이터베이스에서 데이터의 정의, 조작, 제어를 위한 언어의 통칭

(1) SQL의 종류

    1) DML - SELECT, INSERT, UPDATE, DELETE

    2) DDL - CREATE, ALTER, DROP, RENAME

    3) DCL - GRANT, REVOKE

    4) TCL - COMMIT, ROLLBACK

※ 일반 SQL 구문의 조건은 WHERE 절에서 처리
   정렬의 가장 기본은 ORDER BY 절. ASC는 오름차순, DESC는 내림차순. ASC, DESC를 생략할 경우 기본은 ASC. ORACLE에서는 NULL을 가장 큰 값으로 취급, MS-SQL에서는 NULL 값이 가장 작은 값

(2) 트랜잭션의 특징

    1) 원자성 - 모든 트랜잭션은 연산을 모두 성공적으로 실행하거나 전혀 실행하지 않아야 함

    2) 일관성 - 트랜잭션 실행 전 DB 내용이 잘못되지 않으면 실행 후도 잘못되지 않아야 함

    3) 고립성 - 트랜잭션 실행 도중 다른 트랜잭션의 영향을 받아 잘못된 결과를 만들면 안 됨

    4) 지속성 - 트랜잭션이 성공적으로 수행되면 DB의 내용은 영구적으로 저장

※ SAVEPOINT - 저장 지점

2 자료 유형

    1) CHAR - 고정 길이 문자 유형. 지정된 길이만큼 입력되지 않아도 길이는 유지

    2) VARCHAR - 가변 길이 문자 유형. 지정된 길이만큼 입력되지 않으면 입력된 길이만 적용

3) NUMBER - 숫자 유형

4) DATE - 날짜 및 시간 유형

3 연산자

(1) 연산자의 종류

1) **BETWEEN A AND B** - A와 B 사이의 모든 결과

2) **IN** - 리스트 연산, 나열된 값이 포함된 결과

3) **IS (NOT) NULL** - NULL 값의 유무 판단

4) **LIKE** - 문자 유형의 유사 결과 검색 (주로 %와 사용)

5) **(NOT) EXISTS** - 값의 존재 유무 판단

※ 대표적 논리 연산자 - AND(양측 모두 참인 경우), OR(양측 중 한쪽만 참인 경우). NULL 값도 값! NULL을 연산하기 위해서는 NVL 함수를 사용하여 특정한 값으로 변환
예) NVL(컬럼 명, 0)

※ 출력 개수를 조절할 때, ORACLE에서는 WHERE 조건절에 ROWNUM을 사용하고 MS-SQL은 SELECT 뒤에 TOP 명령을 사용
예) WHERE ROWNUM = 3, SELECT TOP 3 ~

4 함수

(1) 문자 관련 함수

1) **LOWER** - 모든 문자를 소문자로

2) **UPPER** - 모든 문자를 대문자로

3) **CONCAT** - ORACLE에서 문자열 결합 함수

4) **SUBSTR** - 지정 위치 문자열 반환 (MS-SQL은 SUBSTRING)

5) **LENGTH** - 문자열의 길이 (MS-SQL은 LEN)

6) **TO_CHAR** - 데이터를 문자 유형으로 변환

※ 문자열 결합의 예
CONCAT('DATA', 'BASE'), 'DATA'||'BASE', 'DATA'&'BASE' 모두 동일하게 DATABASE

(2) 숫자 및 날짜 관련 함수

1) MOD - 나누어 생긴 나머지
2) CEIL - 크거나 같은 정숫값
3) FLOOR - 작거나 같은 정숫값
4) ROUND - 특정 자리 수 반올림
5) TRUNC - 특정 자리 수 절삭
6) SYSDATE - 현재 날짜와 시간
7) TO_NUMBER - 데이터를 숫자 유형으로 변환

(3) NULL 관련 함수

1) NVL - NULL 값을 특정 값으로 변환
2) NULLIF - 전달된 인자가 같으면 NULL 아니면 첫 번째 인자 출력
3) COALESCE - 전달된 인자 중 NULL이 아닌 값
   예) COALESCE('ABC', NULL, NULL) - 'ABC'

5 집계 처리

집계 처리를 위해서는 GROUP BY 절을 사용. 집계 후 조건은 HAVING 절. GROUP BY 절을 활용할 경우 GROUP BY 절에 명시된 컬럼을 기준으로 출력. 명시되지 않은 항목은 집계 함수를 제외하고 모두 출력 불가

1) COUNT(*) - NULL을 포함한 행의 수
2) COUNT(컬럼) - NULL을 제외한 행의 수
3) SUM, AVG - NULL을 제외한 총합 및 평균
4) MAX, MIN - 최댓값, 최솟값

※ 집계 함수는 기본적으로 NULL 값을 제외하고 수행
※ 집계 함수는 일반 조건인 WHERE 절에 사용 불가. HAVING에서 사용 가능. HAVING은 GROUP BY 절 뒤에 위치. 집계 함수는 기본적으로 NULL 값을 가진 행은 제외

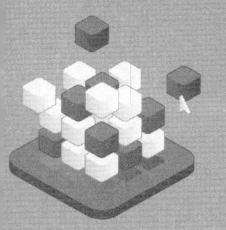

chapter 4
SQL 활용

1. JOIN

두 개 이상의 테이블을 결합하여 하나의 결과로 출력. 기본적으로 PK나 FK를 기준으로 연결하지만 그렇지 않은 경우 논리적 연관성에 따라 JOIN. 조인 횟수는 결합되는 테이블 - 1

(1) JOIN의 명시가 없이 연결될 때

1) **EQUI JOIN** - 2개의 테이블 간에 컬럼 값들이 서로 정확하게 일치하는 경우. 대부분 PK, FK의 관계에 기반함

2) **NON EQUI JOIN** - 2개의 테이블 간에 칼럼 값들이 서로 정확하게 일치하지 않는 경우 BETWEEN 연산자 활용. '크다', '작다', '크거나 같다', '작거나 같다' 등

(2) JOIN 구문의 종류와 특징

1) **INNER JOIN** - 조건에 동일한 값이 존재할 경우. USING이나 ON 조건절 사용

2) **NATURAL JOIN** - 연결될 테이블 간의 동일한 이름을 가진 컬럼을 기준으로 처리. EQUI JOIN

3) **OUTER JOIN** - 조건에 부합되지 않는 결과도 출력. USING이나 ON 조건절 필수 사용

   ① **LEFT OUTER JOIN** - 좌측 테이블 기준. 우측 테이블과 비교해서 값 출력. 우측 테이블에 값이 없으면 NULL로 표기. 행의 개수는 좌측 테이블 행의 개수

   ② **RIGHT OUTER JOIN** - 우측 테이블 기준. 행의 개수는 우측 테이블 행의 개수

   ③ **FULL OUTER JOIN** - 양측 모두 기준으로 처리. 행의 개수가 많은 테이블만큼 출력. 단 중복 데이터 삭제

4) **CROSS JOIN** - 카티션 곱. 연결된 두 테이블의 행의 개수를 곱한 결과

※USING - ORACLE에서만 지원하는 기능. 동일 이름의 컬럼 중 원하는 컬럼만 선택적으로 EQUI JOIN 수행
※ON - JOIN 구문을 위한 조건절

2. 집합 연산자

두 개 이상의 테이블을 조인 없이 처리. 컬럼 수가 동일한 경우 활용

(1) 집합 연산자의 종류

    1) **UNION** - 합집합. 중복행은 한 개만 출력

    2) **UNION ALL** - 합집합. 중복행도 모두 출력

    3) **INTERSECT** - 교집합. 중복행은 한 개만 출력

    4) **MINUS** - 차집합, 중복행은 한 개만 출력

3. 계층형 처리

SELF(셀프) 조인 - 한 테이블 내 두 칼럼이 관계가 있을 때 동일 테이블 내 조인. 테이블 별칭 필수

계층형 질의 - 테이블 내 데이터가 계층형으로 구성된 경우

    1) **START WITH** - 계층의 시작 지점 지정

    2) **CONNECT BY** - 계층의 하위, 자식 데이터 지정

    3) **PRIOR_CONNECT BY** 절에서 활용. 계층의 전개 방향 명시
        예) PRIOR 자식=부모->부모에서 자식으로 전개

    4) **LEVER_ROOT**에서 순차적으로 부여. 1씩 증가 ROOT가 1

    5) **CONNECT_BY_ISLEAF** - 해당 데이터가 자식 데이터이면 1, 그렇지 않으면 0

    6) **CONNECT_BY_ISCYCLE** - 해당 데이터가 부모이면 1, 아니면 0

    7) **SYS_CONNECT_BY_PATH** - 루트 데이터부터 현재 전개할 데이터까지의 경로 표시

    8) **CONNECT_BY_ROOT** - 현재 전개할 데이터의 루트 데이터를 표시

4. 서브쿼리

하나의 SQL 구문 안에서 또 다른 SQL 구문을 사용하는 경우. 주로 검색 조건에 활용. 반드시 괄호로 처리. 주로 비교연산자와 사용. 서브쿼리 안에서는 ORDER BY를 통한 정렬 불가

※ 단일 행 비교 시 - =, >, <, <> 등. 실행 결과 1건

※ 복수 이상의 행 비교 시 - IN, ALL, ANY, SOME, EXISTS 등. 실행 결과 1개 이상

5 VIEW

IN LINE VIEW - SQL 내에서만 활용되고 사라지는 가상의 테이블

VIEW - 실제 물리적 테이블에서 정보를 추출해서 만든 가상의 테이블. 물리적 공간은 없으나 원본 데이터 사용. 수정·삭제 시 원본 테이블에 영향

(1) 특징

1) **독립성** - 원본 테이블 구조의 변경과 무관하게 응용 프로그램의 변경 불필요

2) **편리성** - 뷰(VIEW)를 통해 단순 질의로 처리 가능

3) **보안성** - 사용자에게 원본 정보를 노출하지 않음

6 GROUPING

두 개 이상의 컬럼을 복합적으로 집계 처리할 때 사용

(1) 함수의 종류

1) **ROLLUP** - 소그룹 간의 집계. 부분 집계

2) **CUBE** - ROLLUP보다 한 차원 더 상세한 부분 집계. 집계될 컬럼의 개수가 가지는 경우의 수만큼 처리

3) **GROUPING SETS** - 집계 대상이 되는 컬럼별로 각각 집계 처리

7 윈도우 함수

컬럼 단위가 아닌 행 간의 비교 및 관계 정의

(1) 순위 관련 함수

1) **RANK** - 동일한 값에 대해서는 동일한 순위를 부여

2) **DENSE_RANK** - 동일한 순위를 하나의 등수로 처리

3) **ROW_NUMBER** - 동일한 값이라도 고유한 순위로 처리

찾아보기

ㄱ

개념적 모델링	17
계층형 질의	201
관계	32
관계형 데이터베이스	55
그룹 함수	205
기본키	33

ㄴ

날짜 함수	143
내장 함수	132
논리 연산	118
논리적 모델링	18

ㄷ

데이터 모델링	14

ㄹ

레코드	56

ㅁ

모델링 SQL	52
문자 함수	135
물리적 모델링	19

ㅂ

바커(Barker) 표기법	37
반정규화	51
분산 데이터베이스	58
비식별 관계	36
비교 연산	114

ㅅ

사칙 연산	110
셀프 조인	201
속성	28
숫자 함수	140
식별 관계	36
식별자	33

ㅇ

엔티티	28
열	56
와일드 카드	124
외래키	34
이상 현상	46
인스턴스	29

ㅈ

자료 유형	77
정규화	48

집계함수	153

ㅌ

테이블	56
특수 연산	121

ㅎ

행	56

A

ALTER	74
AND	118
ANSI SQL	72
AS	103
ASC	102
Attribute	28

B

BETWEEN	121

C

CASE WHEN	198
CEIL	141
CEILING	141
COLUMN	56
COMMIT	84
CONCAT	135
CONNECT BY	202
COUNT	151
CREATE	74
CROSS	169
CUBE	207

D

DATEADD	147
DATEDIFF	148
DATEPART	144
DCL	79
DDL	73
DELETE	98
DESC	102
DML	93
DROP	74

E

Entity	28
E-R	21
EXTRACT	144

F

FLOOR	141
Foreign Key(FK)	34

찾아보기

G
GETDATE	143
GRANT	80
GROUP BY	149
GROUPING SETS	209

H
HAVING	153

I
IE 표기법	37
IN	125
INDEX	75
IN-LINE-VIEW	164
INNER JOIN	177
INSERT	93
INSERT SELECT	184
INTERSECT	171
IS NOT NULL	115
IS NULL	115

J
JOIN UPDATE	186

L
LEN	137
LENGTH	137
LIKE	123

M
MINUS	171
MOD	143

N
NOT IN	125
NULL	114
NVL	117

O
ON	174
OR	118
ORDER BY	101
OUTER JOIN	173
OVER	212

P
PARTITION BY	212
PIVOT	199
Primary Key(PK)	33
PRIOR	203

R

RDB	55
Relationship	32
REPLACE	138
REVOKE	82
ROLLBACK	84
ROLLUP	206
ROUND	141
ROW	56
ROWNUM	196

S

SAVEPOINT	86
SELECT	99
SELECT INTO	183
SQL	70
START WITH	202
SUBQUERY	167
SUBSTR	136
SUBSTRING	136
SUBTOTAL	206
SYSDATE	143

T

TABLE	56
TCL	83
TO_CHAR	145
TO_DATE	147
TO_NUMBER	145
TOP	196
TRIM	139

U

UNION	170
UPDATE	96

W

WHERE	98
WINDOW 함수	211

한 번에 붙는 SQLD
출제 의도 완전 해석 · 출제 경향 완벽 분석

출간일	2022년 6월 30일 ǀ 1판 1쇄
지은이	전으진
펴낸이	김범준
기획/책임편집	이동원
교정교열	김보영
편집디자인	나은경
표지디자인	김철
발행처	비제이퍼블릭
출판신고	2009년 05월 01일 제300-2009-38호
주소	서울시 중구 청계천로 100 시그니처타워 서관 10층 1060호
주문/문의	02-739-0739
팩스	02-6442-0739
홈페이지	http://bjpublic.co.kr
이메일	bjpublic@bjpublic.co.kr
가 격	24,000원
ISBN	979-11-6592-156-9

한국어판 © 2022 비제이퍼블릭

이 책은 저작권법에 따라 보호받는 저작물이므로 무단 전재와 무단 복제를 금지하며,
내용의 전부 또는 일부를 이용하려면 반드시 저작권자와 비제이퍼블릭의 서면 동의를 받아야 합니다.

잘못된 책은 구입하신 서점에서 교환해드립니다.